合作博弈

COOPERATIVE PARTNERS

社会政策视角下的政府与社会组织

Government and Non-Profit Organizations in the Social Policy Framework of China

黎熙元 徐盈艳 王才章 | 著

图书在版编目（CIP）数据

合作博弈：社会政策视角下的政府与社会组织／黎熙元，徐盈艳，王才章著. —北京：中央编译出版社，2020.5
ISBN 978-7-5117-3865-3

Ⅰ. ①合… Ⅱ. ①黎… ②徐… ③王… Ⅲ. ①社会组织管理－研究－中国 Ⅳ. ①C916.1

中国版本图书馆 CIP 数据核字（2020）第 041026 号

合作博弈：社会政策视角下的政府与社会组织

| 出 版 人：葛海彦
| 出版统筹：贾宇琰
| 责任编辑：李南男
| 责任印制：刘 慧
| 出版发行：中央编译出版社
| 地 址：北京西城区车公庄大街乙 5 号鸿儒大厦 B 座（100044）
| 电 话：（010）52612345（总编室） （010）52612341（编辑室）
| 　　　　（010）52612316（发行部） （010）52612346（馆配部）
| 传 真：（010）66515838
| 经 销：全国新华书店
| 印 刷：河北下花园光华印刷有限责任公司
| 开 本：710 毫米×1000 毫米 1/16
| 字 数：226 千字
| 印 张：15.5
| 版 次：2020 年 5 月第 1 版
| 印 次：2020 年 5 月第 1 次印刷
| 定 价：68.00 元

网　　址：www.cctphome.com　　　邮　　箱：cctp@cctphome.com
新浪微博：@中央编译出版社　　　微　　信：中央编译出版社（ID: cctphome）
淘宝店铺：中央编译出版社直销店（http://shop108367160.taobao.com）
　　　　　（010）55626985

本社常年法律顾问：北京市吴栾赵阎律师事务所律师　闫军　梁勤
凡有印装质量问题，本社负责调换，电话：（010）55626985

前　言

党的十九大报告提出,"打造共建共治共享的社会治理格局。加强社会治理制度建设,完善党委领导、政府负责、社会协同、公众参与、法治保障的社会治理体制,提高社会治理社会化、法治化、智能化、专业化水平","加强社区治理体系建设,推动社会治理重心向基层下移,发挥社会组织作用,实现政府治理和社会调节、居民自治良性互动"。报告明确指出社区治理是由政府、社会组织和公众三者的互动协作构成。这种治理思路是党和国家在十七大以后实施的基层治理方略的总结和提升。自党的十七大提出"加快推进以改善民生为重点的社会建设"和"完善社会管理"任务以后,国家民政部出台了一系列改进政府提供社会服务方式、推动社会组织发展的政策措施,几个主要大城市如北京、上海、广州等都先后制订方案试行不同模式的创新改革,北京发展枢纽型社会组织,广州发展政府购买社区服务,上海两者兼有,不同模式发展出不同的制度,生成了不同的政府与社会互动关系。总结比较不同模式,寻找符合新时代民生需求和十九大精神的社会治理方式正当其时。

在当今国际社会服务发展良好的城市,政府购买社会服务都是推动社会组织转向规范、健康发展的有力机制,在适当的制度配合下,这种社会服务的政府—社会组织联合供给模式还能够产生独特的外溢效应,使政府、私人部门、志愿组织和公民共同构成互相支持的福利服务体系。西方学界关于管治的传统理论把国家和社会二分对立,新的公民社会理论基于20世纪末各国公私伙伴关系的迅速发展,主张政府和社会组织形成共治格局。

由于国情不同,各国的公私伙伴关系和治理模式差异颇大,研究中国的政府购买服务和福利服务供给的发展道路,能够建构中国特色的国家社会治理理论,探索中国特色的社会政策,具有非常重要的理论意义和实践意义。

在社会政策和社会管理理论框架中,福利服务是一个传递体系,国家在体系中具有中心地位,通过法规、分工和计划影响福利体系的构成,并通过一系列国家以外的社会机制构成福利服务格局。传递体系由四个主要部门构成:公共部门、私人部门、志愿部门和非正式部门。公共部门指由国家供给的福利服务;私人部门指企业供给的服务;志愿部门指非营利组织承办的服务;非正式照顾则由邻居和家庭提供。政府通过资助或购买社会服务引导福利资源从公共部门流向非政府部门,私人部门、志愿部门在供给社会服务的同时,通过协同义工、动员组织及成员网络来推动群众参与社会管理。在此过程中政府关于向谁购买、购买什么、购买多少和怎样购买而确立的规则引导和影响着福利传递体系的构成和社会组织的发展。从中国现行试点工作可以观察到不同的制度设计具有不同效应,北京枢纽型组织的发展强化了人民团体的综合功能角色,而广州社区家庭服务中心的发展直接推动了公益性社会组织成长。因此,政府购买服务是一种制度,体现了社会管理创新的设计;同时,它也是一种机制,在福利服务体系中发挥引导和激励社会组织以及公众参与社会管理和福利服务供给的作用。这种双重作用之所以能够生效,靠的是政府与社会组织之间的持续互动,即一方面政府对合约服务素质、组织工作规则以及购买服务的执行权与监督权(评估权)在不同政府层级之间调整等方面保持决策灵活性,另一方面社会组织基于自身发展要求,坚持通过各种方法不断调整组织与政府之间的关系以扩大生存空间的主动性;两者形成持续的合作博弈关系。这种动态关系使中国的政府购买社会服务作为一项社会政策以及因这项政策而产生的政府—社会组织关系具有区别于其他国家的鲜明特色。

本书由国家社科基金项目"政府购买服务与社会组织发展"(13BSH037)的研究成果修改而成。项目设计是在社会政策的理论框架下,研究国家福利传递体系各构成部分的关系,然后以比较分析为基础,运用社会政策理论框架和组织社会学理论工具,通过比较不同省市的实践模式,分析不同制度设计如何引导社会组织行为，以及社会组织在公共服务供给、组织运作规范化和动员群众参与社会治理方面的不同绩效。

主体分析思路如下图所示：

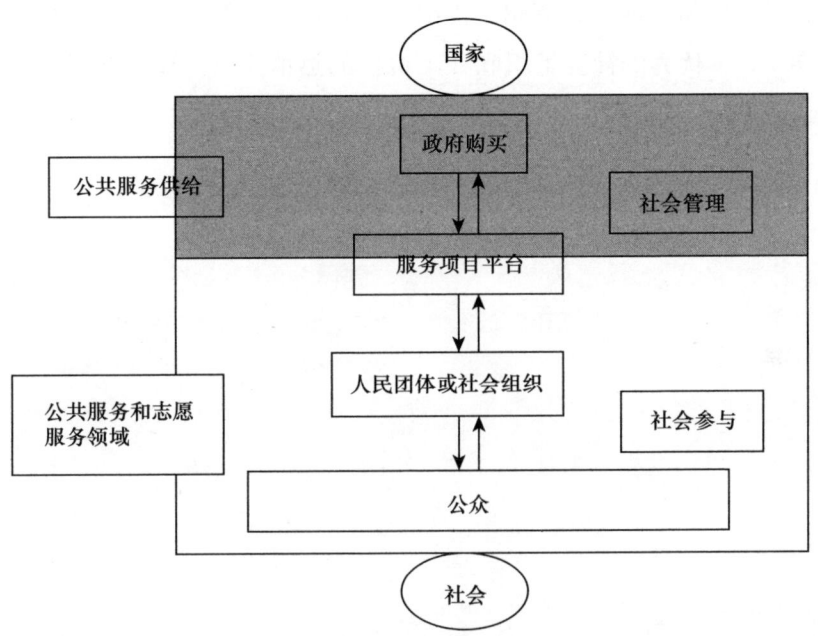

在研究技术上本书主要使用比较分析方法。资料收集的方法采用文献收集方法和实地考察访谈方法。为了集中、深入分析问题，研究主要以广东省的实践为例，理由是广东省在政府购买社工服务方面先行一步，是购买社工服务经费投入全国最多、普及面最广和聘用社工总量最多的省份，是全国社会工作服务的重点区域；政府购买社工服务在珠三角多个城市实行十余年，已形成不同模式。比较研究选取2018年以前已经开展政府购买服务试点工作的几个重要城市，包括北京、上海、厦门等。实地调研包括进行政府部门和机构组织两方面深入访谈考察，收集相关制度文件，考察承办项目组织的运作、问题以及制度环境特性等。研究内容包括：（1）社会政策视野下的福利服务体系；（2）政府购买公共服务制度及其联动效应；（3）激励机制与组织行为；（4）地方实践模式与组织运作绩效比较（含香港与内地比较）；（5）社会管理和善治：组织参与和公众参与。

除本书的署名作者之外，参与项目研究并作出各种贡献的课题组成员还有落观翠教授、张和清教授、李郇教授；中山大学社会学系硕、博士罗唯、李南男、张桂金、龙海涵、刘兴花、阎红红、都娟娟、郑婉卿等，研究也曾得到广东省民政厅、广州市民政局、广州市社工协会、厦门市思明区委，以及广州、深圳、惠州、佛山、珠海、厦门等城市的多个街道办与居委会、许多优秀的社会组织和社工机构的热情支持。仅以此书感谢各方人士。

目 录

第一章 社会政策中的政府购买社区服务 1

 第一节 社会政策与福利体系 1

  一、社会福利制度模式 2

  二、社会政策与福利资源传递 4

  三、社会治理与政府购买服务 5

 第二节 中国的社会福利制度与社会服务供给 8

  一、福利制度的变化 9

  二、中国的政府购买服务 11

 第三节 社会治理与社区治理 12

  一、社会治理与社会组织发展 12

  二、社区治理 13

 第四节 政府购买服务下的政社关系 14

  一、政府与社会组织关系 14

  二、政府购买服务中政府与社会组织的关系 16

  三、各类社会组织的作用 18

 第五节 中国特色社会福利体系与社会政策 20

第二章 政府购买服务的社会组织发展效应 22

 第一节 政府购买社会服务的推进 22

  一、政府购买社会服务的进展 22

二、政府购买社会服务与社会治理 ················· 24
三、政府购买社会服务的方式 ······················ 27
第二节 社会组织发展 ··································· 30
一、政府购买服务对社会组织发展的决定性影响 ······ 31
二、三类社会组织的发展 ···························· 33

第三章 政府的激励监管机制与组织分层嵌入策略 ········· 40
第一节 多层级政府的合约管理权关系及其演变 ······· 41
一、合约管理权上移的规制体系及其演进（2009—2011年）····· 42
二、合约管理权下沉的规制体系及其演进（2012—2015年）····· 45
三、合约管理权上下分置的规制体系及其演进（2015—2018年）····· 47
第二节 合约管理体系下的多层级政府行为 ··········· 50
一、合约管理权上移规制体系下的层级政府行为与制度逻辑：
试验与干预 ···································· 50
二、合约管理权下沉规制体系中的政府行为 ········· 52
三、合约管理权上下分置体系下的政府行为 ········· 61
四、小结 ·· 67
第三节 社会组织分层嵌入策略与政社关系变迁 ······· 68
一、试点阶段的社会组织策略：单一的社会组织发展模式 ····· 68
二、管理权下沉时期多元化社会组织发展与竞争性策略 ····· 69
三、合约管理权上下分置体系与组织分层嵌入策略 ··· 75
四、小结 ·· 82

第四章 政府购买服务下的社会组织合法性策略 ············ 84
第一节 社会组织的三种合法性 ·························· 84
一、社会组织的政治合法性 ·························· 84
二、社会组织的专业合法性 ·························· 85
三、社会组织的社会合法性 ·························· 86
第二节 政府规制与社会组织策略 ························ 87

一、广州、东莞、厦门三个城市的制度规制 …………… 89
　　二、社会组织的策略：灵活应对 ……………………………… 98
第三节　评估方要求下社会组织的策略 ……………………… 108
　　一、评估方的考核标准 ………………………………………… 109
　　二、社会组织的策略：主动调适 ……………………………… 118
第四节　服务对象期待下社会组织的策略 …………………… 127
　　一、服务对象对社会组织的期待 ……………………………… 128
　　二、社会组织的策略：积极影响 ……………………………… 135
第五节　组织合法性策略的效应 ………………………………… 142
　　一、社会组织的合法性策略 …………………………………… 142
　　二、社会组织合法性策略的效应 ……………………………… 144
　　三、小结 …………………………………………………………… 146

第五章　地方实践模式与组织运作绩效比较 ……………… 148
第一节　广东省各城市实践模式 ………………………………… 148
　　一、社会服务跨越式发展 ……………………………………… 149
　　二、广东省模式的问题分析 …………………………………… 152
第二节　厦门思明区实践模式 …………………………………… 156
　　一、思明区的政府购买服务项目发展和特点 ……………… 156
　　二、思明区政府购买服务项目的实施效果 ………………… 158
　　三、一些发展问题 ……………………………………………… 163
第三节　香港的政府购买服务与社会组织发展 …………… 165
　　一、香港社会服务供给主体多元化实践 …………………… 166
　　二、香港社会组织发展的制度特点 ………………………… 170
第四节　政府购买项目与非购买项目比较 …………………… 173
　　一、两个社会组织的背景介绍 ………………………………… 173
　　二、两个社会组织的差别分析 ………………………………… 178
　　三、政府购买服务背景下社会服务组织（社工机构）的发展
　　　　问题 …………………………………………………………… 180

四、小结 ………………………………………………… 183

第六章　结论与讨论 ……………………………………… 185

参考文献 …………………………………………………… 193

附　录 ……………………………………………………… 199
　附录一　访谈对象列表 …………………………………… 199
　附录二　广东省政府购买社会服务的制度、问题与对策 ……… 201
　附录三　厦门思明区政府购买服务的制度创新与绩效项目总报告 … 217

第一章　社会政策中的政府购买社区服务

国家的公共福利体系由从中央到地方的制度设置和部门设置构成，对这个体系的策略性调整和补充则通过社会政策来实现。社会政策体现出国家制度对社会转变的适应，制度往往依据政策方向做出调整。因此，从社会政策的角度来讨论政府购买服务方式在国家福利服务体系中的角色，能够使国家、社会组织和居民的社区参与三者的互动关系和社会治理的效果一目了然。

第一节　社会政策与福利体系

社会政策指政府提供物质或再分配资源的政策。社会政策是国家或者政府为了贯彻某种再分配即公共福利的目标而实施的。社会政策可以成为福利制度建立的基础，但是即使在公共福利制度建立之后，有时仍需要运用社会政策来应对社会需求的不断变化。国家依据社会理想和社会共识来选择社会福利模式，社会福利模式决定了再分配资源的构成和分配格局。中央到地方的行政体系以及相关部门构成传递体系，把福利资源传递到社会基层。社会福利制度模式和福利传递体系的构成决定并影响社会政策的目标及其实施效果。

一、社会福利制度模式

一个社会的福利模式取决于人民对福利的共识,因此它会随社会环境的改变而改变,具有不同社会文化的群体对社会福利的共识也会不同。国家和政府必须基于社会的共识来发展福利,否则会持续地受到来自公众的压力。社会福利制度主要是为了回应社会问题或者是满足社会需求而建立的正式与非正式的系统,社会福利的发展受到国内的社会条件和经济条件的影响,同时也受到外界因素的影响,比如相同的历史和地理环境、共同经历等。每个国家会依据福利制度的相关原则制定自己的福利制度,因为福利制度的特殊性,不同的社会福利制度给一部分人群提供服务的同时可能会损害另一部分人群的利益,所以社会中可能会存在着相互对立、相互影响的意见。福利供给的普遍策略主要有:(1)福利剩余主义,社会福利只是社会最后的安全网,提供最低限度的社会保障;(2)社会福利是一种选择性的,主要是为目标群体提供福利;(3)社会福利是一种社会保护,保护人们维持现有的生活水平;(4)社会福利是一种普遍性的需要;(5)社会福利是经济发展的产物;(6)社会福利是一种再分配。国家在采取社会福利服务供给的时候通常是一组策略的集合,因而产生了各种福利制度的模型。从政府或国家角色的角度,可以大致将世界各国所实施的公共福利制度划分为剩余模型、工作能力—成绩模型、制度再分配模型与福利多元主义模型,在不同的模型下福利供给的对象和内容不同。剩余模型、工作—成绩模型提供的是一种选择性的服务,而制度再分配模型提供的是一种普遍性的服务。[1]

(一)剩余模型与工作能力—成绩模型

剩余模型的基本理念是:个人的需要可以通过私人市场和家庭两个"自然的"渠道获得适当的满足,只有当这两个渠道崩溃时,社会福利设施

---

[1] 参见 Paul Spicke, *Social Policy Themes and approaches*, University of Bristal: The Policy Press, 2008, pp. 101 – 117.

才应该介入运作，并且只能是应急性的。在这个模型中，社会福利只应担任剩余的角色。为了确保公共福利不会被滥用，最好能以志愿方式实施。而申请福利救助或公共援助的人，是那些感受到"贫困化"的人、承认失败的人。因此有西方学者认为，剩余型福利制度是一种制度性耻辱化过程。工作能力—成绩模型认为社会福利设施只是充当经济的附属品，个人的需求应该通过个人的优点、工作表现和生产力来满足其社会需要。① 这两种模式都认为福利是个人取向的，可以通过个人的努力而获取，国家只是扮演最后的救济者，提供有限的福利服务。

（二）制度—再分配模型

社会政策的制度性再分配模型将社会福利视为社会里的主要统合制度，在市场以外，按照需要的原则，提供普惠性的服务。该模式强调国家和政府的责任，认为公众对国家福利的需求和依赖是社会生活的一部分，国家应该将满足公众需求视为社会责任，为公众提供普遍性的社会福利服务，使每一个人的需求都能得到有效的回应。这也是福利国家的基础理念。

由以上两种模型可见，不同福利模式强调的福利责任主体和目标人群不同，体现出不同国家—社会对公共福利的共识不同。从各国的历史变化趋势来看，社会对公共福利的要求是不断增长的，很多西方国家在20世纪中期已经向福利国家发展。虽然有些国家考虑到政府的财政负担能力以及福利作为再分配手段对市场灵活性的影响，坚持采用剩余福利模式，但在剩余福利框架下，国家和政府所承担的责任也难免越来越多。

（三）福利多元主义模型

国家和政府集中和运用资源的能力很强，能够担任普惠式制度化福利的供给主体。但由于制度刚性有余而灵活性不足，国家包办福利难以切合社会多元化需求，也难以解决效率问题。20世纪后期西方国家兴起了福利

---

① 参见［英］理查德·蒂特马斯：《蒂特马斯社会政策十讲》，江绍康译，吉林出版集团有限责任公司2011年版。

多元主义。无论是剩余模式还是福利国家模式都逐渐向多元主义发展。福利多元主义主张国家承担社会福利服务供给的主要责任，但不是福利服务供给的唯一主体，福利供给应该尽量引入和激发非政府组织（NGO）和公民参与，政府与市场、社会形成公—私合作伙伴关系（PPPs），由多种主体、整合多种资源来提供福利服务。福利多元主义使福利供给多元化和差异化，为个人和集体提供不同的选择可能性和组合。

三种西方国家的福利主义模式在制度演进过程中发展出来，但各国在实践中仍然会进行相应模式的选择和改进，以切合自身的国情和社会共识。

二、社会政策与福利资源传递

在行政实践中，社会政策是关于政府配置再分配资源的政策。在社会学的学科研究中，社会政策是关于再分配资源配置和传递过程所涉及的理念、路径、机制和群体效应的知识和理解。

在社会政策视野中，福利模式确立了再分配资源配置的理念和目标，福利资源传递的路径、方式和机制则决定了福利实施的群体效应。由于福利模式和福利制度具有制度刚性，需要社会政策调节资源配置以使福利供给切合多变的社会需求。从国家到个人，公共福利传递的路径很长。除了直接的福利金补贴或财务资助以外，国家资源转化为社会福利服务传达到个人是一个复杂的过程，这个过程包含各类组织和部门的分工及管理。倘若分工和管理不善，国家资源就有可能白白流失，有需要的个人得不到应有的福利服务。尤其是在福利多元主义的框架下，国家要使公共福利服务供给切合公众多元化和差异化的需求，需要主动改革体系，引入多种非政府组织参与服务供给，福利传递体系不仅仅有政府部门参与，还有许多其他部门和组织参与，从而使整个体系更有效率、更有弹性。因此公共福利传递体系是一个庞大而复杂的体系。

公共福利服务体系由行政部门、公营部门、社会协作组织、半市场机构等组成。这些构成部分至少在三个方面存在差异：功能、服务对象和服务地域。服务产出和资源使用效率是福利部门最需要注重的主题，但由于各项福利需求与服务的差异性、不同地区对福利服务要求的差异性都很大，因此国家和政府福利部门的责任不仅是确立制度政策，更需要发展出一套有利于政府与协作组织合作的管理方式、监督规则和激励机制。适当的规制方法能够引导社会（协作）组织健康成长、规范运作，按照社会政策的意图把社会福利资源与服务传递到社会基层和弱势群体手中。服务外包、给予社会服务组织运作津贴或者奖励合作计划等，都是国际上通行的政府与社会组织合作方式。

综上所述，由于各国以及各个社会所选择的福利模式不同、福利传递模式不同，从而发展出不同的福利供给模式。同时，若福利传递体系当中政府和社会组织不能形成有效、顺畅的协作关系，社会组织的服务供给无效率、不能准确满足社会和弱势群体的需求，国家的社会政策就不能落实到民间，整个社会福利体系就会失效。

三、社会治理与政府购买服务

（一）西方社会治理方式转变

20世纪50年代之后，西方公共管理理论针对公共部门的研究，包括对于公共管理主体、客体、内容、机制等多方面的探究，与西方公共管理的实践变革和发展紧密联系在一起。公共管理理论有福利国家理论、"第三条道路"理论、"新公共管理"理论、治理与善治理论（新公共服务理论），福利国家、"第三道路"等理论强调社会政策的取向，而新公共管理、治理与善治理论主要着重于社会管理主体的重塑。

20世纪80年代中期以来，很多西方国家公共部门的管理发生了较大变化，弹性的、以市场为基础的新公共管理取代了原本僵化的、等级制的官僚制公共行政组织形式。新公共管理是一种国际思潮，起源于英国、美国、新西兰和澳大利亚等国家，并扩展到其他国家。新公共管理范式始于20世纪70年代末80年代初的政府改革运动，逐渐取代了传统的公共行政学范式，日益成为西方公共管理的主流，为公共部门管理及社会管理奠定了广泛的基础。新公共管理的中心主题是拓展公共服务提供主体，注重政府、市场、公民之间关系的调整，将政府部门定位于广泛的社会情境中，强调其与社会环境的互相作用，强调使用私人部门管理的理论、原则、经验、方法和技术，使用市场竞争机制，注重结果或绩效管理而非过程管理，提倡顾客导向和改革服务质量，这些理念都是当代西方政府改革的基本取向。

在 20 世纪 80 年代末以后，治理理论愈发成为社会管理的重要理论，其强调社会管理的主体多元化、参与式治理、从统治转向善治等。治理理论有如下特征：其一，强调网格式的管理，将政府以外的社会主体纳入管理主体中；其二，在手段上强调参与式治理，而非以往统治式的指令，强调对于各方主体的社会动员；其三，运作方式上与官僚制区分开来，强调灵活的多元化主体；其四，治理强调善治的达成，而非统治和控制。治理理论强调国家—社会二元体系的消解，倡导建立一种国家与社会良性合作、发展的模式。在现阶段的社会治理研究中，公民治理被视为引领 21 世纪的重要社会治理模式，它强调以公民的身份民主决定社会公共事务，提倡公民的充分参与。公民治理的理念重视公民角色的重新界定，要求个体从被动的政府服务的消费者转变为社会治理的主动参与者，当公民主动时，治理才能达到最佳效率。这种治理方式同时也要求对地方治理的重视，建设"小"而富有的回应性的政府，强调政府从"控制者"到"顾问"的角色转变。

可见，新公共管理、治理理论等强调管理主体、客体的多元化，服务内容的弹性化等内容，对于扩大公共服务的覆盖面与提高效率有较大的作用，并以转变政府的角色为前提——从原先的公共行政转向协作式的公共管理。前者强调市场企业成为政府合作的伙伴，而后者强调非营利组织成为公共服务中政府的伙伴。理论发展反映了社会结构的时代变迁，社会管理也更进一步地认识社会、共同体的发展规律，进而以社会力量的发育与治理为主。原本的政府购买公共服务只是简单的服务外包，而现阶段，政府与社会组织之间的合作越发成为社会管理应有之义，而进一步推动了社会的发展。这种理念对社区工作的发展也较为重要，体现在社区的发展上。

（二）社区治理与福利实践

20世纪60—70年代资本主义问题频发时期的欧美国家，政府希望将社会问题控制在社区之中，或者通过社区发展来消除，于是社会政策和社会福利服务与社区治理连接起来。政府通过向非营利组织购买服务的方式实施社区治理。

在社区工作模式研究中，首推美国学者罗夫曼（Jack Rothman），他系统地提出了社区工作的三大模式：社会策划（social planning）、地区发展（locality development）及社会行动（social action）。[1] 这三大模式涵盖社区工作定义中不同的变量，包括社区工作的理念、分析的视角、具体的工作策略，甚至社区工作者不同角色的分析等，对社区工作的开展具有重要的参考价值。其他模式如巴特恩（T. R. Battern）的二模式——直接干预与非直接干预法。在西方社区工作实践推行的过程中，比较典型的模式有地区发展、社会行动、社会策划、社区组织、社区教育、社区照顾六种模式。社区工作模式由于其问题及假设、目标的不同而被运用于不同地区之中，譬如社区行动、社会策划、社区照顾等在发达国家中广泛采用，而地区发展主要被联合国用于发展中国家和地区中。[2]

（三）政府购买公共服务与社区工作发展

政府依靠社会组织承接政府购买的社会服务，是世界上一种普遍并日益流行的做法。[3] 但是，各国政府购买公共服务与非营利组织发展的路径并不一致，英美的公共服务一直为私人所掌握；德国、荷兰等建立了社会福利保护制度，但却通过私人非营利组织来提供资助。政府购买公共服务主

---

[1] 参见 Jack Rothman & J. E. Tropman, "Models of Community Organization and Macro Practices Perspectives: Their Mixing and Phasing", In *Strategies of Community Organization*, Edited by F. M. Cox et al., Illinois: F. E. Peacock, 1987.

[2] 参见黎熙元、童晓频、蒋廉雄：《社区建设——理念、实践与模式比较》，商务印书馆2006年版。

[3] 参见王浦劬、[美] 莱斯特 M. 萨拉蒙：《政府向社会组织购买公共服务研究——中国与全球经验分析》，北京大学出版社2010年版。

要有两类手段或工具：(1) 生产方补助，给服务生产方提供优惠，再由他们将服务提供给受益人；(2) 消费方补助，将某种形式的支付或报销直接提供给项目受益人，让受益人自行选择提供方；不同的手段促成了不同的政府与非营利组织的合作关系①，近年来政府与社会组织的合作伙伴关系已经成为重要的方面，而非以非营利组织取代政府提供服务的方式。

西方社区工作的发展大部分由政府提供资源支持。政府购买公共服务推动了社会组织的发展，以社区为服务提供场域，进而改变了社区工作的状况。20世纪60年代之后政府购买社区服务逐步制度化。英美等国出台了一系列的政府购买社区工作服务的规章制度。英国②政府在1989年颁布的《为病人服务》和《公共照顾》白皮书中鼓励社区志愿者服务组织承包政府服务，在实施过程中就包含了社区工作中重要的模式——社区照顾；英国政府对承接服务的社会组织采用三种不同的项目来进行能力建设——"能力构建者""未来构建者""基层资助项目"③，尤其是有1.3亿英镑的"基层资助项目"旨在繁荣地区社区组织的发展，成为社区工作发展的动力。20世纪70年代以后，美国采取政府与私营机构、非营利组织之间"购买服务合同"的方式进行一系列的政府购买社区养老服务，由联邦卫生部资助社区服务项目，向有需要的家庭提供，该项目由15个社区NGO承包。除此之外，美国购买服务还涉及医疗服务、民事纠纷调解、青少年服务、解决社区问题的"点子服务"等社区工作的主要内容。

第二节 中国的社会福利制度与社会服务供给

1979年以来，配合经济体制和行政体制改革以及经济社会转型，中国

---

① 参见［美］莱斯特 M. 萨拉蒙：《公共服务中的伙伴——现代福利国家中政府与非营利组织的关系》，田凯译，商务印书馆2008年版。

② 英国作为老牌资本主义发达国家，在16世纪末、17世纪初已有相关立法，规定社会服务提供的重要性，如1601年《慈善使用条例》和16世纪末的《伊丽莎白济贫法》。

③ ［美］莱斯特 M. 萨拉蒙：《公共服务中的伙伴——现代福利国家中政府与非营利组织的关系》，商务印书馆2008年版。

的社会福利制度经历多次变化，福利供给多元化是近15年来逐渐形成的新模式。其特点是透过政府购买服务的方式把社会组织的专业服务引入社区，成为基层治理的组成部分。

一、福利制度的变化

改革开放初期，国家福利改革经历了国家保险福利、单位福利和集体福利到"去福利化"改革的过程，新自由主义弥漫于福利制度建构的理念中。[①] 中国的福利制度从总体上来说是服从于经济政策的，经济的发展优先于社会的发展。近年来福利体系建设的重要性凸显，福利制度设计和发展逐渐成为政府治理的重要议题。原先的多元化的福利供给路线强调借用市场的力量，用者付费、引入竞争机制吸引民间资本、服务外包等强化了市场在服务供给中的作用，相对减轻了政府的福利责任，使政府可以用较少的财政成本来获得福利效果。但近几年来，随着国人对社会福利越来越重视，社会群体多元化发展，福利多元化供给的方式不足以满足公众需求，政府在公共福利服务供给中也需要担当重要角色。

在福利制度的概念和福利内容上，中国的社会福利制度正在经历从小福利到大福利的转变，正在逐步形成一种组合式普惠的福利制度。传统的中国福利服务是一种补救性的小福利，主要是针对已经存在的社会问题进行"事后补救"，在福利供给对象上具有选择性，并且强调国家（政府）承担主要的福利供给责任，属于"雪中送炭"式的福利。而所谓的"大福利"是以社会成员为对象，以满足社会成员的基本福利需求为本的社会福利，由多元主体共同提供福利服务，包括了社会救助、社会保险、公共福利和社会互助四种供给方式的社会福利，是一种普惠性的社会福利服务。[②]

在城市福利服务的供给模式上，中国经历了单位制向社区制的转变。单位制时期，公民的所有福利服务都由单位提供，不同体量的单位福利供

---

① 参见韩克庆：《社会质量理论与中国问题：议题、背景和福利改革》，见彭华民、平野隆之：《福利社会：理论、制度和实践》，中国社会科学出版社2016年版。

② 景天魁、毕天云：《从小福利迈向大福利：中国特色福利制度的新阶段》，见彭华民、平野隆之：《福利社会：理论、制度和实践》，中国社会科学出版社2016年版。

给能力不同。随着20世纪90年代国有企业改革，大量的下岗职工回归社区之后，福利服务的供给由单位转向社区，居委会承担了福利供给的重要职责，而在2000年后，在行政改革的理念下，政府作用范围逐步收缩，政府职能开始转移，公共服务开始从国家中心主义向多元主义模式转变，党的十七大提出了要建立健全"党委领导、政府负责、社会协同、公众参与的社会管理格局"，这一制度设计在党的十八、十九大报告进一步完善阐明为"共建共治共享"的社会治理模式，为推进治理体系改革指明了方向。公共服务的社会化成为这种变革的主要途径，社会组织成为政府职能转移的承接者和和公共服务的替代性提供者，项目制成为福利服务供给的一种可能的方式。

在服务供给的主体方面，中国传统福利文化中的家庭、宗族是成员社会福利的主要提供者。[①] 中华人民共和国成立后实行计划经济，整体社会的发展服从于经济建设，由国家通过单位统包统揽，单位成为国家福利供给的主要载体。20世纪80年代实行改革开放以后，社会福利改革一直遵循的是双轨制的思路，一方面保持国办社会福利机构的总体存量稳定的福利供给，另一方面通过培育民办社会福利机构，增加社会福利供给，但是大部分的民办机构多采用"民办公助"和"公建民营"的方式，同时通过引入市场机制，将服务外包于企业来提供服务，此时国有机构、公营的民办机构和企业是社会服务的供给主体，国家对民营机构和企业的主要是进行现金、实物等直接资助和减免税收、水电费等间接资助，侧重于有形的资源和经济的资助，忽略专业人员的培育以及专业方法的引入。[②]

在提供福利服务的专业性方面，在宏观制度的变迁下，较为发达的大中城市开始探索政府购买社工服务，最早的实践开始于上海浦东新区的罗山市民会馆项目，政府出资、社会组织管理和运作。这启发了后来的城市进行更多探索，逐渐形成了政府购买社工服务模式。

[①] 黄晨熹：《中国福利体制的特点、模式及未来走向》，见彭华民、平野隆之：《福利社会：理论、制度和实践》，中国社会科学出版社2016年版。

[②] 参见胡薇：《国家回归：社会福利责任结构的再平衡》，知识产权出版社2012年版。

二、中国的政府购买服务

政府购买服务作为一种体制内资金资助、体制外服务组织的资源流动方式,直接推动了公益性和社会福利服务性非营利组织的生成和发展。社会组织透过承接服务项目、借助因项目而聚集的资金和专业人员来发展壮大。作为项目购买方,政府也要力图善用公帑,制定出相应的项目承接规则和服务供给规则来约束社会组织。这些规则深刻影响了社会组织的结构与能力。大部分的研究认为在目前政府购买服务的情境下,社会嵌入国家,社会组织和社会工作通过嵌入式行为而获得发展[1],但也有学者认为此情境下存在着反向嵌入,即国家嵌入到社会中,即目前很多承接政府购买服务的组织都具有国家背景,这体现了传统的国家与社会关系在购买服务中进一步强化,但另一方面政府购买服务也给社会组织带来了竞争性、制度化的发展机会,在一定程度上为塑造国家与社会关系提供了新的可能性。[2]

有学者从福利多元主义的规制、融资和递送的三个维度提出目前中国城市的社会服务递送可以划分为三个维度——"独立型的递送模式""混合型的递送模式"以及"内生型的递送模式"。[3] 在社会组织竞争力不足的情况下,政府与 NGO 的互动中存在着机构异化与服务投机化、制度缺陷与资源依赖(融资)、合同管理能力不足与行政干预等问题,从而导致服务供给陷入困境之中。由此可见,福利制度对于服务递送的模式及政府社会之间的关系会产生影响,从而导致服务供给的差异。

政府购买服务中可能会影响服务供给的因素主要有以下几个方面:(1)交易成本的问题;(2)目标人群的瞄准问题;(3)政府与非营利组织之间的关系问题,政府与非营利组织之间的关系是依附性或是独立性会直

---

[1] 参见王思斌:《中国社会工作的嵌入性发展》,载《社会科学战线》,2011年第2期;朱健刚、陈安娜:《嵌入中的专业社会工作与街区权力关系——对一个政府购买服务项目的个案分析》,载《社会学研究》,2013年第01期。

[2] 管兵:《竞争性与反向嵌入性:政府购买服务与社会组织发展》,载《公共管理学报》,2015年第3期。

[3] 廖慧卿、岳经纶:《合作、控制与共生:街道体制下的社会服务递送》,见朱亚鹏、岳经纶:《中国公共政策评论》,格致出版社2015年版。

接影响到非营利组织的服务供给的选择。在现有的制度框架下，政府与组织都会采取各种行动策略并且内在于制度中相互构建，社会组织很难成为政府的伙伴，更可能由于制度的嵌入与吸纳成为政府的伙计；（4）目标置换的问题，社会组织成员更加关心组织的生存而非服务目标的完成；（5）腐败和寻租的问题。

第三节 社会治理与社区治理

政府购买社会服务的目标有两个方面，不但要增加福利服务供给并推动供给主体多元化，同时也要把专业服务引入社区，以强化基层的福利服务与民生管理，这是发展社会治理和社区治理的方式。

一、社会治理与社会组织发展

社会治理创新，意味着社会秩序的维护和达成是政府与社会共同的事务，多元主体的平等协商与合作将取代政府作为单一的管理主体。社会治理和社会服务体制的变化与当前所面临的挑战分不开。对当代中国的社会治理来说，如何在社会发展与政治秩序之间保持合理平衡和良性互动，始终是一个难题。一方面，由于复杂的历史原因和国内外形势，整个社会的发展高度依赖于国家的强力领导，并确实取得了不凡的成就；另一方面，快速而卓有成效的社会发展却反过来推动国家的强力领导和既有的政治秩序发生改变，使中国现实的社会治理逐步形成了由政府机构、社区组织、非营利组织、社区居民等多种主体构成的网状治理结构[①]。而社会组织也是作为一类重要的参与主体进入社会治理体系，其提供的社会服务被认为是解决社会问题的一种重要手段。

有些学者认为政府购买服务下，不同城市治理制度的选择可以区分为项目制、单位制、混合制，呈现出不同治理模式下的服务供给效果，其认

---

① 参见黎熙元、陈福平、童晓频：《社区的转型与重构》，商务印书馆2011年版。

为的不同治理模式产生了不同的服务效果，项目制模式下由社会组织承接特定的服务项目，可以促进社会组织的发展，提供专业的有针对性的服务；单位制模式下是努力提供基础性的公共服务，社会组织发展缺乏专业分化；而混合制的模式针对不同人群设立基础性的服务的中心，也针对特定需要设立了项目，提供了全面的专业服务，也促进了社会组织的发展。①

二、社区治理

传统西方语境下的社区都强调自治模式，基层社会自治是民主体制的基本设计。美国哲学家和教育家杜威（John Dewey）指出："虽然我们说尽家庭和邻里组织的所有不足之处，但是它们永远是培养民众精神的首要组织。借助于家庭和邻里组织，公民性格得以形成，公民特有的思想得以逐步确立"②。但是，随着城市化加速，社区人口增加，完全自治的社区在面对社区基础设施改造、公共服务供给等问题时往往显得资源不足。由社工等专业精英发动、居民自主协商、联合企业和政府的资源进行社区改造，就成为20世纪60年代西方国家社区发展的典型路线。20世纪80年代，全球化导致许多城市经济功能转变，由大型商业资本主导的城市改造不会仔细考虑社区居民的需求，邻里流散，社区衰落。到20世纪末，西方各国重新强调公民参与，强调公民治理引领社区。公民治理模式有三个基本要素：管理当局、公民和职业者，代表三种不同的治理力量，社区通过三方协商来实现。③

随着20世纪90年代中国国有企业改革，下岗人员进入社区之中，社区逐渐成为社会福利服务供给的一个重要主体，居委会、业主委员会和老年人协会等在街区内不再是自上而下的法律制度安排，而是在实践中有着自下而上的生产秩序，强调治理、善治或共治的多元主义越来越成为学者

---

① 管兵、夏瑛：《政府购买服务的制度选择及治理效果：项目制、单位制、混合制》，载《管理世界》，2016年第8期。

② John Dewey, *The Public and its Problems*, Athens, Ohio: Swallow Press, 1985, p.211.

③ 参见［美］理查德·C. 博克斯：《公民治理：引领21世纪的美国社区》，中国民人大学出版社2005年版。

们对基层社会的愿景。社区是社会的基本构成单元,多元主体在社会服务供给中合作,包括基层政府、社会组织(社区综合服务中心、业委会、物业公司等)。

第四节 政府购买服务下的政社关系

政府购买社会服务规制生成了特定的国家与社会组织关系,完全不同于国家与企业或国家与公营部门、事业单位的关系。对这种关系的性质和特点,学界提出多种观点。

一、政府与社会组织关系

在政府与社会组织的关系格局中,政府始终占据主导地位,官民身份重叠是中国社会组织的普遍特征。总体上看,民间组织的自主性、独立性和自愿性程度相对较低,在总体上呈现"依附式自主"特征。所以社会组织在运作过程中呈现出"组织外形化"的现象,即组织的结构形式与实际运作的不一致。[1] 随着政社合作的发展,社会组织也在这个过程中获得更多的合法性、生存资源及发展空间。这种发展空间具有内生的不稳定性,一方面有可能推动国家与社会良性相依的格局,另一方面也有可能导致行政体系对社会力量的重塑。[2] 政府与社团的关系是模糊而复杂的,其中既有法团主义的特征,又有国家全能主义的痕迹,不能一概而论。[3]

对政府与组织的关系格局,学界有很多讨论。康晓光、韩恒认为,从整体上来看,政府管理社会组织的手段不是"单一的",而是"多元的",

---

[1] 田凯:《非协调约束与组织运作——一个研究中国慈善组织与政府关系的理论框架》,载《中国行政管理》,2004年第5期。

[2] 黄晓春、嵇欣:《非协同治理与策略性应对——社会组织自主性研究的一个理论框架》,载《社会学研究》,2014年第6期。

[3] 范明林、程金:《核心组织的架空:强政府下社团运作分析——对H市Y社团的个案研究》,载《社会》,2007年第5期。

即对不同的社会组织采取不同的管理方式,即按照社会组织的不同类别进行"分类控制",这个概念反映了当前国家与社会组织的基本特征。①何增科认为,这其中反映了社会制度环境的设计者和供给者维护政权和政治稳定的考虑,所以在社会组织监管上表现出强烈的限制和控制取向。②俞可平将这种制度环境的总体特征归纳为"宏观鼓励、微观约束"。③王名认为,政府对社会组织的管理正在由行政控制转向分类监管、资源引导和行为控制。④刘鹏用"嵌入性监管"来反映政府和社会组织的关系,认为这种干预和调控作用也使得社会组织乐意借助于其所提供的政治机会对国家职能进行反作用,从而促使国家与社会外化为某种合作性关系模式。⑤王诗宗、宋程成基于结构与能动统一的理念,发现中国社会组织之独特结构及实践,认为社会组织在当前的制度环境中,是具备一定的能动性的,这是组织对其所面对的"制度复杂性"的能动"回应",不过当前社会与政府的关系总体上呈现"依附式自主"特征。⑥王向民认为,地方政府已经形成三种相应的治理模式:发展枢纽型社会组织、资助服务性社会组织、吸纳草根及利益表达类社会组织。⑦在过去20年里,"公民社会"与"法团主义"两大视角主导了社会组织研究领域,不过这种视角并不能概括政府与社会组织之间复杂的关系,研究者需要跳出单一维度的陷阱,试着从多个维度入手。邓正来、丁轶认为,国家对社会组织的管理策略与中央对社会改革进程和国际局势的总体把握密不可分,国家是秉持一种机会主义立场,而这

---

① 康晓光、韩恒:《分类控制:当前中国大陆国家与社会关系研究》,载《开放时代》,2008年第2期。
② 何增科:《中国公民社会组织发展的制度性障碍分析》,载《浙江省宁波市委党校学报》,2006年第6期。
③ 俞可平:《中国公民社会:概念、分类与制度环境》,载《中国社会科学》,2006年第1期。
④ 王名:《中国非政府组织的发展和现状》,载 Social Science in China,2007年第2期。
⑤ 刘鹏:《从分类控制走向嵌入型监管:地方政府社会组织管理政策创新》,载《中国人民大学学报》,2011年第5期。
⑥ 王诗宗、宋程成:《独立抑或自主:中国社会组织特征问题重思》,载《中国社会科学》,2013年5月第5期。
⑦ 王向民:《分类治理与体制扩容:当前中国的社会组织治理》,载《华东师范大学学报(哲学社会科学版)》,2014年第5期。

种立场有利于国家对当前社会的总体性把握,这是一种在可纠错框架下的一种治理技术和策略,能够满足治理的需要。①

二、政府购买服务中政府与社会组织的关系

近年来政府开始向社会组织购买服务,这使社会组织发展获得新的契机,政府与社会组织的关系也开始发生变化。政府购买社会组织服务,包括宏观上的地方政府规章改革、财政制度的调整以及相应部门的成立,同时也包括微观上购买内容确定、购买流程设计、评估考核办法的制定等。徐顽强认为,政府与慈善组织作为两种不同的组织类型,相互之间应该是一种互补与依存的关系,但是政府与慈善组织对资源依赖的程度存在差异,慈善组织对政府资源存在定向索求,而政府对慈善组织则是多向选择,两者在实际中的关系并不平等。②朱健刚、陈安娜通过对一个政府购买社工服务项目的个案研究,指出专业社工在提供服务过程中被吸纳到街道的权力网络过程中产生了外部服务行政化、内部治理官僚化和专业建制化的过程。③孙伟佳、范明林认为,在政府购买服务中,需要政府与社会组织逐步建立信任关系,政府针对不同购买模式设立管理、监督、评估制度,最重要的目的就是提升社会组织的可信任度,而社会组织也需要通过积极满足购买服务的要求,提供自身专业性的信息,来提升政府对其的信任度。④敬义嘉认为,政府购买服务类似于市场交易,形成政府部门与社会组织之间的委托代理关系,政府购买服务为合作治理创造了条件,但是政府如果没有释放足够的社会空间,也不利于社会组织发挥其专业服务能力。⑤韩俊魁

---

① 邓正来、丁秩:《监护型控制逻辑下的有效治理——对近三十年国家社团管理政策演变的考察》,载《学术界》,2012年第3期。
② 徐顽强:《资源依赖视域下政府与慈善组织关系研究》,载《华中师范大学学报(人文社会科学版)》,2012年第3期。
③ 朱健刚、陈安娜:《嵌入中的专业社会工作与街区权力关系——对一个政府购买服务项目的个案分析》,载《社会学研究》,2013年第1期。
④ 范明林:《非政府组织与政府的互动关系——基于法团主义和市民社会视角的比较个案研究》,载《社会学研究》,2010年第3期。
⑤ 敬义嘉:《中国公共服务外部购买的实证分析——一个治理转型的角度》,载《管理世界》,2007年第2期。

认为，对于政府购买服务中政府与非营利组织的关系研究，现有研究忽视了中国非营利组织的多元结构类型以及非营利组织在多行政层级开展活动的特征，多元主义和法团主义的解释框架均大大简化了中国社会的复杂性。① 管兵认为，在政府购买服务实践中，一方面重塑了新的国家与社会关系，给予了社会组织新的空间和机会，但是另一方面也强化了旧的国家与社会关系，将国家的力量进一步嵌入社会。②

一般学者的讨论比较关注国家与社会的关系，研究社会工作的学者更注意政府和社会组织，或者更具体来说是政府主管部门和社会服务组织之间的关系。罗观翠等基于香港的政府购买服务的经验认为社工服务机构应该是独立于政府的社会组织，与政府之间不存在纵向的领导与被领导的行政隶属关系，是自主决策、独立运作和自我发展并接受政府的依法监管的组织，政府与社会工作类社会组织的关系应该在支持与独立中寻求平衡，即政府既要给予社会组织经费、场地的支持，同时也要保障社会组织的民间性和独立性，给予其发挥专业性的平台及给予展示专业价值观的空间。③ 王思斌等认为，在"合作伙伴"关系下，社会服务机构则通过专业化、灵活和创新式的服务回应政府的支持，社会服务机构的发展、社会政策及福利制度的发展、社会行政管理人员对社会工作专业的认同是发挥社会工作的积极功能的三大支持条件，社会组织嵌入在当前的社会治理体系中，不断采取行动并企图获得自身的合法性。④ 由此可见，结构性的宏观制度环境、政府与社会组织之间的关系是社会工作类社会组织发展所面临的宏观制度环境与第一重场域。也有学者认为社会工作类社会组织主要是基于政府职能转移、社会福利服务提供中介及政府购买服务于专业人才培育等基

---

① 韩俊魁：《1949年以来中国社会组织分类治理的发展脉络及其张力》，载《学习与探索》，2015年第9期。
② 管兵：《竞争性与反向嵌入性：政府购买服务与社会组织发展》，载《公共管理学报》，2015年第3期。
③ 罗观翠、王军芳：《政府购买服务的香港经验和内地发展探讨》，载《学习与实践》，2008年第9期。
④ 王思斌：《试论我国社会工作的本土化》，载《中国社会导刊》，2007年第12期；王思斌、阮曾媛琪：《和谐社会建设背景下中国社会工作的发展》，载《中国社会科学》，2009年第5期。

础而发展起来的,其主要在社区层面开展服务,而在开展服务的过程中,必然会面对强制度约束,政府购买服务呈现以体制内需求为导向、就近圈内购买以及悬浮于社会治理网络等特征,使社会组织赖以发展的重要制度条件处于缺位的状态[①],不同政府部门多重治理逻辑及多层次互动结构催生了不稳定的社会组织自主性生产空间和"组织边界模糊"等问题[②]。在同样的宏观环境下,社会组织本身属性、资源优势会导致其服务的资源动员、服务战略选择及服务主体互动的不同从而产生社会服务的差异化供给。[③]

总的来说,无论学者认为哪一种政社关系更理想,政府购买服务中的政府与社会组织关系实际上只能是合作关系,否则服务合约不能履行。但政府和社会组织对社区服务理解角度不同,服务目标也不一定相同,往往会对服务方式、服务质量和资源运用有不同理解。西方国家先有社会组织发展,再有政府购买服务;对于福利资源如何更有效传递给有需要的个人,政府需要听取社会组织的意见。中国则相反,社会组织由政府购买服务催生,社会组织要在政府的服务供给合约中寻找自我发展的空间。因此相比西方国家,中国的社会组织在服务合约中的谈判能力更弱,服从压力更大。然而,社会组织终究不是公营部门,它也不能变得和公营部门类似,否则政府购买服务就失去意义。正是这种目标和理念的一致与不同、遵从政府要求同时寻求自身发展或保持专业自主性等关系的内在张力,使政府购买服务中的政社关系总是处于合作博弈之中。

三、各类社会组织的作用

组合式普惠福利制度模式下的福利服务是由多元主体来提供的,国家的正式福利部门主要通过科层制和国家责任为拥有社会权的公民提供社会

---

① 黄晓春:《当代中国社会组织的制度环境与发展》,载《中国社会科学》,2015年第9期。
② 黄晓星、杨杰:《社区治理体系重构与社区工作的行动策略——以广州C街道社区建设为研究对象》,载《学术研究》,2014年第7期。
③ 王桑成、岳经纶:《社会起源理论视角下的社会组织与社会服务递送——以广州市家庭综合服务中心为例》,载《社会建设》,2017年第1期。

保险、救助、住房、教育、服务、发展机会等的福利服务，市场主要是通过市场竞争和个人责任为消费者提供有偿的服务和有偿的物品，家庭/社区主要是通过家庭和社区为家庭成员和社区成员提供社会互助和社会服务，而现代社会主要是通过非政府组织、非营利组织提供社会互助和社会服务。[1]

许多国家的福利系统都是通过相互独立、共生的专业组织之间的合作来发展。社会福利可以通过公共部门、私人部门、志愿部门和非正式的系统等四种途径来提供，公共部门的服务主要是由国家行为来提供，私人部门主要是通过商业行为来提供，志愿部门主要是通过非营利组织来提供，非正式的系统主要包括社区、朋友、邻居和家庭等。

志愿组织能提供最多样化的服务，其覆盖能力可以从地方性社会到大的整体性社会，而且具有专业能动性，在社会服务方面尤其能发挥更大的作用，志愿组织可以提供各种类型的服务，并且可以提供一些法定组织不可以提供的服务，比如陪伴那些不能接受任何法定服务的服务对象、建言政府服务以及帮助人们链接国家福利服务资源等。但是这些志愿组织同样面临一些问题，比如提供不专业的服务、只给他们认同的人群而非最有需要的人群提供服务、缺乏行政效率等。

社会工作类社会组织在中国扮演着创新社会治理体制中的一个积极适宜的角色并逐渐进入学者的研究视野。社会工作主要源于工业革命后的英国，其作为福利服务传输体系的一部分引入我国，由国家从政策层面开始推进，以政府购买服务的形式，在社区层面提供公共服务，由此可见，社会工作进入中国的行政管理体系之后，至少存在着制度体系层面的嵌入、项目层面的嵌入和服务行动层面的嵌入这三个层次的嵌入，这也意味着专业社会工作在发展中需面对结构性的张力。[2] 如何在专业服务中处理组织与政府之间的关系、如何处理本土社会工作与专业社会工作之间的关系成为

---

[1] 彭华民：《中国社会工作学科：百年论争、百年成长与自主性研究》，载《社会科学》，2017年第7期。

[2] 王思斌：《社会工作在创新社会治理体系中的地位和作用——一种基础服务型社会治理》，载《社会工作》，2014年第1期。

了社会工作组织承接政府购买服务、开展专业服务中必须要面对的两大问题。

第五节　中国特色社会福利体系与社会政策

综上文献研究，可以看到两条相关治理逻辑，其一是国家的福利服务传递体系构成多元化是适应多元化社会需求的必然路径；其二是国家治理体系在政府管理的同时发挥非政府组织的作用并吸引公众参与是提高治理效率改善治理效果的最佳方式。两条逻辑的结合点和国家福利发展的必然选择就是政府向社会组织购买福利服务。

中国社会福利体系的发展过程与西方国家不同，从计划体制转向社会主义市场体制之后，原有福利体系既没有走向福利国家模型也没有变成完全的自由主义模型，而是在改革创新的不断探索过程中逐渐完成了边界清晰的功能性福利制度和实施路径。改革开放之前社会福利通过由国家直接控制的单位体系来实现，改革开放之后，随着单位制改组或解散，教育、医疗、养老、救助等社会福利划归国家各个职能部门管理。从中央到地方各级职能部门在条块分割的行政管理之下，国家反而难以形成整体性的社会政策和社会安全网。各省市采取"摸着石头过河"的经济改革思路，根据自己的财政实力、治理思路和社会需求探索自己的社会福利模式，形成了各有特色的福利体系，有些仍然沿用单位制、或者政府为主的福利供给方式，而有些城市则开始转向福利供给多元化。

在福利供给多元化模式之中，政府购买社工组织服务是最具特色的设计，即社会福利的政府资源只向社会工作专业组织或者机构流动，其他类别的组织均被排除在外。其设计思路主要是，基于政府职能转移、在公共福利和基层社区治理当中引入社工专业服务，通过剥离社会服务来简化部门以提高行政效率、强化治理效果。于是，在原有的行会、协会、群团组织即草根NGO之后，近十年来全国大量出现了一类主要目标是承接政府购买服务的新型组织——社工组织。

第一章 社会政策中的政府购买社区服务

　　社会工作类的社会组织并非作为独立的第三部门或者有别于公共福利的社会自助式福利体系来发展，而是由于其承接政府购买服务的特殊性，具有社会控制和提供服务的双重功能，其对服务的供给及对社区居民需求的回应取决于在这两个功能之间的平衡和其自身地位，若倾向于社会控制的功能，其所提供的社会服务必然更加倾向于回应规范性的需求，更加服从社会秩序的要求，若倾向于提供服务，则其更多地是回应居民的需求，所提供的服务更加契合居民的需求。因此，这种社会服务组织完全切合福利传递体系构成的定义，实质上成为政府福利传递体系中的一个重要成分。

　　由此，本书选择在社会政策的理论框架下，研究国家福利传递体系各构成部分的关系，在理论上分析政府购买公共服务不仅是一个治理的论题，也是一个社会整合和社会发展的论题，实质是通过政府与社会组织结成的伙伴关系达至国家、组织和公民三者互相沟通支持的福利服务供给格局。

第二章 政府购买服务的社会组织发展效应

政府购买服务是我国政府行政管理改革、提高管理效率的一项重要措施。和其他政府改革措施不同，政府购买服务不是一项由中央政府推行的改革，而是在中央推行政府职能转移、提高行政效率的大政方针指引下，由地方政府实施的探索性改革举措。20世纪90年代，上海、北京等城市率先尝试政府购买公共服务，从政府自身运作所需的后勤服务开始，逐步扩展到政府为社会和公众提供的社会服务领域。2003年1月1日开始实施的《中华人民共和国政府采购法》其中政府采购的范围包括货物、工程和服务，虽然其服务的范畴仅指政府自身所需的后勤服务，但也为各地实施政府购买服务提供了基本依据。依据《中华人民共和国政府采购法》，各地方政府制定自己的政府购买服务规则，随着改革深化、政府职能转移范畴扩展，政府购买的范围也从自身的后勤服务扩展到公共服务和社会服务。

第一节 政府购买社会服务的推进

一、政府购买社会服务的进展

推进政府购买社会服务在全国各省市的差异更大。最早试行政府购买社会服务的项目可算上海市的"罗山市民会馆"项目。1996年上海市浦东新区社会发展局委托上海基督教青年会管理"罗山市民会馆",以政府出资、社会组织管理的合作形式,三年间发展出市民休闲会馆、罗山敬老院、"999"市民求助中心三大服务设施。上海的创新经验向全国展示了政府购买社会服务的效果和可行性。

进入21世纪,全国越来越多省市试行政府购买社会服务项目,积累了更多经验,产生出更多不同模式。2003年上海市政府实施了更多政府购买社会服务项目,上海市禁毒办、社区矫正办和社区青少年事务办等部门分别向社会组织签订政府购买合同,购买社工的社区服务,并从此形成鲜明的倾向性——政府向社会工作者或者社会工作组织购买社会服务。这种定向购买成为之后各省市政府购买社会服务的一致取向。2005年以后,广东省的政府购买社会服务迅速发展。2006年12月起,深圳市颁发了《关于加强社会工作人才队伍建设推进社会工作发展的意见》及七个配套文件,初步构建起以"政府推动,民间运作"为主要特征的深圳社会发展模式。主要特点是发挥社会组织在社会工作中的主体性作用,政府向社会组织购买社工岗位和项目服务。2008年9月广东省委下发《关于规范和发展我省社会组织的意见》,明确要求建立政府购买服务制度,广州市也通过了《中共广州市委、广州市人民政府关于学习借鉴香港先进经验推进社会管理改革先行先试的意见》。2011年,广东省办公厅出台了中国首个省级层面的政府向社会组织购买服务的文件——《政府向社会组织购买服务暂行办法》。地方改革推动了中央法规的逐步出台。2012年以来国家陆续发布了《民政部、财政部关于政府购买社会工作服务的指导意见》(民发〔2012〕196号)、《国务院办公厅关于政府向社会力量购买服务的指导意见》(国办发〔2013〕96号)、《财政部、民政部关于支持和规范社会组织承接政府购买服务的通知》(财综〔2014〕87号)、《民政部关于进一步加快推进民办社会工作机构发展的意见》(民发〔2014〕80号)等一系列文件,为全国范围推进政府购买服务设立了相关制度,提供了规则指引。根据民政部2015年不完全统计,2014年全国社会工作资金总投入为23.5亿元,上海、江苏、山东、湖南、天津、重庆等省市的社会工作投入超过1亿元。

2005—2017年的十余年间，广东省成为政府购买社会服务资金投入全国最多、社会组织和社工总数全国最多的省份，2015年广东社会工作投入愈10亿元，其中广州、深圳的投入均超过3亿元。

二、政府购买社会服务与社会治理

2000年国家11部委出台的《关于加快实现社会福利社会化的意见》指出，"采取民办公助的办法，将一部分资金用于鼓励、支持和资助各种社会力量兴办社会福利机构"，并且多方面给予优惠政策。这也是我国社会福利政策一个积极的转变。社会福利社会化成为一种大趋势，社会组织也开始积极参与到社会福利的提供之中。随着社会组织逐步发育成熟，社会福利提供主体也将进一步走向多元化，形成政府主导，社区、社会组织及市场多方共同参与的多元社会福利服务体系。

（一）社会组织参与社会治理

在计划经济时期，社会福利实行的是"国家—单位制"福利模式，社会福利的具体事务由集体或者单位直接包办统揽。随着社会福利发展模式逐渐向"多元福利"模式转变，原有的集体或单位福利逐渐解体，社会福利服务的供给上也开始呈现出由政府全盘包办服务向政府向社会组织购买服务转型的趋势，政府购买服务成为社会福利社会化供给的一种方式。[①] 社会福利提供主体多元化、服务专业化已经成为我国社会福利改革的一种趋势。专业化已成为社会福利政策发展和实务操作的主要方向，社会组织在社会福利体系中扮演着关键性的角色。中国福利改革的最重要特征是从国家中心主义向福利多元主义模式的转换，由政府通过职能转移，改革原来的福利体系，将原来完全由国家提供的福利性服务逐渐转向由社会组织提供，通过政府向社会组织购买服务的形式，优化服务资源的配置，提高服务的质量和效率，这也是发达国家的一般做法。在制度改革上将促进社会

---

① 许芸：《从政府包办到政府购买——中国社会福利服务供给的新路径》，载《南京社会科学》，2009年第7期。

组织参与社会服务供给作为改革传统社会福利服务体制的重要内容。

政府向社会组织购买服务最直接的原因是政府生产或提供公共服务存在局限性，而社会组织在这方面具备独有能力和优势。所以政府购买服务被认为是调和政府公共服务供给的内在矛盾，化解传统官僚制的治理模式与公共服务高度复杂性之间的深刻矛盾的结果。[1] 而从间接上说，政府向社会组织购买服务是中国社会福利发展模式转变的反映，也被认为是外部全球化浪潮中政府购买公共服务趋势发展的推动与内部政府主动寻求职能转变的政治诉求相结合的结果，是国内主动学习国外政府购买服务模式的结果。[2] 但是对于不同城市的政府向社会组织购买服务的制度创新来说，中央政府对地方政府向社会组织购买服务的态度也是关键因素。

继上海、北京的试验之后，广东省以珠江三角洲城市为重点，大力推进以政府购买社会服务为抓手的治理创新。2009年制定的《珠江三角洲地区改革发展规划纲要》中提出，在社会管理体制改革领域要"采取政府直接提供、政府委托社会组织提供和政府购买等方式，形成多元化的公共服务供给模式。鼓励社会组织和企业参与提供公共服务，提高公共服务的能力和效率。"政府购买公共服务的实施条件是非营利组织的成长和发展，以及政府与非营利组织之间的良性互动关系。在当今国际上公共服务发展良好的城市，政府购买公共服务和社会服务都是推动非营利组织转向规范、健康发展的有力机制。作为广东省政府购买社会服务的先行城市，深圳市于2007年10月印发了《关于加强社会工作人才队伍建设推进社会工作发展的意见》。2011年5月，广东省政府办公厅印发了《政府向社会组织购买服务暂行办法》，这是当前中国首个省级层面出台的政府向社会组织购买服务的政策。广州市政府购买社区服务是在社会管理创新的大背景下进行的。

近年来，珠三角不同城市开展社会管理创新实践，目前全省已有11%

---

[1] 吴玉霞：《公共服务链：一个政府购买服务的分析框架》，载《经济社会体制比较》，2014年第5期。

[2] 陆春萍：《我国政府购买公共服务的制度化进程分析》，载《华东理工大学学报（社会科学版）》，2010年第4期。

的社会组织承接了政府转移的职能，9%的社会组织有政府购买服务，民办社工服务机构已达到160多家。各市政府都在大力推动政府社会管理创新、开展政府购买服务、推动社会组织发展，形成了各自不同的特色。

（二）社区治理引入社工组织的社会服务

在社会治理创新过程中，珠三角城市把政府购买社会服务与社区治理结合起来。广东省政府购买服务的主要支出用于社区社工工作站，服务于社区的养老、残疾照顾。政府购买社会服务有效地推进了政府角色转型和职能转变，改变以往大包大揽的方式，并提高了社会服务质量，降低了公共行政成本。政府购买服务使社区治理发生了变化，也逐步改变了社区的基本结构。其主要体现在：首先，政府购买社区服务意味着政府逐步从社区服务的直接提供者转化为间接提供者，政府作为购买者，主要起监督作用，而不直接参与，这就有利于政府逐步从基层社区中退出，缓解政府在基层的压力。其次，政府购买社区服务使政府不需直接面对社区居民，这就在政府与居民之间建设了一道缓冲带，使社区矛盾不直接指向政府。第三，社会组织成为提供服务的主体，合法化的地位和资金的注入使其快速发展，从而改变了原先以居委会为主体的社区组织结构体系，逐步从单元化组织格局转变为多元组织格局。政府购买社区服务是政府从基层统治向基层治理转变的要求，充分发挥了民间组织的优势，能够较好克服政府失灵、市场失灵，从而促进社区和谐发展。在社区工作模式方面，最为直接的转变是从自上而下的社区组织模式转化为自下而上、与政府平行的社区组织模式，社区照顾模式亦从以政府为主体转化为以民间组织为主体。

在珠江三角洲，许多城市的政府购买服务以社区服务项目为重点。如广州市的购买项目是在街道设立家庭综合服务中心。广州市政府在《关于学习借鉴香港先进经验推进社会管理改革先行先试的意见》中明确提出按照执法、管理、服务"三位一体"开展整合社区管理体制改革，家庭综合服务中心是"三中心一队伍"中的社区服务中心，由此可以看到家庭综合服务中心在社区管理体系中的明确位置。在《推进我市社会管理服务改革开展街道社区综合服务中心建设试点工作方案》（穗民〔2010〕213号）等被称为"1+5文件"的关于广州市推进政府购买街道综合服务中心项目文件中,对于家庭综合服务中心在社区管理体制中的位置、政府购买服务的资金来源、购买程序、工作内容、指标和建设方案等都进行了非常明确具体的规定,家庭综合服务中心是新增的内嵌于原来的行政管理体系之中、主要提供社区社工服务功能的组织机构。2013年以后广州全市建立街道家庭综合服务中心138个。深圳市根据深圳的发展状况主要采取了购买岗位与社区服务中心并行的形式。根据《深圳市社会工作专业岗位设置方案》,社区工作者原则上"一站一社工",学校、医院原则上按"一校一社工""一院一社工"配备,社区按服务对象的一定比例设置社工岗位。目前深圳市共有专职社工1800多名,截至2012年建成200余家社区服务中心。佛山市主要在南海、顺德两区开展政府购买服务,以项目管理或委托协议的方式推进,由市妇联牵头,镇街统筹选点,以小组工作的方式推进家庭综合服务中心的建设,截至2012年建立家庭服务中心20个。

三、政府购买社会服务的方式

迄今为止,各城市的政府购买社会服务多以服务项目外包的形式实施。通过合同外包实现地方公共服务的私有化的方式有其效率优势,是世界各国政府普遍采用的方式。这种模式下,服务可以外包给私营部门,也可以外包给其他政府、非营利组织和志愿者组织。西方行政管理理论认为,项目通过合同的形式,通过竞争性的招投标体系而被授予投标人,在这一体系中最低投标人通常会被选中,对于产出比较易被测量的合同是比较成功的。但是对于产出不太容易测量的合同,如服务的合同,则是建议建立一个监管体系,以确保服务质量维持在一个可接受的水平上,当然如果承接的公司希望继续获得合同也会努力提供一个有质量保证的服务以期望获得下一次的承接资格。因此招投标和监管都是服务外包的一种激励机制,而更具竞争性的环境也是提高服务外包合同效率的一个重要机制。①

和国际通行的服务项目外包程序相似,中国各城市服务项目外包大都

---

① [美]安瓦·沙:《公共服务提供》,孟华译,清华大学出版社2009年版。

采用投标、合约监管的方式实施。广东省的购买社会服务，于2007年最先由深圳市试行，政府部门试行社工岗位购买、社区试行社区服务购买。2010年广州市开始在20个街道试行，集中于社区服务购买，2012年在全市全面铺开。基于试行经验，广东省在大规模推行时以信息公开、公平竞争、有效监管为原则，采用了公开投标、分层管理、第三方评估的方式。其中广州市还实行了服务外包全过程标准化运作。

（一）公开投标

公开投标是《中华人民共和国政府采购法》当中明确规定的购买关系建立方式。政府购买社会服务的一般操作方法是政府购买部门向社会组织发出购买招标通知，社会组织按照招标项目的要求提交实施方案（投标书），政府部门根据投标书所显示的组织能力、素质和服务设计等综合考虑选择承办的社会组织。珠江三角洲城市呈现出与其他省市不同的特色，最早实施政府购买社会服务试验的广州、深圳、珠海和东莞四个城市经济实力较强，购买项目总额和服务规模都比较大，服务购买大都由购买部门定出购买金额，投标不进行价格竞争，主要进行服务能力和组织素质的竞争。为了使各级政府更容易识别组织的资质，有些城市进一步制定了承接政府购买服务项目的社会组织资质要求，资质水平分为五个等级，承接购买项目的组织需要达到3A以上，各市的民政局或者民间组织管理局每年组织社会组织资质评审。由于邻近港澳，深圳、广州两市的相关部门主管在推行政府购买服务之前实地仔细考察、学习过港澳地区的实施方法，在实行定额服务项目购买之后不久推出另一种购买服务形式——公益创投项目，服务的成本由政府和组织共同承担；在服务规模、质量不下降的前提下能够使政府负担的成本比例下降的组织中标率较高。

（二）分层管理

一般来说服务项目由政府购买部门来管理。但由于各城市的推动者和实施方式不同，项目管理方式也不尽相同。上海市的政府购买服务是由基层政府（区政府）实行的，基层政府按照自己的意图和能力选择外包方式。

与上海不同，广东省各城市的政府购买服务是由省政府推动，各城市具体实施，这种由市政府设计和推动、而服务项目又落地于社区的服务外包，其实施过程涉及从市政府到街（镇）办事处三级管理部门。例如广州市主推大型社区服务项目购买，其方式是市政府财政出资购买，项目落地于社区，区、街道两级政府作为协办和监管方。

分层管理是广东省在政府购买社会服务领域最有特色的制度设计。由于这项改革主要是由市政府自上而下推动的，能够保证推行的速度和力度，市政府首先从资金上保障主推项目的运作，并成为购买服务项目的第一甲方。而购买项目主要是社区居民服务，属于民政局管辖的公共福利范畴，但需要落地于社区；区、街道成为第二甲方，主责监督项目执行。这样，广东省的政府购买社会服务项目涉及多层制度设计和管理协调。因此省市两级政府需要制定相当多的制度性文件，为下级部门提供实施指引和依据，其中市政府作为主要执行层级，其制定的文件又比省级和区级更多。地方的法规需要依据国家部门的文件原则或许可范围制定，除特区或者特许之外，地方法规不能超越中央部门的许可范围。

（三）第三方评估

第三方评估是行政绩效评估的常见方法。但各城市实施政府购买社会服务时大都采用了独立第三方评估。《民政部关于探索建立社会组织第三方评估机制的指导意见》（民发〔2015〕89号）中指出，建立第三方评估机制目的是要解决评估机构独立性不强、专业化水平不高和评估机制不健全等问题，"社会组织第三方评估的基本原则：坚持政社分开，管评分离，由独立的评估机构进行专业化评价；坚持分级管理，分类评估，由各级登记管理机关指导和监督；坚持客观公正，公开透明，确保评估公信力；坚持引导激励，以评促建，促进社会组织健康有序发展。"

各城市在实施时在具体规定上会有所变化。例如《广州市政府购买社会服务考核评估实施办法（试行）》中规定，由购买方或社会主管部门牵头，组织开展对服务项目的考核评估工作。对服务项目的考核评估，既可以由购买方专门组织成立的考核评估小组（其成员可包括购买方、监督管理部门、行业主管部门、服务提供方等单位代表以及邀请的专家学者、资深社工和服务对象代表等）负责具体实施，也可引入第三方进行具体的考核评估。在开始阶段，由于尚未出现成熟的评估机构，独立第三方通常是购买方邀请相关代表组成的评估小组；实施数年之后，一些评估机构发展成熟并取得政府信任，就有可能成为完全独立第三方接受政府委托进行项目评估。广州市率先在全市铺开政府购买大型社区服务项目（家庭综合服务中心），主管部门在服务素质评估方面有精细安排。评估过程不但委托完全独立第三方评估机构进行，而且早在评估之前就委托广州市社会工作协会联合高校社工教师制定社区综合服务中心项目服务素质指标，作为项目合约的附件。独立第三方评估时根据合约服务指标，联通政府对项目财务管理、行政管理的要求制定评估体系。这种安排的合理之处在于，由专业组织制定的合约指标提供购买方的标准化服务要求，独立评估机构以此为基础，根据评估小组成员对各项相关要求的理解制定完整的评估指标体系，使评估标准既具有一致性也具有差异性，引导承接项目的社会组织或机构发展既具有共性也具有个性。

第二节　社会组织发展

从历史来看，无论是西方国家或是中国，社会组织发展总是先于政府购买服务。但政府购买服务却具有推动社会组织发展的作用。美国学者萨拉蒙（Lester M. Salamon）对全球非营利组织的研究发现，统计数据反映出中世纪后期西方各国政府购买服务越多社会组织数量越多，并且多数社会组织或多或少都承接政府购买项目或接受政府资助。[①] 因此，政府购买服务具有外溢效应，表现为以下几点：第一，推动社会组织生长。政府购买服务实质是国家资源流向非政府部门，必定会引起非政府部门之间的竞争，吸

---

① 参见［美］莱斯特.M.萨拉蒙：《公共服务中的伙伴：现代福利国家中政府与非盈利组织的关系》，田凯译，商务印书馆2008年版。

引更多非政府组织生成。第二，推动公益慈善事业发展。政府购买服务向社会释放政府鼓励社会组织发展、重视社会服务的信号，市场和社会的资源受其引导也会投入到这个领域；同时，政府因购买服务而制定的规章也有助于社会服务规范化，从而赢得社会信任。因此政府购买服务能够推动公益慈善事业发展。第三，服务组织多元化。社会需求多样而且多变，有些需求群体较小而且服务需求特殊，服务组织不容易筹集社会资源来提供服务，政府资源支持是一个重要途径。同时，对许多有特殊需求的人来说，弱者需要"赋权"，即由服务对象设计、参与或者直接担任服务供给者，能使服务更加切合需求，政府购买服务使这些属于"小众"的组织看到生存的可能性。

2015年我国政府购买服务中央财政立项446个，总资金1.95亿，带动配套资金1.53亿；全国社工组织4686家，其中北京、内蒙古、上海、江苏、福建、山东等地社工组织突破100家，浙江、四川社工组织数量突破500家，而广东社工组织突破1000家，所占比例超过五分之一。

表2-1 全国社会组织发展状况（单位：万）

年份	社会组织数（万）	其中：社会服务类民办非企业数（万）
2016	70.2	5.4
2011	46.2	3.1
2006	35.4	1.1
2001	12.9	

数据来源：国家民政部：《社会服务发展年报》，2001、2006、2011、2016年。

一、政府购买服务对社会组织发展的决定性影响

在刚进入21世纪的中国，政府购买服务对社会组织发展具有决定性影响。1949年中华人民共和国成立以后国家确立社会组织的成立、登记和活动规制，逐渐形成了工、青、妇、学会、工商联、文联等八大类社团；其他社会组织成立登记必须挂靠在八大社团或者相关政府、政治组织之下。这种规则导致了只有八大社团的分支组织或者相同范畴的社会组织能够成立，其他类别的民间组织难以生成。许多民间组织只能以企业或者各种名义活动、处于"非法"状态。当政府决定向八大社团以外的社会组织购买

服务，首要工作是培育社会组织。

（一）逐步放开各类社会组织登记

国家民政部早在 2005 年就颁布《关于促进慈善类民间组织发展的通知》（民函〔2005〕679 号），告令各省培育公益性社会组织，其后又宣布允许民办非企业登记。这些政令成为各省市后来培育承接政府项目的非营利社会组织的基本依据。但在各城市实施政府购买服务之前，社会组织登记仍有很多实际困难。

当广东省在各市推动政府购买社会服务时，发现能够提供优质服务的社会组织非常稀少[1]，与全面铺开社工专业服务的需求极不相适应。因此，广东省政府开始探索放开社会组织登记、加快社会组织发展的方式。首先是取消社会组织成立必须挂靠于八大社团的规定，使各类社会组织都有合法登记成立的机会；其次是降低社会组织登记"门槛"，例如减少成员人数、减低组织拥有固定资产限额、减低注册登记费用等；其三是变通，对暂时不符合正式登记条件的社会组织采用民政部门或主管部门备案的方法，让这些组织能够以合法身份进行活动、逐步成长。

（二）扶持社会组织成长

社会组织成长需要一个过程。过去社会组织多元化发展不被鼓励，国民对组织运作缺乏经验和应有的能力。如要社会组织健康发展，政府作为最主要的资源所有者有必要扶持社会组织。一些城市政府为此成立社会组织孵化基地，为新生的新型组织提供符合登记要求的办公场所，举办非营利组织财务管理和组织管理培训等。

其中广州市民政局 2015 年内对社会组织的扶持工作就包括：全面实施《广州市社会组织管理办法》，放宽社会组织登记，将社会组织年检改为年度报告制度。构建社会组织综合监管体系，出台加强社会组织综合监管体

---

[1] 广州市政协提案委员会：《"关于完善政府购买社会服务促进社会管理改革创新的调研报告"》（2011 年 6 月 28 日）。

系建设"1+4"政策文件。开通社会组织年度报告网上填报平台,进行年度社会组织资质评估,加大社会组织扶持,出台《广州市福利彩票公益金扶持社会组织发展资金管理办法》。举办社会组织公益创投活动,财政立项资金和撬动社会配套资金接近1∶1。政府的扶持效果显而易见,广东省社会组织发展速度高于全国。

今天,政府购买服务能够对社会组织发展产生正向推动作用已经成为全国共识。2016国家财政部、民政部联合出台《关于通过政府购买服务支持社会组织培育发展指导意见》(财综〔2016〕54号),确立了这一中国特色的政府——社会关系模式。

表2-2 广东省社会组织发展状况(单位:个)

年份	社会团体	民办非企业	基金会	总计
2017	28681	34211	954	63846
2016	26898	31314	815	59027
2015	24904	28377	677	53958
2013	18823	21771	431	41025
2012	15625	18776	334	34735

二、三类社会组织的发展

按照国家民政部的分类,当前国内社会组织分为社会团体、民办非企业和基金会三类。从下表的数据可以看到,2009—2016年间,三类组织都呈现快速增长趋势,其中基金会增速最快,达到3倍以上,民办非企业的增速接近2倍。

表2-3 全国三类社会组织数量变化状况(单位:万个)

年份	2009	2010	2011	2012	2013	2014	2015	2016
社会团体	23.9	24.5	25.5	27.1	28.9	31	32.9	33.6
基金会(个)	1843	2200	2641	3029	3549	4117	4784	5559
民办非企业	19	19.8	20.4	22.5	29.2	29.2	32.9	36.1

资料来源:国家民政部网站。

(一) 社会团体

根据国务院发布的《社会团体登记管理条例》,社会团体"是指中国公民自愿组成,为实现会员共同意愿,按照其章程开展活动的非营利性社会组织"①。国务院1998年发布的《社会团体登记管理条例》中没有明确规定社会团体的范畴,对社会团体的组织结构也没有详细规定;但是,按照条例要求的条件,一般社会团体依法登记成立实际上并不容易。能够成功登记的社团往往是那些符合政治要求或政府扶持、具备有效筹集资源能力的非政府团体,例如学会、行业协会、商会、华侨联谊会等。因此全国社团数量的增长一直都比较慢。即使2009年后国家推动社会组织发展,登记条件有所放松,社团的增长在三类组织当中也是最慢的。国家民政局于2016年就社团登记条例推出新的征求意见稿,并于2016年由国务院公布了修订后的新条例,新版本比旧版本增加了二十多个条款,对社会团体登记和管理的相关方面都作出更加仔细的规定,显示出国家对社团活动和发展的认识日益深化,管理也越来越到位。

2009年政府开展向社会组织购买服务之后,有些社会团体基于自身的职能也积极参与其中,例如工、青、妇、社会服务行业协会或者其分支组织、相关组织。这些组织拥有原本来自国家财政的活动经费,一直从事专门社会群体的服务,能够较快把自己的工作和社会服务专项工作、社区基层服务、社工服务等连接起来。而且,由于这些群团组织一直存在于体制内,获得政府信任,更容易调动其他政府部门的资源来推行服务或者外包服务。这类组织往往被称为"枢纽型"组织。

(二) 基金会

政府购买社会服务向社会发出鼓励公益慈善事业发展的信号,使社会公益慈善的资源和力量得以凝聚,基金会组织自此发展迅速,在三类组织

---

① 《社会团体登记管理条例》,1998年10月25日国务院令第250号发布,根据2016年2月6日《国务院关于修改部分行政法规的决定》修订。

当中增长幅度最大。按照国家民政部《基金会管理条例》的定义，基金会是指"利用自然人、法人或者其他组织捐赠的财产，以从事公益事业为目的，按照本条例的规定成立的非营利性法人"①。《基金会管理条例》自2004年公布，至2009年内全国基金会的数量不足两千，足见民间基金会成立的困难之大。

政府购买社会服务在全国推动之后，地方省市在发展公益慈善和社会福利事业过程中需要汇聚社会资金以助力发展，对基金会成立的提供了更宽松、更有利的条件。从国家民政部到地方民政部门每年除财政立项全额出资购买服务之外，也会同时拨出资金购买一些受益群体较小、服务需求特别的项目，并要求承接组织自筹一定比例的资金开展服务，社会服务界称之为"公益创投"。例如中华社会工作网曾报道"2012年中央财政安排2亿元专项资金，用于支持社会组织参与社会服务项目，并带动了3.2亿元社会资金"②。这种"带动"或者"撬动"社会资金一般就是通过公益创投的方式由政府和社会组织联合出资支持服务开支。除此之外，一些比较特殊的公益项目，例如某些特殊疾病人群的社会服务，由于收益群体小而未能列入政府资助项目目录，难以获得资源支持，社会组织一般会向基金会申请资助。经过近十年的发展，如今基金会已经成为重要的公益慈善事业发展推动者和社会组织的重要资助人。基金会通过发起公众募捐活动，把公益慈善的理念推向全社会。国家民政部的统计数据反映：至2016年全国共有各类基金会5559个，比上年增长16.2%。其中公募基金会1730个，非公募基金会3791个；民政部登记的基金会245个（其中：涉外基金会9个、境外基金会代表组织29个）。公募基金会和非公募基金会共接收社会各界捐赠625.5亿元。可见基金会在2009之后五年的增长速度超过之前五年。

---

① 《基金会管理条例》，2004年3月8日中华人民共和国国务院令第400号发布。
② 《【社会工作10年巡礼之五】政府购买服务，助力社会工作纵深发展》，来源：中华社会工作网。

表 2-4 广东省社会组织发展状况（单位：个）

年份	社团	民办非企业	基金会
2012	15625	18776	334
2013	18823	21771	431
2015	24904	28377	677
2016	26898	31314	815
2017	28618	34211	954

广东省是政府购买服务进展较快的省份，从上表数据可见，在 2012—2017 年间，广东省基金会数量增长较全国更快，全国同期数量增长不足两倍，广东省则接近三倍。

（三）社会服务组织（民办非企业）

相对于社会团体和基金会，社会服务组织或机构在最近几年才进入国家行政管理视野。改革开放以后在教育、医疗等领域逐渐出现非政府主办机构。20 世纪 90 年代中期国家鼓励民办教育机构发展，国家工商管理总局和民政部管局根据《中华人民共和国企业所得税法》把非营利组织称为"民办非企业"。1998 年国务院颁布的《民办非企业单位登记管理暂行条例》，界定民办非企业单位"是指企业事业单位、社会团体和其他社会力量以及公民个人利用非国有资产举办的，从事非营利性社会服务活动的社会组织"①。之后全国社会服务组织或机构就按照该条例登记为民办非企业。具有承接政府购买服务项目的社会组织或者服务机构必须登记为民办非企业，以便接受工商部门的税务监管。2016 年国家民政局根据国家之前颁布的《中华人民共和国慈善法》，在《社会服务机构登记管理条例（修订草案征求意见稿）》中把民办非企业改称为"社会服务机构"，并修改定义为："自然人、法人或者其他组织为了提供社会服务，主要利用非国有资产设立的非营利性法人"。相信以后民政部社会组织统计当中的

---

① 《民办非企业单位登记管理暂行条例》，1998 年 10 月 25 日中华人民共和国国务院令第 251 号发布。

民办非企业类别将改为社会服务机构。同时,修订草案规定对科技类、公益慈善类、城乡社区服务类社会服务机构实行直接登记,而设立其他社会服务机构,应当先经其业务主管单位审查同意,这反映了国家对公益服务类机构的政策倾斜。

表2-5　2012—2016年社会组织平均增长率(%)

社会组织类别	社会团体	基金会	民办非企业
全国	5%	16%	13%
广东	15%	24%	14%

政府购买服务对社会服务组织和机构发展具有直接推动作用,而且政府购买服务的规制直接催生了一类特别的社会服务组织——社工机构。政府购买服务是政府行政改革的一项举措,其目的是尽量发挥非政府力量的作用,引入专业组织,优化公共服务供给。基于这个目标来考虑,最有必要转移的职能就是福利性社会服务和社区服务,而最应该具有这种专业技能的人员就是社工。因此,政府购买社会服务大都选择社会工作专业组织来承接。一些城市政府则自开始推行购买社会服务时就确立承接项目的只能是社工机构,例如广州市。随着政府购买服务在全国范围内推进,社工组织和社工机构快速发展。而主管政府购买社会服务的民政部门就成为统合社会组织发展、社会工作专业人员培养和社会福利事业的管理部门,社工和社会组织就成为国家福利传递体系的构成部分。

表2-6　珠三角五市2009—2016年社会工作类社会组织的数量(单位:个)

年份	2009	2010	2011	2012	2013	2014	2015	2016
广州	13	43	71	152	217	267	365	427
深圳	38	43	55	58	100	122	138	166
东莞	0	4	7	7	19	28	37	41
佛山	0	3	5	29	71	77	114	145
珠海	1	7	8	8	16	40	54	63

在全面推进政府购买服务,改善政府治理体系,转移政府职能的发展

中，广州市作为先行先试的示范城市，其在制度规范、资金投入规模、组织数量等方面都在全国居于前列，因此本书主要是以广州市的社会组织作为研究对象。

在开展政府购买服务和促进社会组织发展的过程中，广州市坚持制度先行，以政策引导发展，市委市政府于2009—2016年期间共出台26个相关政策，将政府购买服务和社会工作发展作为创新社会治理体制的重要内容推进，其内容涵盖社会工作发展的战略目标、主要任务、具体措施；岗位设置、财政支持、薪酬待遇、考核聘雇、社会组织培育、专业人员管理等方面的制度文件；针对规范政府购买社会工作的操作流程、政府采购招标评标、日常监管、服务评估、专业服务质量标准等方面的制度；针对规范家庭综合服务中心建设、民办社会工作机构培育发展等社会工作服务平台方面的制度等各个方面，形成了一套完善的政府购买服务、社会组织发展的规范体系。

在实践方面，广州市的政府购买服务以2008年海珠区投入200万购买"青年地带"青少年社会工作服务项目拉开序幕，于2010年开始在20条试点街道开展政府购买服务，成立家庭综合服务中心，逐步确立了"综合＋专项"的服务平台，于2012年在全市范围内铺开，至2012年底，广州市全部街道和12个镇共建立了家庭综合服务中心150个。从2009年至今，广州市政府购买服务经历了试点探索期（2007—2009年）、全面推进期（2010—2012年）、规范提升期（2013年至今），截至2016年底，广州市共建成家庭综合服务中心188个，市区两级财政共投入资金17.7亿元。在此背景下，广州市的社会工作类社会组织得到了蓬勃发展，截至2016年底，广州市共有民办社会工作机构417家，其中承接政府购买服务项目的有86家，而且这些社会组织背景多元，具有高等院校专家学者背景的占22%、企业背景的占58%，志愿者转型背景的占7%，其他背景（如宗教背景、街道主导成立的等）的占13%。与此同时，广州市还形成了市、区、街道（镇）社会组织培育网络，为社会工作类社会组织提供场地支持、政策指导、后勤保障等服务，全市有39个社会组织培育基地，共有87家民办社会工作服务机构入驻各级社会组织培育基地。在政府的政策的财政的强力支持下,各区、镇(街道)等纷纷大力支持社会工作社会组织的发展,而且从近几年组织发育的速度来看,社会工作类社会组织面临着良好的组织制度环境。

第三章 政府的激励监管机制与组织分层嵌入策略

改革开放以后，中国社会经历了从总体性支配向技术治理的转变，社会组织大量涌现，逐渐形塑一种新型的国家—社会关系。社会福利和服务领域开始实施双轨制的改革模式，改革存量，发展增量，政府治理技术经历了从总体性支配到行政发包制、项目制的改革，试行以政府购买服务的形式向社会转移政府职能，将部分应由社会供给的服务还给社会。服务外包政策和社会工作专业被作为社会服务供给和社区治理的有效体系引入中国语境下，并催生了一种新的社会工作类社会组织。与西方国家的社会组织不同，这类组织基本上是服务外包政策的产物，在政府服务职能转移与社会服务需求激增的背景下产生，一产生就被赋予承接政府购买的项目、提供专业服务的职能。因组织尚未发展成熟、缺乏社会基础及独立的发展目标和发展能力，在政府投入资源多、服务外包迅速推进的大势下，产生了许多独特的组织行为和策略。

为了改善社区治理体系，有效提供社会服务，实现政策意图，政府在推进外包服务时需要格外注意体制机制的设计，既要激励社会组织和社工机构承接服务，也要有效监管使之能够产生有效的服务供给，不浪费公共资源。下面以广州市[①]为例，集中分析广州市推行政府购买社会服务过程中

---

① 由于下面几章的分析资料会引用街居和政府人员、社团及其成员的访谈资料，故自市一级以下隐去具体称谓。

对激励和监管方面做出的探索。广州市服务外包政策的典型性在于：其一，它的大型综合项目购买规模之大、时间之长居全国首位，自2008年实行政府购买服务的试点以来已有十多年的发展历史，在每个街道至少成立一个家庭综合服务中心，共建立188个家庭综合服务中心，每年投入200万（2018年之后每个家庭综合服务中心的投入增加到240万），累计投入17.7亿；其二，项目统一由市、区财政出资，落地于街道，实施跨越市、区、街道三个政府层级，管理和调整的制度机制设计难度高；其三，社会组织在实践过程中逐渐形成不同的发展模式，其行为和策略反映出同一制度环境下社会组织发展的复杂性。

广州市政府实施政府购买服务的目标有三：一是实现政府职能转移、通过引入社工专业服务改善社区治理和社会治理；二是促进社会组织发展、形成良好治理和公众参与生态；三是发展社会工作专业人才力量，提升社工专业服务水平。三个目标通过政府购买社工机构的社区服务来实施。

从广州市十年多实践来分析，政府激励和监管社会组织的发展目标主要通过合约管理权调整来实现。在社会服务外包领域，合约管理权由项目发包权、项目评估权和项目监管权三部分组成。广州市社会服务外包实践显示出，合约管理权在不同层级政府中的配置是不断演进的，同时承接服务外包合约的社会组织的合作策略也是不断演进的。

第一节 多层级政府的合约管理权关系及其演变

广州市自2007年以来就开始了全国首批的社会工作人才队伍建设试点，开始大力培育公益服务类社会组织特别是专业社工机构，促进社会工作专业在社会管理领域中的应用。2009年进一步深化试点工作，2010年总结经验逐步推广，在全市范围内选择20条街道作为社区综合服务中心建设与社区管理服务体制改革的试点单位，同时出台一系列的配套政策，鼓励成立社会工作类社会组织，来承接政府转移的服务职能，该阶段被称为广州市政府购买社区综合服务中心项目的试点阶段，为期一年，虽然这个时间段较短，但却奠定了广州市后来全面推进购买社区综合服务中心项目的基础，其制度和政策的设计及层级政府、社会组织之间的专业实践对于后续的政府进一步的购买和制度的完善、实践层面的推进都具有重大的意义。2012年基本形成具有广州市特色的社会管理体制机制，整体提高了社会管理水平。2012年以后政府购买社区综合服务中心项目在全市150多个街道全面推开。

一、合约管理权上移的规制体系及其演进（2009—2011年）

广州市是政府购买服务先行先试的重点地区。2010年，广州市为了更好地实现社会管理改革创新，加快街道社区治理体系改革，尝试整合协调社区原来的资源，建立社区综合服务中心[①]，其主要职责是为社区的居民提供服务。开展初期，市委市政府在全市范围内选择了20条街道试点，以政府购买服务和街道间接管理两种方式并行的方式推行，根据文件的相关规定，其中九条街道社区综合服务中心采取政府购买服务的方式（模式一），十一条街道采用间接管理的模式（模式二），通过财政激励的手段鼓励街道开展试点，按照各个区财政情况，由市、区财政局按照不同的比例为每一个社区综合服务中心配备200万的资金，用于其一年的服务，同时还规定采取模式一的街道其外包的项目必须由具备相应资质的社会工作类社会组织承接，按要求提供专业服务，服务周期为一年，一年之后依据其服务开展的情况再决定是否续约继续开展服务。购买社区综合服务中心项目是伴随着促进社会工作人才队伍建设和社会工作类社会组织的发展的政策配套而生的，主要寄希望于在社区内通过政府购买服务的方式为辖区内的居民提供专业的服务，而想要更好地推进购买服务项目的实施，社会组织的发展及其专业能力的提升是其中的关键环节。因此与社区综合服务中心试点

---

① 2012年以后更名为家庭综合服务中心，2018年后更名为社会工作服务站。

第三章　政府的激励监管机制与组织分层嵌入策略

工作方案相配套的，同时还出台了促进社会组织发展的相关条例，主要是通过降低门槛、简化程序、提供专业指导、建立政府购买服务机制、设立社会组织培育基地、落实优惠政策等措施，为社会组织的发展创造良好的制度环境和成长空间。

（一）政府购买服务的制度建设与合约管理

对于社区综合服务中心的设置，政府的政策意图明显，期望其在社区治理体制中发挥社会福利服务供给的职责与功能，体现在如下几个方面：

1. "三中心一队伍"

社区综合服务中心明确嵌入于社区治理体系之中。建立社区综合服务中心是市委市政府的相关文件中明确提出的，按照执法、管理、服务"三位一体"开展整合社区管理体制改革，是"三中心一队伍"中的社区服务中心。由此可以看到社区综合服务中心在社区管理体系中具有明确位置。购买服务"1+5文件"中对于社区综合服务中心在社区管理体制中的位置、政府购买服务的资金来源、购买程序、工作内容、指标和建设方案等都进行了非常明确具体的规定。社区综合服务中心是新增的内嵌于原来的行政管理体系之中的，主要承担提供社区社会服务、参与社区治理的功能。

2. 财务制度中社会组织对政府的强依赖

广州市的政府购买服务是一种独立关系竞争性购买模式，社会组织先于购买项目注册成立，独立运作。为了进一步规范程序和促进公平，在推行政府购买服务之初，市政府就要求相关部门制定《政府购买服务经费管理办法》《政府购买服务规划》《政府购买服务协议标准》和《服务质量标准和工作规范》等制度性文件，明确通过公开招投标和市场竞争的方式来吸引社会组织承接购买服务的项目。财政制度上，虽然可以募集社会资源或低偿收费，但就目前的整体社会环境而言，其主要的经费依然来源于政府的购买经费，对政府具有很强的依赖性。

3. 以人群为基础，为特定的人群提供专业服务

制度性文件也明确规定社区综合服务中心主要是以社会工作专业方法

为依托为辖区内的长者、家庭、青少年、残障人士、社区矫正者、义工等服务对象提供服务，并且清晰地规定了各个领域的量化和非量化的指标和标准，是非常微观和细化的服务。

4. 街道与社会组织合作共建的实施逻辑

在政策逻辑中，社区综合服务中心需要由街道和社会组织合作共建，由街道来提供场地并负责按照市级文件标准建设场地，由社会组织来负责具体的运营。

上述的政策文件基本准确地定位了社区综合服务中心的具体运作模式及其嵌入于社区中、以人群为基础的组织发展模式。从开始试点的初期，市级政府就已经对整个项目的运作逻辑、运作方式及提供服务的基本内容作了较为清晰的规定，社会组织承接了服务之后只是需要在政策制定的逻辑框架内开展具体的专业服务，街道对于辖区内的社区综合服务中心具有属地管理的权限。

（二）政府购买服务项目的评估制度建立

为了进一步规范和管理项目的运作，市政府出台了《政府购买社会服务考核评估实施办法（试行）》，规定项目的考核主要是从专业服务标准、服务量及服务成果标准、服务质量标准、服务项目和机构管理标准四个层面进行考核，使用机构自评和政府的考核评估相结合的方式进行。《街道社区综合服务中心试点建设期间三个工作规范的通知》进一步明确了社区综合服务中心在购买流程规范、建设标准及资助和协议方面的工作，在项目的成效评估中明确以市民政局执行的"服务质量参照标准"作为项目的基本参照，委托第三方组织专家根据"服务质量参照标准"和相应的评估体系进行中期、末期两次评估，政府购买方也可以不定期进行抽查。由此可见，虽然政府外包了社区综合服务中心项目，但是对项目的运作规制性和管理权仍然较大，其对于项目运作的具体方式和服务的内容供给方面存在较大的模糊性，对于专业社会工作服务机构的资质评价较为笼统，项目的可操作性空间较大。

《街道社区综合服务中心相关参照标准》系统全面地制定了社区综合服务中心各领域服务质量标准、中心运营管理标准、中心服务对象权利保障标准、中心协调沟通机制标准、中心考核评分标准，要求街道和社会工作类社会组织依据该项规定共同建设社区综合服务中心。此阶段的购买服务的协议模板中规定了甲方为资助方，主要是区政府或其工作部门、派出机关、授权机构，在实际操作中一般为区民政局，而街道办事处明确作为项目实施及监管的乙方，丙方是街道社区综合服务中心。

该阶段关于社区综合服务中心的定位、建设的标准及运营的参照标准对于后面该项政策的执行具有重要的意义，基本上奠定了政策推进的整体框架、社区综合服务中心在社区治理体系中的位置以及社区综合服务中心在社区中的服务对象、服务内容、资助的金额、项目获得的方式、评估的方式及标准，而且形成了政策体系，使社会工作类社会组织的发展在其框架体系之下发展。在此阶段对于试点的项目体系的评估也基本上是参照了上述的评估标准进行。

由于试点只有二十条街道，且项目运营受到了市、区两级政府的高度重视，街道的属地管理权限较弱，项目发包和项目评估主要由上两级政府制定的政策推进，是一种管理权上移的规制体系。

二、合约管理权下沉的规制体系及其演进（2012—2015年）

2011年，广州市再出文件要求进行街道、社区服务管理创新改革，构建新型街道、社区服务管理体系，提高社会建设管理科学化水平，在街道层面建立"三中心一队伍"，将家庭综合服务中心作为深化街道服务管理体制的重要方面纳入基层社区治理体系之中。要求2012年底前，广州市每条街道都至少要建立一个家庭综合服务中心，为社区的居民提供服务，并且明确以合约的形式，由政府出资，由具备相应资质的民办社会工作服务机构按要求提供专业服务，是一种"政府出资购买、社会组织承办、全程跟踪评估"的公共服务供给方式，取消了试点期间有些街道间接管理的转化模式（模式二）。截至当年12月，全市共建成150个家庭综合服务中心。全面铺开的政策体系对于实施政策的各方造成了较大的压力，在具体执行的时候，迫于各方面的客观因素，管理权格局发生了较大的转变，基于属地管理的逻辑开始凸显。街道在政策实施中的权限开始增强，区一级负责具体的评估的实施。

（一）降低社会组织登记和承接政府项目的门槛

在社会组织登记管理方面，区一级政府开始有权审批社会组织登记成立，并积极促进本辖区内的社会组织的发展，而街道层级则可以以备案的形式来促进本地的社区社会组织的发展。同时各级政府进一步加大对社会组织的支持力度，除了第一阶段采取的措施之外，还以"一次性资助"和"以奖代补"的形式对登记注册的机构进行资助。为了更快地促进社会组织以便于其能获得承接服务的资格，政府还为社会组织承接政府购买服务提供便利性，降低承接的门槛。

（二）评估管理权、项目监管权力的下沉：区级政府的权力呈现

在项目的经费预算上仍然采用市、区两级财政按比例分配的形式购买家庭综合服务中心的服务，但是由于全面铺开及经费限制给各个区民政系统所带来的工作压力，所以具体的实施方案开始放在街道，区一级主要负责项目的监管和评估。全面推开之后，政府系统内的人员配置难以匹配政策实施的人员要求，项目的监管和评估权开始下沉，用户需求书的审核、家庭综合服务中心日常事务的监管、辖区内的项目的评估开始由区一级民政部门负责实施，区对于项目的监管权限和自由裁量权在进一步地扩大，在政策的实施上有了多样化的可能。

（三）属地管理逻辑凸显，街道逐渐成为实质的购买方

2012年底，当每条街道都至少建立一个家庭综合服务中心时，合同的规制、财政拨款的途径以及项目准入和日常监管等各方面，都强烈地体现了属地管理的逻辑。街道在项目的具体运作和日常监管中负有主要的责任，

街道不再是合同中的监督方，而成为了合同中的甲方，即实质的购买方，依据政府购买服务的合同规范指引的规定，主要负责家庭综合服务中心日常运作的监管与指导。"在资金拨付方面，主要是由街道根据合约分期拨付资金，各区（县级市）财政局统筹市、区（县级市）两级财政补助资金，根据街道的用款申请拨付"①，明确社会组织的购买经费的获得主要是通过街道的用款申请拨付，进一步扩大了街道对于项目运作的行政管理权限及剩余控制权，项目的用户需求书的执行、招投标程序的实施、协助第三方机构的专业评估等都由街道来执行，街道完全参与项目的执行过程，属地管理逻辑明显呈现，社区治理体制对家庭综合服务中心的吸纳力量增强。

第二阶段的政策体系的制定与第一阶段相比，有了较为明显的区别，在财政上依然是由市、区两级财政出资，但在实施过程中却主要由区、街道两级政府推进，项目的属地管理逻辑较为明显，市级政府虽然是出资方，但在实际的运作中，市级的意志难以在全市的项目实施中得以贯彻，区、街道的意志在实施的过程中反而可以得到更好的贯彻。

三、合约管理权上下分置的规制体系及其演进（2015—2018年）

2015年广州市的政府购买服务政策进入一个新的调整期，出台《家庭综合服务中心项目招标文件有关文本设定指引（试行）的通知》，进一步规范广州市家庭综合服务中心的招投标工作，对机构的资质、可承接的项目数量上限、项目的基本规范设置等进行了清晰的指引，对承接服务的组织在组织等级、专业技术资格等各方面明确要求，进一步提高了准入的门槛。并且购买合同以三年为一个周期，三年内每年度进行两次专业评估，三年后不论评估结果如何，都重新招投标。政策通过对服务工时的限定（服务工时界于22852—30184工时之间）遏制了承接服务的社会组织之间的恶性竞争，有利于保护组织与提升组织的专业性。上层政府通过政策的制定进一步划分了基

---

① 《广州市民办社会工作服务机构公共财政基本支持实施办法（试行）》（穗民〔2012〕271号）。

层政府与社会组织、家庭综合服务中心项目之间的边界。2015年之后社会组织开始朝着规范化的方向发展，政府也不断地加强对社会组织的管理。

（一）完善顶层设计，加强市一级部门对社会组织的管理

2013年出台的《广州市社会组织评估管理办法（试行）》要求社会组织参与全市的社会组织等级评估，规范组织运作与加强政府意志对社会组织的渗透，并通过社会组织等级评估中所获得的等级对其是否具备承接政府购买服务的资格及可承接什么类型的政府购买服务进行软约束。社会工作类的社会组织同时面临着专业服务管理部门和组织管理部门的双重管理与约束。政府购买服务项目的实施和社会工作专业人才队伍的建设、专业服务的推进实施主要由民政局社工科推进，日常对于项目的监管主要由社工科跟进，但具体的社会组织登记管理却是由社会组织管理局进行登记管理，社会组织必须每年接受年检并接受社会组织等级评估，在组织的注册登记及组织管理上与传统的社会组织登记管理一致，社会组织管理局对社工机构具有执法权，社工科与社会组织管理局之间关于承接政府购买服务的社会组织的管理权限也存在一定的模糊性和争议性。社工类的社会组织需要同时面对社工科和社会组织管理局的监管。

承接政府购买服务的社会组织运作中引入市场的逻辑，通过限制购买经费的增长，招投标中明确把所承接的项目的资源链接和资源整合的能力作为一项明确指标，迫使组织脱离安逸地纯粹依靠政府购买的环境，提升组织的资源整合和资源链接的能力，以减轻政府的压力。在招投标和评估中都将社会组织与所承接的项目的资源整合能力作为一个重要的指标进行评估。另一方面，政府新规定社会组织可承接的家庭综合服务中心项目最多不超过6个，既限制了社会组织通过承接购买项目所获得资金，同时也限制了社会组织规模的不断扩大。社会组织一直处于行政管理体系的监管、市场竞争的压力以及对政府的强依赖的体系之下。

（二）上移的评估权限与项目监管权限

在评估方面，市级政府将评估权向上聚拢，由市民政局委托行业协会

制定统一的评估标准,并由市一级统一招投标,组织第三方机构实施评估。该项政策的实施有利于上层政府更好地规制政策的执行,但同时由于标准化与地区特色之间存在的冲突导致了服务及活动内容的趋同化,不同街道不同项目的运作并不能呈现地区的特色与符合居民的需求。以往的服务设计中主要是以人群的服务为主,导致服务过于零散化,难以呈现社区治理体制改革的成效,故在新一期的评估标准和招标文件中都明确将"社区专案""整体成效"置于服务实施计划之中,凸显家庭综合服务中心参与社区治理的角色功能与发挥整合社区发展的功能。

(三) 区一级政府的运作

项目发包制试图避开科层制对于项目实施的影响,提高行政的效率,但在实际的运作中会发现在前一阶段中发包方在实际的运作中难以行使权力,而到了这个阶段,作为中间层级的打包方,由于评估权的上移及监管权的下沉,区一级的话语权及执行的意志在项目的实施中无法得到有效的贯彻。

(四) 受限制的街道属地管理权限

该阶段,在项目的准入机制上,招投标规范文件中明确规定"由项目所在地街(镇)或区民政部门依据项目所在地社区的需求设立的特色服务或创新服务"占5分,限制了基层政府的行政管理权限,但仍然给到街道一定的自主权,无形之中也为社会组织的进入设置了隐性壁垒,社会组织必须符合街道的期望和要求。《广州市街道社区综合服务中心协调沟通机制标准》中明确规定服务机构需要与街道办事处、区(县级市)民政局协调沟通,在年初、年终、年底都需要向各个部门汇报计划和工作的进展以及总结,所以无论是从家庭综合服务中心的设置的初衷、经费的来源及项目的招投标等实际运作中看,社工机构都需要与街道保持良好的关系,家庭综合服务中心深深地嵌入于原有的社区管理体制之中,必须与原先的社区各个主体进行互动,才能更顺畅地开展工作及获取资源。

由此一种管理权上下分置的体系开始形成,区民政局的权力无法有效发挥作用，使之对家庭综合服务中心的日常管理变得更为艰难，区一级的政府意见难以得到有效的贯彻落实。社会组织在承接项目的运作中需要与各级政府打交道，基于政府部门的自主性，各级政府的政策目标又不同，社会组织需要面对的是一种多重制度环境，既需要应对国家从上而下的行政管理以及所在地的属地管理体系，同时还需要应对第三方的评估及政策体系中的专业规制，但由于不同的部门的自主性，三重政策逻辑的交叉也给社工留下了一个专业发展的自主空间。

从近十年的政策体系的演进来看，虽然对于项目实施的管理权在层级政府之间有着上下浮动的变迁，但是街道的属地管理的权限始终是其中重要的一个方面，只有在项目的试点阶段，上级政策对于项目的实施有着较大的注意力，才会直接管辖项目的实施，一旦大规模地铺开之后，政府的注意力难以关注到所有的项目的实施与跟进，虽然市、区财政作为购买项目的实施方，但实际的执行过程中，依然需要依赖街道，而市、区对于项目的管理权在政策演进过程中可能会减弱，项目的实施存在着跨层级发包、运作的状况。

第二节　合约管理体系下的多层级政府行为

在服务外包改革的不同时间，市一级主管部门根据自己的意图和情况的变化分别赋予市、区、街道三个层级不同的发包、监管、评估的权力，这种合约管理权上下移动的规制方式及权力格局变化直接影响了各层级政府的行为。

一、合约管理权上移规制体系下的层级政府行为与制度逻辑：试验与干预

服务外包的试验阶段控制权主要在市、区两级政府，街道处于被动员、被动适应的地位。但由于家庭综合服务中心落脚于社区，社工机构的活动

直接进入社区,对原有的街居管理秩序产生了直接影响。

(一) 市、区两级政府的积极推动

广州市试点阶段推动与管理的行政管理权限主要在市、区两级,购买服务的协议甲方主要为区政府民政部门,市、区两级政府积极主动地推动服务外包政策试点工作、社会组织的登记注册与组织专业能力的提升,而街道仅为项目的实施方案监管方及承接方。负责政策试点的官员力图积极学习香港先进经验,结合广州市的特色更好地推进政府购买服务的项目设置,最终确立了以项目的形式购买家庭综合服务中心项目,期望以此来确保项目供给服务的专业性,避免临近城市所采的取社工岗位购买模式所带来的内卷化与行政化,同时积极动员高校社会工作专业教师注册成立社会工作机构来承接试点阶段的外包家庭综合服务中心项目,注重社工类社会组织的专业能力发展。

区级政府作为当时的政府购买服务的执行方,尤其是一些重点实验区域也积极响应市级民政部门的政策,积极要求街道层面转变思路,响应服务外包的策略。例如 Y 区民政局在试点工作一开始,就动员 J 街道负责人积极将服务外包给承接机构,主动扮演购买方的角色,协助街道减轻在社会服务供给方面的压力。

(二) 街道的试验心态与模糊认知

该阶段,上层的政府意志在执行的过程中并没有得到很好地贯彻。大部分试点街道沿袭过去的工作思路,并不愿意将服务外包,而是期望将下拨的资源转化为自己可用的资源。在试行服务外包的九条街道里,部分的街道也更愿意采取街道间接管理的模式,期望将资源控制在街道手里,但迫于市、区政府的压力及增加经费的激励最终将项目外包给民办社工机构。最终采取服务外包的街道,基于属地管理的逻辑所要承担的社会风险及试图对资源的控制,对家庭综合服务中心也是采取限制管理,对经费的使用、日常工作的安排以及场地的管理等进行干预。在各层级政府的多方博弈下,20 条试点街道呈现出多元化的发展模式,如 B 街道家庭综合服务中心 T 主任在访谈中跟笔者提及他们不仅要交纳租金而且街道对社工的日常工作的安排、出外探访等行为干预较多，甚至对场地内椅子的摆放等都会有指导性意见。

至 2011 年，20 条试点街道在操作层面上与政府要求实施的模式呈现出较大的区别。如 J 街道较快地将服务外包并对家庭综合服务中心的发展在资源上和其他方面给予较多的支持；B 街道在多方博弈下最终只能采取外包的模式，但仍对家庭综合服务中心的运作进行多方的干预；而 J 街道在政策文件中规定要采用街道间接管理的方法，由街道工作人员担任家庭综合服务中心的主任，但是具体的操作外包给 Q 机构来进行承接，家庭综合服务中心主任不知道应该如何开展服务，需由 Q 机构进行督导，家庭综合服务中心的部分工作人员是街道居委的工作人员，于是开展服务时出现两套人马、两种工作方法。城郊的试点街道进展较慢，在 2011 年中的时候都还未实施，N 区 Z 街道的家庭综合服务中心仍然是一栋空置的大楼，尚在装修，预计在 2011 年年底才会投入使用。而市区部分街道虽然不是试点，但愿意先行对家庭综合服务中心进行经费投入和开展活动。街道官员的自由裁量权及对于政府购买服务的认知在项目的具体执行中起到了非常大的作用。

在此阶段，购买经费主要由市、区两级财政出资，对项目的招投标与监管也主要在市、区两级政府，上层政府让渡空间较大，大力支持社会组织的发展与鼓励推行服务外包的治理策略，虽然街道希望将项目资源转为己用，但迫于试点时期上级政府的压力，最终也只能将服务外包并且只能在事务性工作上进行干预，而不能就招投标和评估这两个重要事务进行干预。政策规制和项目的权力权限上浮，且上层政府期望能激活社会组织的活力，并由其来为社区提供专业服务，期望能建立合作伙伴关系。此阶段的社会组织具有较大的自主权，与街道的谈判空间较大，家庭综合服务中心处于街道与社会组织合作共建的范畴之内。

二、合约管理权下沉规制体系中的政府行为

2012—2015 年间家庭综合服务中心项目在全市 100 多个街道全面实施，

发包和监管带来了工作量激增，市、区两级政府基于试验阶段得来的经验和项目全面铺开的需要，把发包、监管和评估等权力下放到街道一层，使街道成为实质的家庭综合服务中心项目主管部门。

（一）市民政局合约管理权和评估权下放

在该阶段，市级民政部门主要是积极制定购买服务的相关的政策体系，进一步规范和完善政府购买服务、社会组织发展和社会工作人才培育等各项工作，统筹全市的家庭综合服务中心项目，但实际运作中市民政部门参与较少，更多地是由区民政部门、街道两级参与实施。在项目的监测与执行上，尤其是在项目的评估方面，主要由区民政局进行，基于属地管理的原则，项目具体实施和监管，即项目用户需求书的制定和项目招投标的实施、家庭综合服务中心日常的服务的运作等主要由街道跟进。作为出资方和项目推动方的市民政部门在这一阶段在项目实施中基本没有实施权力的抓手。

（二）区民政局积极配套创新的服务体制与评估监管

在全市范围内铺开家庭综合服务中心项目的建设，区级政府部门作为共同的财政出资方，对辖区内整体推进、项目监管都负有重要责任。区级部门除了正常地推进市级的政策决策之外，政府部门的自主性较大，可在自身区域范围内进行项目创新与特色项目的实施，其采取的一些措施及对项目执行的影响主要有以下几个方面：

1. 力推区内购买项目的配套创新

全面铺开阶段的市、区财政的出资比例依然按照试点阶段的不同区的不同出资比例进行。广州市区域面积大，各个区的地理面积、财政情况等差别比较大，在实际运作中，各个区依据自身的情况也会作出不同的规定，如L区和N区地理区域面积较大，一个街道级的家庭综合服务中心难以覆盖街道的整个辖区，难以有效地为辖区内的所有居民提供服务，自2013年开始除了购买家庭综合服务中心的服务之外，还在每个社区内购买社区综合服务中心（社区服务中心）的服务项目，L 区的社区综合服务中心主要是由区财政出钱，每个社区综合服务中心设立之初购买金额是 30 万/年/个，每年一签，后改成三年一签，便于维持服务供给的稳定性；N 区的社区综合服务中心于 2014 年开始成立，由区、镇财政按 5∶5 的比例拨付每个村级社区综合服务中心 20 万的建设专项经费，用于社区综合服务中心的升级改造、设施配合和维修、场地维护费等，并规定不可用于人员支出，"购买社工岗位所需要的经费主要由镇（街）在村（居）'以奖代补'的经费中统筹解决，不足的部分由镇（街）自行承担"。社区综合服务中心根据《N 区村（居）社区综合服务中心申报标准和评估方案》对社区综合服务中心进行评估，评估考核分为 A、B、C 三个等级，分别占当年申报评估的社区综合服务中心总数的 20%、30% 和 50%，由区财政根据评估结果，采取"以奖代补"的方式按照 A 级 10 万、B 级 8 万、C 级 6 万的标准给予奖励。

Y 区作为中心的老城区也作为试点阶段实施及后续政策制定的重要参考依据，在该阶段的项目实施中主要是依据老城区的特点发展区域特色，重点促进社区自治和社区发展，与其他区的家庭综合服务中心项目形成鲜明的对比。

2. 制定辖区的评估标准

项目的评估权限也如监管权一样从市级下沉到区级，由各个区自行制定评估标准，自行招投标确定评估机构对本区内的家庭综合服务中心项目进行评估。在该阶段，全市共有七个机构负责对 188 个家庭综合服务中心进行评估，存在七套不同的标准，主要是由区民政局与评估机构协商确定，区一级的话语权较大。区级民政部门对于项目的运作有较多限制，在区一级的项目整体规划上掌握较大的话语权。且区级的指导意见对于街道如何推进家庭综合服务中心项目也具有一定的指导性。但由于传统的政府"条块管理"逻辑的限制，区政府实施的管理意见与街道的执行之间存在一定的相互消解。

在具体的评估过程中，各级区政府相关部门都有自己的一套实施标准，但总的来说，评估监管的密度还是比较高的，H区社区中心主任H在接受访谈时回忆，"当时H区在实施评估时除了中期和末期一年两次的常规评估之外，还有一个季度一次的过程评估，也称为过程观察，主要是由负责评估的机构请人随机抽查家庭综合服务中心的服务的开展、场地设施设备情况的维护、满意度和知晓度等，并及时向区民政部门汇报，当时的监管做得比较细致，可随时跟进服务开展的情况"。T区除了与H区类似的监管设置之外，在评估指标的设置中也添加了关于街道评价的分值设置，在评估的过程中，除了依据试点阶段的白皮书对于服务的专业性、知晓度进行评估之外，还需要与作为购买方的街道进行访谈，了解街道对于项目实施过程中对于项目的满意度程度，"在评估中街道的分值和我们（区）的分值同样重要"（摘自笔者实地访谈记录）。而且区一级的民政部门对于评估的设置了整套标准，"原来这种评估的时候，我们所有的评估的指标，哪项多少分，评估的过程，全部都是公开的，我们都是发给家庭综合服务中心，发给街道，发给所有的相关的部门。所以我们整个过程就是完全是公开透明的。而且街道的分值跟我们民政局的分值都是比较重要的"（摘自笔者实地访谈记录），使得家庭综合服务中心的运作完全在区、街道的规制和政策意图之下去实施。

但区域的不同设置使得社会组织在承接跨区域的运作的时候就存在较多的问题，由于区域需求的不一致，社会组织在承接服务的过程中，需要结合区域的需求进行项目的设置，社会组织难以对项目提供统一化、标准化的支持，分散了组织对于项目的支持力度，进一步促使家庭综合服务中心项目在运作的过程中接近街道、区的意志贯彻。

3. 协调家庭综合服务中心机构和街道之间的关系

2012年是在全市铺开家庭综合服务中心建设的第一年，虽然在前期进行过项目的试点，但对于很多街道来说是第一次实施政府购买、服务外包的项目运作方式，它们对于项目运作的方式、家庭综合服务中心服务的供给及对街道、社区的影响都是不清楚的，不知道该如何开展具体的服务及与家庭综合服务中心进行良好的合作。作为一种新生的事物，政府与社会

合作博弈：社会政策视角下的政府与社会组织

服务组织的信任机制还未建立，再加上全面铺开之后导致行业内社会工作专业人才的严重缺乏，项目运作中存在较为严重的人员不足的情况，政府期望通过严密的监管来促使社会组织在政府规制的范围内进行活动，并通过严格的指标设定和"数人头"的方式进行。

> 所以这种前期就变成了我们要给你钱的时候，我不放心，我不知道你要做什么，所以你做得怎么样我还要找评估机构再评价。……当然，这个不能着急，这个东西我觉得要有一个过程。（摘自笔者实地访谈记录）

服务外包的实施以政府与社会组织之间的合作为基础，契约是双方行为依据的基础。在铺开阶段，合同中甲乙双方为街道和承接服务的社会组织，但在实际服务的开展中，家庭综合服务中心是内嵌于社区治理体系之中的，在进入社区、熟悉社区居民的过程中必然要依赖于原先的体系，依靠街道、居委等提供进入的途径及关于社区状况、人口等的整体资料，与社区居民建立关系，街道、居委成为社会组织服务进入和开展的"守门人"，家庭综合服务中心的运作对于街道、居委具有较强的依赖。另一方面，社会组织作为合同中的乙方，与街道在合同上具有平等的关系，但是在实际的运作中，社会组织尤其是承接了较多项目的社会组织对于家庭综合服务中心的管理和支持较弱，在地理距离上也与家庭综合服务中心相差较远，其对于家庭综合服务中心的管理、干预和支持远没有街道对于其的管理力度大，所以实际上街道和家庭综合服务中心的关系并不能形成真正意义上的合作伙伴关系，而可能是一种监管与依赖的关系，其随之而产生的一个问题是，原先的行政体制对于家庭综合服务中心具有强大的吸力，那么家庭综合服务中心是否可以保持自身的独立性，在社区内提供专业服务，区级政府部门就在其中扮演了一个"中间人"的角色，起着斡旋的作用。

区一级作为服务协调和服务统筹的平台。作为区一级的政府部门，可以起到上下服务衔接的一个功能，凸显本地特色与限制街道的属地管理权。家庭综合服务中心与区主管部门共同制定服务工时，将购买的经费与工时的设置规定在一个合理的范围之内，同时也限制了基层街道的属地管理权限，使其设置更加符合项目所能承受的实际工时，限制了社会组织之间的恶性竞争。另一方面，区一级也可以在服务设置中进行统一的协调，如L区在最初试点的服务中在"3+2"的服务设置中关于"2"的选择就统一了全区所有的街道家庭综合服务中心都选择残障和义工的服务领域。

所以在铺开阶段，区作为中间的层级在项目的推进、执行中扮演了非常重要的角色。购买服务作为政府的政策之一，其虽然试图避开科层制对项目推进的影响，但在实行的过程中又不得不依赖于政府的科层体系进行推进，并将各级政府都内卷入项目的实施运作之中，使得各级政府部门对于项目的运作都具有管理的权限，项目的运作具有多重管理的特征。

（三）管理权下沉时的街居行为

正如前述的政策体系中所规制的情况，在全面铺开阶段，迫于政策执行中监管的压力，街道成为实质的购买方，对于项目运作的管理权限和自由裁量权增大。基于放宽社会组织登记条件的放宽和政策利好，社会组织获得了迅猛的发展，街道在招投标中的可选择范围扩大，政策文本中对于承接组织的资质、规模等并没有清晰的规定，街道寻租的行为普遍存在，承接服务的组织质素也是参差不齐。

> 它们（街道）就是甲方，整个招投标的程序都是它们主持的，它们要换人是非常容易的，不是说你做得好不好的问题，你做得优秀它们也可以换掉你，这个也并不是没有例子，就是你优秀的都可以换掉你，别说你做得不好的，是不是？为什么别人说过要换我们，但两三年没有换过？至少是说明它们对我们还是认可的。（摘自笔者实地访谈记录）

项目的属地化管理在这一阶段明显呈现，首先在招投标的过程中，主要由街道来制定招投标的用户需求书，关于应标机构的设置、服务内容及服务目标等的设置都是由街道来进行设定，提交区民政局审批通过；在财务制度上，虽然购买的经费主要是由市、区财政出资，但是在实际的运作中，家庭综合服务中心期望拿到经费的时候首先需要经过街道的审批，由街道的主任、副主任、民政科的科长等审批通过后再提请区民政局；在评估过程中，街道的购买方访谈成为评估的一个重要的环节，对于家庭综合服务中心评估结果的好坏更多取决于家庭综合服务中心与街道之间的关系。

日常管理中，基层政府对项目的行政干预较强，对家庭综合服务中心采取严密监管，建立日常沟通机制，很多街道将家庭综合服务中心主任拉入街道的民政事务科工作成员群组以及要求其来参加街道的例会，使其能够尽早地获得街道的工作安排并与街道、居委会相互配合开展日常的工作。项目虽然设置了明确的合同指标，但在合同之外，基层政府仍有大量行政事务性的工作需要家庭综合服务中心配合完成，无疑增加了家庭综合服务中心的负担，加大了街区权力对项目的吸纳，街道对于家庭综合服务中心的管理权限凸显，家庭综合服务中心服务深深地嵌入于社区治理的体系之中。

1. 街道作为购买方与监管方实施属地管理与项目监控

在全面铺开的初期，项目的推广和执行更多地由街道推进，虽然由市、区两级财政出资，但街道成为实际运行中的购买方，对于项目的招投标、执行和评估具有较大的管理权限。虽然制度规制相同，但在具体的项目用户需求书和项目实施的合同中，街道在政策的框架范围内可以依据自身的意图和需求制定不同的服务内容和服务框架，自由裁量权较大。但在最初的两年，街道层面根本不清楚该如何来推动服务，用户需求书制订要么由意向机构来制订，要么根据自身对于项目的理解来制订或向上询问市、区及行业协会的意见，用户需求书、工时设定都具有一定的随意性，随之在项目执行中产生了较多的问题，该阶段项目执行中调整项目设置、服务内容、服务工时的情况普遍存在，服务设置的计划性和整体性都较弱。

> 原来刚进来时，大家都不知道要做什么……既然我们叫社会治理，各种手段都要有所体现，但也不能理想化。设想是好的，但是对家庭

综合服务中心的出路,应该是给一个成长的模式,成长不了就别干了。政府只是给平台和启动资金,剩下的该由你自己考虑。自我定位要清晰,自己是一个企业,要自谋出路,自我成长。(摘自笔者实地访谈记录)

另一方面,区、街道积极培育本地注册的社会工作类社会组织,期望由其来承接家庭综合服务中心提供社会服务。由于街道属地管理与规范制度的缺失,在标的设置中,基于人情或政绩需求或其他因素,部分标的指向性特别明显,"萝卜标"普遍存在。项目运作的规范化较为缺失,街区权力对于家庭综合服务中心服务的吸纳力量较大。

2. 吸纳与外包:百花齐放的运营管理方式

迫于财政压力或自身利益,部分的街道仍然希望将家庭综合服务中心纳为己用,但若外来的社会组织承接了家庭综合服务中心服务,在合作过程中难免存在冲突与磨合,为了减少这些冲突,部分的街道采用自主注册社工机构的方式来承接本街区的服务,家庭综合服务中心主任由原来街道的工作人员担任,20名工作人员除了部分外聘的社工之外,主要由居委的工作人员兼任,但是由于原先居委会的社区性事务较多再加上专业组织的缺乏,这样的机构在专业服务的供给方面却面临较大的困难,迫使基层政府考虑将服务完全外包。部分的街道在初期将服务外包给社会组织承接,要求其培育本街道、本社区的社工人才,然后在合同期结束之后,又将家庭综合服务中心收回来由街道本身注册的社会组织来承接,如H区N家庭综合服务中心原来是由B社会工作服务中心承接的,运行一年之后,街道自己注册了一个社会工作服务组织,并聘请了部分社会工作者来中心提供服务,而部分的工作人员则是由社区的工作人员兼任。

3. 自上而下地推动,基层实施动力不同

在外包项目的实施中,全市188个镇街对于社会组织承接家庭综合服务中心服务的态度差异性较大。经过前期的铺垫,试点街道对于家庭综合服务中心和社会工作专业有一定的认知。但是在新实施的街道,大部分街道对于家庭综合服务中心和社会工作专业都缺乏明晰的认知,依据自身的判断对家庭综合服务中心进行管理。有的街道将其视为开展工作的一个重要的资源,视其为街道的一个重要的"部门",对于家庭综合服务中心的定位更多不是希望能够为社区的居民提供更多的服务,而是希望能配合街道开展具体的工作;而有的街道却是觉得增加了自身的工作压力,对于家庭综合服务中心所开展的事务不关心,认为"是给一笔钱由家庭综合服务中心自己玩,就倾向于不闻不问,由家庭综合服务中心自己去运作和开展服务"。在该阶段,家庭综合服务中心要么深嵌于原有的街区管理体系之中,要么游离于原有的街区管理体系之外。

4. 基层街道作为"守门人"和"资源提供者"

家庭综合服务中心作为政府购买服务的一个项目,自上而下地发包,空降于基层街道社区治理体系之中,社会组织本身对于所承接的街道的基本情况及服务的需求并不熟悉,承接了服务进入社区之后,在社区的进入、与居民的接触等过程中都需要街道、居委的协助才能更便利地进入,并消除居民对于社工的疑虑,增强居民对于社工的可接受性与信赖,开始与居民建立关系。而通常街道、居委的工作又都是非常复杂的,那么对于街道来说,家庭综合服务中心参与街道的日常事务的开展是接触居民的一个重要的形式,街道在家庭综合服务中心建立的初期扮演了一个重要的"守门人"和"资源提供者"的角色,但同样也会给家庭综合服务中心增加许多合同以外的工作。

5. 街道的利益考量与对承接组织的选取

该阶段,街道的自主操作空间大,市、区对于街道的选择性干预较少。基于自身的需求部分街道选择具有本地背景或企业背景的社会组织承接辖区内的购买服务的项目,而部分街道则更愿意选择较早成立的具有高校背景的组织,认为这样的组织具备专业性与开展服务的经验,能在辖区内开展更好的服务。

在该阶段,管理权下移使街道获得较大的自主性与自由裁量权,街道基于需求的不同促进了各类型的社会组织的发展,同时对于家庭综合服务中心和社工的模糊认知及基于街道管理的需求，对家庭综合服务中心存在极大的吸纳的力量。

与试点阶段相比，市、区、街道三级政府仍然都参与到项目的发包、打包及承包的运作中，但是其对于项目的管理权限却在发生变化，项目的招投标权下沉到街道，使得街道与社会组织之间由原先可能发展出的平等的"伙伴关系"演变为甲方与乙方的"伙伴关系"，区一级政府享有项目的设计权及评估权，但市一级的政府虽然是项目的发包方，但是在实际运作中权力难以行使，其对于发展专业和提供服务的意图难以在项目的实际运行中得到有效的贯彻与执行，形成政府购买服务的权限总体下沉的状态。

三、合约管理权上下分置体系下的政府行为

2015年是新的一轮招投标和体系调整的阶段，市民政局出台了新一轮招投标的制度，使政府购买服务的发包、监管权力格局再次重新调整为上下分层的格局。

（一）市民政局：设置双重管理体系与上移评估管理权

2013年广州市开始实施《广州市社会组织评估管理办法（试行）》之后，广州市逐步加强社会组织的登记管理和社会组织等级评估管理，加强对社会组织的监管。经过第一周期三年的试点之后，全市的组织发展和家庭综合服务中心的运作出现了百花齐放的局面，但"萝卜标"、恶性竞争的现象普遍存在，基层政府对家庭综合服务中心的行政干预过强，将其视为自己的一个行政部门，未能发挥其转移政府职能和提供专业服务的功能，也没有促进社会组织整合社会资源提供公共服务的优势的发挥，其反而逐渐被吸纳进政府的街区权力之中，被街道视为自己的一个行政部门。

> 放到街道那里其实就也有一个问题，就是街道因为他们是购买方，在处理与社工机构关系的时候就变得非常强势，他很多时候就把社工机构当成他们的一个附属机构去处理这个关系……很多时候那些社工

机构都是与街道变成从属关系。(摘自笔者实地访谈记录)

2015年市民政局出台了新一轮招投标的制度,将承接政府购买家庭综合服务中心项目的组织资质、技术要求等规定得更加详细,同时统一全市对家庭综合服务中心评估的标准,委托市社工协会制定统一的评估标准,同时由市民政局统一进行招投标,设置三个包组,由三个评估机构采用统一的标准进行评估,强化了市民政局对于项目执行和服务成效的话语权。同时也限制了基层街道的属地管理权限,规范了项目的招投标的程序和规范,避免第二阶段出现的"萝卜标"、恶性竞争等情况。

(二)区民政：实质管理权难以行使

统一评估标准和规范化家庭综合服务中心建设限制了区、街道对于专业服务开展的干预。合同逐渐成为约束政社关系的重要依据。项目运作中,上下分层的政策体系设计迫使区一级政府失去了项目的控制权,在项目制的发包上形成了跨层级的发包体系,对项目的实施、监管及政策意图的实现产生了重要影响。评估权上移消解了区一级民政部门对辖区内的家庭综合服务中心的管辖权限。

> 我们要求按照我们的计划书、合同书（进行评估）……因为我们要求的和合同里要求的内容家庭综合服务中心是在做,但是评估专家在评估的时候他觉得这个东西不重要,我就纳闷了,合同不重要那什么重要呢？是不是？(摘自笔者实地访谈记录)

Z主任在访谈中说他的机构在全区范围内推进社区志愿者专业化队伍建设、社区慈善等特色项目,得到了区领导的认可,但却被评估专家否定了。他认为区与市一级之间在关于服务推进方面存在内在的矛盾。区政府人员也有类似观点：

> 反正我也没有了话语权,那活我也不干了,有一部分的通知我也

不帮忙转发了，很多需要协调的工作我也不再协调了，政府购买服务的工作就失去了基层的抓手，在实际工作的开展中就存在较多的困难。（摘自笔者实地访谈记录）

项目的实施依然是市、区两级财政出资，区政府对于项目依然有财政审核的压力，仍然需要对项目负有监督的责任。但因为上下分层权限的设置，在实际执行中，家庭综合服务中心对于区政府的指导意见并没有非常强的贯彻落实意愿，他们更加在意的是作为实质购买方的街道的意图和作为评估机构的评估标准和评估等级的状况。区级政府对于家庭综合服务中心的干预的有效性减弱。但同时也存在较多的问题，例如 H 社会服务中心理事长认为难以行使权力的区级政府使得社会组织在服务的过程中难以有效地开展工作。

（三）街道管理权受限、对社区综合服务中心热情减退

随着社会矛盾的变化和社区问题的增多，街道维稳的压力开始逐步增大，更希望家庭综合服务中心能在符合街道意图的范围内开展服务，试图加强对于家庭综合服务中心的监管，但其治理的策略和技术更加柔和。街道对接家庭综合服务中心的工作人员在监管家庭综合服务中心的同时往往还需要承担大量的行政性工作，家庭综合服务中心往往只是其工作的一部分内容，所以在实践中，街道也并不可能时刻对家庭综合服务中心进行严密的监管，再加上街道事务的繁杂以及基层维稳任务繁重，街道一方面想要发挥家庭综合服务中心在缓解社区居民情绪和提供公共服务方面的功能，另一方面又担心家庭综合服务中心在社区运作中会产生一些不稳定的因素，在家庭综合服务中心的监管上具有矛盾心态。

1. 受限制的属地管理权限

街道对于家庭综合服务中心的吸纳与嵌入虽然依然存在，但在统一了招投标的规范性文本和评估标准之后，进一步限制了街道的属地管理的权限。街道实质上对家庭综合服务中心的干预的权限在减少，但家庭综合

服务中心在资源和合作意图上对街道有较强的依赖性，所以家庭综合服务中心与街道之间开始寻求合作，致力于符合双方期待下的合作平台的搭建。

> 反正我觉得就是说个别街道和个别街镇比较强势，但是你知道在我们这里……还是要少数服从多数，你也知道特别是在一个区里面还是会要统一的，因为基本上现在市统一了之后社会组织只听区的，不太会直接跟街道的人去怎么说，当然也会有接触，但直接对话的机会还是少的。（摘自笔者实地访谈记录）

2. 街道对接官员的不断轮换对于家庭综合服务中心管理的影响

文中近两年访谈的街道对接家庭综合服务中心的工作人员都属于后面开始分管民政业务的，而家庭综合服务中心业务只是民政业务其中的一个方面而已，他们对家庭综合服务中心运作和社工专业知识并没有清晰的认知。基层官员的频繁流动一方面造成了对于服务期待的不稳定性而导致家庭综合服务中心开展服务的调整。但同时街道的日常事务较多，对于家庭综合服务中心的监管很难落实，再加上对接人员的变更也为家庭综合服务中心的独立运作项目和开展服务创造了空间和可能性。

3. 招投标更加的规范化，"合同"、合作的逻辑思维开始呈现

进入新的一轮项目招投标，随着政策体系的调整及对于属地管理权限的限制，项目的招投标的过程和项目的管理更加规范，基层可操作的空间在逐步减少。

> 现在招投标有人监督，相对客观，而且是比较规范的。其次像你说的空间很小，有些萝卜标没有了，很规范……相对比较合理。但是也会有一定的话语权给回我们购买方，因为他要顾及自己街道的需求，会考虑究竟什么机构符合街道的需求，但是这部分的空间也是很适当的，也不会影响评估，所以话相对来说是比较公平公正

第三章　政府的激励监管机制与组织分层嵌入策略

的。(摘自笔者实地访谈记录)

经过多年的政府购买服务的实践,层级政府、社会组织与专业人士之间的努力,"合同"的话语逐渐被街道所接纳,对于家庭综合服务中心和社工的认知逐渐地得到提升和变化。在项目的开展中,更多地注重合同的执行,对于合同外工作的执行开始减少,街道对于自身与家庭综合服务中心的定位和边界开始清晰化。

4. 多种目标捆绑

家庭综合服务中心的发展与基层政府的政府行为与政绩捆绑,基层政府作为购买方对家庭综合服务中心运作负有责任。ZJ 街是由 Y 机构注册的机构承接的服务,其获得街道认可的其中一个很重要的原因就是机构总部总能链接到资源,使得其开展的活动能起到良好的宣传作用。Q 街街道领导对于其承接的机构的满意在于机构总部目前只承接了一个家庭综合服务中心,所以机构的理事长会经常来与街道的相关领导座谈,了解街道的发展动向,配合机构的工作,虽然该社区家庭综合服务中心人员流动率高,专业服务开展状况有待进一步提升,但购买方的评价仍然较高。所以在基层维稳、政绩等多重要求同时存在的情况下,街道在选取对家庭综合服务中心的态度和边界的时候会基于自身的需求选择不同的内容来引进和评价家庭综合服务中心的服务。

5. 对家庭综合服务中心和社工认知的提高与街道内部岗位的社工化,提升了基层的专业性思维

服务的实践、服务的开展及评估过程中设置对街道购买方的访谈的环节,促使街道逐步认清了家庭综合服务中心和社会工作专业的设置和边界,认清了社会工作介入的效果,街道的思维从"将200万的资源转化为己用"转变为"我应该如何更好地发挥社会工作的专业优势",政府的专业能力也在逐步加强,甚至在部分的街道专门设置社会工作岗,招收社会工作相关专业的毕业生,加强街道对接人员的专业训练,明确彼此的合作空间与边界。家庭综合服务中心的发展促使街道更加了解社工的边界,更加知道如

何更好地引导社工与界定社工的专业服务范围。

> 街道的"嘴越来越刁了",要求也越来越高了,因为原来2011年试点的时候20个试点拿出来是没什么机构的,当时就是各个街道求着你来做,但是现在街道的项目规模就这么大,机构多了,所以街道的领导对社工承接服务的项目的看法都是要特色,要品牌,要亮点。然后街道好多工作人员也聪明了,因为家庭综合服务中心服务也多了,看人家那个地方做的很好,回过头来肯定有要求,每个街道都要求有亮点、特色,社工就要想,得弄出个亮点。(摘自笔者实地访谈记录)

在评估过程的购买方访谈中,部分的街道购买方会向评估专家询问如何更好地引导社工开展专业服务,会询问社工的专业性到底是什么?该如何使用社工以及社工到底可以开展怎么样的服务?从这些提问中可以看出,街道对于家庭综合服务中心和社工的认知都在发生较大的改变。街道会将他所认为的属于社工的服务转介给家庭综合服务中心来开展服务,同时也在不断地提升自己的业务能力。受限制的属地管理权限及社会组织、社会工作专业的发展促使街道与家庭综合服务中心之间的边界开始逐步建立,街道对于家庭综合服务中心的定位、认知与管理都逐步提升,甚至促进了街道管理岗位的社工化,彼此之间的依赖性逐步加强。

在合约管理权上下分置之后,区的话语权在街道层面逐渐被消解,层级政府之间的自主性和权力消解促使了组织成长缝隙的产生。另一方面,街道对于家庭综合服务中心和社工的认识随着政策的不断推进,政府的学习逐渐加深,慢慢地理清了政府与家庭综合服务中心之间的区别及对家庭综合服务中心的定位,逐渐觉得应该把家庭综合服务中心放在服务居民、承接政府转移职能的位置上。如XG家庭综合服务中心的主任在访谈的时候就提及街道最近在搞创文和相关的社区创建的工作,这个时候街道不再是跟第二阶段那样要求家庭综合服务中心一定要参与进来,而是以街道认可的方式参与，现在街道与家庭综合服务中心之间会就彼此的角色定位、所能承担的责任和发挥的功能进行协商，共同来完成相关的工作。服务外包下政府正在发展一种更为精细化的治理方式，主要是通过市场和项目制的运作逻辑对社会组织和项目的发展进行规制。基于政府的政策意图及社会组织的服务供给能力与政府与社会组织之间的关系，通过管理权限的上下浮动来对社会组织和服务供给进行有效的规制。但在资源链接方面的限制促使社会组织获得了一定的财政独立性，在组织层面可以去链接资源。

四、小结

广州开展政府购买社会服务十余年的制度与政策变化显示出对合约和评估管理权的上下移动安排，是一种非常特别的行政管理机制设计。在自上而下的改革中，它不但能够在一定程度上保持制度和规制的灵活性，也通过管理权的调整引导不同层级政府的行为和社会组织的运作。这种行政管理方式经常有变化。但正是在这种变化当中，条件不同、目标不同、能力不同的基层政府和社会组织能够在互相磨合当中找到自己的生存发展方式。从某种程度上来看，层级政府促进和创造了社会工作类社会组织来承接政府期望转移的职能，由政府提供资金，社会组织提供专业技术为社区的居民提供社会服务，并要求社会组织在政策体系的框架内开展活动，回应政府的需求。但层级政府、政府部门之间各有其职能，在政策执行的过程中，基层官员对项目的执行发生了转变，政府部门之间的自主性也为社会组织的发展提供了缝隙和空间。广州市开展政府购买社会服务十余年的制度政策与合约管理权在不同层级政府中的配置及政府行为如下表呈现：

表3-1 政策规制下的层级政府对服务外包的权限、行为与态度

	层级政府	试点阶段	铺开阶段	规范阶段
权限	市民政	评估/统筹	放权/监管	评估/监管
	区民政	招投标/实施	评估/统筹/监督	监管
	街道	招投标/实施/干预	招投标/监督	招投标

(续表)

	层级政府	试点阶段	铺开阶段	规范阶段
行为	市民政	支持组织发展/专业支持/政策体系的制定	支持组织发展/专业支持/政策制定	组织管理/政策制定/行业监管
	区民政	配合	监督/合同审核	合同审核
	街道	配合	招投标/属地管理	招投标/限制的属地管理
态度	市民政	积极	积极	半积极
	区民政	积极/消极	积极/无所谓	消极/无所谓
	街道	积极	积极/消极/无所谓	积极/消极/无所谓

第三节 社会组织分层嵌入策略与政社关系变迁

政府购买服务资金是社会组织运作的重要资源之一，各类社会组织为了分享这个资源而采取一系列行动。政府购买服务政策直接促成了社工服务组织和机构诞生。基于资源依赖的路径，这类组织在实际运作中以政策意图、专业要求和居民需求为导向开展服务，在多重制度逻辑的约束下形成了一套发展策略，不仅影响了政府行政管理思路、政社关系，也影响了社会组织和机构的自身发展。

广州市的社会工作类社会组织的注册登记工作大约始于2008年初，对应上一章政府购买服务制度的变迁的三个时期，以政社关系的特点变化为尺度，社会组织的发展策略也可分为三个阶段。

一、试点阶段的社会组织策略：单一的社会组织发展模式

广州市毗邻香港，在正式开始政府购买服务试点之前，也有部分社会

组织借助香港力量,与香港的社会服务机构合作开展部分人群的服务,如针对精神病人、自闭症儿童等开展的工作,但规模较小且机构以不同的形式注册,尚未形成统一的发展模式与注册机制。后续逐步开展政府购买单项服务的试点,引导高校具有专业背景的教师注册社会工作机构承接政府购买服务的项目,2008年以后,为了进一步适应政府购买服务政策的实施,政府逐步放开社会组织的登记注册管理制度,各类不同背景的社会工作类社会组织开始注册成立。

这个阶段,社会组织主要基于政策推进的需求而成立,本身不具备提供社会福利服务的基础和能力,也不知道该怎么样来提供服务,专业服务能力较弱,有能力承接项目的机构供不应求。虽然家庭综合服务中心项目在该阶段也需要接受市、区两级民政部门委托的第三方机构的评估及日常工作的监管,但这种监管更多的是促进性的,且评估标准较为笼统,财务、人员等各方面监管都不是很严格,主要是依据白皮书来制定评估细则,框架条款尚未清晰。

早期的试点街道的承接机构除了街道本身注册成立的之外,基本都是高校教师成立的机构,社会组织的背景比较单一。在专业的发展上还借助了香港的力量,包括聘请香港的督导前来培训或为试点街道提供运作监督、经验总结及日常服务的督导工作。上浮的规制方式限制了基层政府的权力,使得社会组织在与基层政府谈判的时候有更多的话语权,社会工作专业也得到了一定的发展。最初的试点阶段,街道层级并不清晰何为社会工作服务以及购买服务应如何进行,政府与社会组织都处于一个摸索与试验的阶段,社会组织的话语权较强,对于政府政策制定与政府购买服务的方向有一定的参与权。在该阶段,政府与社会组织之间倾向于一种"类合作伙伴关系"。

二、管理权下沉时期多元化社会组织发展与竞争性策略

全面铺开的制度设计催生了大量社会组织。对于部分新成立的社会组织而言,是先有了项目才有了社会组织的登记注册,也有部分的社会组织

负责人认为目前政府大力购买社会服务，在其中获利比办企业更加容易，认为这是一个发展的市场契机，本着逐利的目的进入到社会服务领域之中。

（一）社会组织多元化发展

政府购买家庭综合服务中心项目在全市范围内铺开之后，要求所有的家庭综合服务中心都必须外包给社会服务机构来进行，再加上权力下沉，街道自主权增大，承接政府购买服务项目的资质门槛低及政府的扶持力度大，不同类型的组织纷纷新注册社会工作类社会组织进入到承接政府购买服务的体系中来，除了最初发展的有高校背景和基层政府背景的机构之外，还有企业背景的机构、社会团体转型注册登记的机构、宗教背景的机构甚至有外来引进在中国注册的背景的组织[①]，社会组织呈现多元化发展的趋势。

该阶段社会组织可获得的项目较多，部分社会组织因家庭综合服务中心项目的购买资金量大，初期项目竞争小，在面对承接家庭综合服务中心项目与基金会的项目的选择的时候往往会选择承接家庭综合服务中心项目，放弃基金会的项目。这一方面能使社会组织获得稳定的资金来源，另一方面也进一步加大了社会组织对政府的依赖。政府购买服务项目的迅速扩张使得社会组织将更多的注意力放在项目的获得上，社工人才紧缺，社会组织的专业能力及服务供给能力未得到明显提升。

基层政府的自主权、迅速扩大的市场需求及迅速发展的社会组织也导致了服务外包中的部分恶性竞标的产生。由于公共服务的特殊性，其主要是通过提高服务工时来获得标书，在2012—2015年期间标书中最高的服务工时达到了38200小时，完全超出了家庭综合服务中心所配备的人员的工作量。外包项目整体性地嵌入于街区权力之中，受到街区权力和专业规制

---

① L区J家庭综合服务中心引入了新加坡的机构在辖区内开展专业服务，期望建立不同于其他地区的家庭综合服务中心服务模式，但在后来新一轮的招投标中退出，根据G市社会工作发展十年报告，在承接政府购买服务的86家机构中，具有高等院校专家学者背景的占22%、企业背景的占58%、志愿者组织转型的占7%、其他背景的占13%，该阶段可能具体的比例与2016年有所不同，但组织背景在这个阶段基本类似与固定。

第三章　政府的激励监管机制与组织分层嵌入策略

对于项目的影响，家庭综合服务中心与其他社区组织之间的边界模糊且在不断地发生变化。在应对评估方面，社会组织也并不是完全被动地接受评估的意见，部分的社会组织也会依据自身的情况对于评估组给出的意见给予反馈，希望能争取更好的意见，尤其是一些以专业见长的社会组织会针对评估的意见给予反馈，促使评估机构更严谨地对待评估分数和加强对评估队伍的管理，使评估的指标与家庭综合服务中心的实际运营情况结合得更加紧密，更贴近项目运作的逻辑。

在全面铺开初期，合同基本是以一年一签的形式开展，服务具有不稳定性，而且政府对于项目的开展采用试验的逻辑，在具体的开展形式上有着较多的干预和变化。如 NH 家庭综合服务中心最早开始推行的时候是由社会服务组织承接开展的服务，而在 2012 年开始推行的时候，街道的领导认为依靠街道本身的力量也是可以开展服务的，在新一轮全面铺开的时候，就由街道本身注册一个社会工作机构承接服务，在其工作人员的安排中，部分是聘请的社会工作人员作为中心的专职人员，部分是空挂居委的工作人员。又如，H 社会工作服务中心创立于 2011 年 9 月，当时理事长创办 H 社工机构是看到了政府购买服务的推进，觉得可以借此机会搭便车发展心理咨询类的服务，H 机构在创办初期经历了非常困难的发展阶段，其在第一年的时候投入了 98 万的创办基金后才开始承接到第一个项目，但在后续的发展中，H 机构不断地完善自身的服务和组织架构，陆续承接了其他的一些家庭综合服务中心和单项项目，成功实现了组织转型，理事长本身的理念也发生了较大的转变。

这一阶段，社会组织发展的重点在于市场的竞争、获得政府购买服务的项目承接与组织规范建设，是社会组织规范建设和组织能力建设的重要阶段，在实施初期，大量的社会组织都不知道该怎么样来完善组织的治理结构和组织建设，尤其是对于高校背景的组织来说，社工专业最多只能提供专业支持，指导项目内的工作人员如何开展服务，但对于社会组织结构、组织使命建设、财务管理制度等都不知该如何开展。评估在一定程度上促进了机构的建设与完善。

> 原来我不知道怎么做项目，不知道怎么做机构，我账都不会看，因为我只是个社工老师，后来评估提出来我们有问题，那就进行整改，就请人家评估专家过来指导，也不断地去进修，去听社协的那些课，那后面的话就会改进，就会越做越好，无论是服务还是财务。为什么呢？还是对机构的意见的提供，让机构知道原来在管项目的方面是有这些问题的，而且虽然我们家庭综合服务中心现在很多的时候都是评项目，但是其实在总体服务里面有一块是关于人力资源机构的管理的一些制度，虽然它有时分很少，但是也涉及机构管理、人力资源的管理、人力资源的建档、督导的管理、合同的管理、社保的管理等，我觉得这个是有效果的，这样的话在某种程度上倒逼机构要做好这些方面的建设。(摘自笔者实地访谈记录)

该阶段，各区级政府希望培育自己区域内注册的社工机构，培育本土人才与本土机构，部分规模较大的机构在多区域内注册了多家社会工作类社会组织，比如 PA 社会工作服务中心就在 Y 区、H 区和 P 区都分别注册了一个社工机构，用于承接区域范围内的政府购买服务项目。社会组织的发展参差不齐，较早注册的社工机构在这一轮的发展中获得了先发优势，在项目的获得上具有选择权，而对于该阶段才开始注册成立的机构，则主要在街道层面与政府之间进行合作，获得政府购买的项目，社会组织呈现多元发展的局面。

（二）政府部门之间的缝隙与社会组织分层嵌入策略

权力下沉的制度体系之下，街道对于家庭综合服务中心的发展的话语权较大，尤其是在招投标和组织进入到社区的途径方面，其对于组织的约束较多。但对于社会组织来说，政府部门也并非是铁板一块，层级之间、部门之间目标不同也是组织可以利用的空间。

另一方面，作为社会组织的负责人也会积极参与到市级政府关于政府购买服务和家庭综合服务中心发展的各项政策的制定及各种协调会议之中，以自身的身份资源呼吁政策体系的改革与服务的推展，在政府购买服务中

第三章　政府的激励监管机制与组织分层嵌入策略

获得服务发展自主权。

1. 社会组织的市场化发展策略：开拓地盘与竞标项目

在全面铺开的阶段，各个组织主要是基于组织自身的发展策略拓展服务的项目，社会组织的发展规模基本上在这一阶段奠定了基础，后期较大规模的机构基本上都是在这一阶段获得了较多的项目。

> 在前两年其实是好像很容易就可以去投一个家庭综合服务中心项目来做，现在就基本饱和了，另外现在也会更多关注一些专项类的服务，就像社会矫正，可能后面还有另外一些关于特殊人群的，可能也会更多一点。(摘自笔者实地访谈记录)

社会组织在该阶段关注的重点是获得政府购买服务的项目，部分社会组织的规模扩张很快，而部分社会组织是基于自身发展策略和发展规划的需求进行项目的扩张。Z 社会工作服务中心的理事长在访谈中谈及社会组织在全面铺开阶段中的发展策略时，表示当时前来寻找合作的街道非常多，但是他在选择合作的街道的时候一定是按照社会组织发展的战略去做，在选点的时候按照"中轴线"去选点，做一个成熟一个，并能产生实质性的影响，选自己需要的点，然后在选点的时候熟悉每个社区的情况，并提出适合社区特色的发展理念，所以 Z 社工服务中心承接的点一直以来都是比较稳定的，与街道的关系也比较好。为了获得社会组织的进一步发展及减少社会组织招投标的成本，社会组织采取"滚雪球"的方式推进项目的承接。在招投标的过程中，社会组织通常在已有的家庭综合服务中心中抽取人员，与意向街道在招投标之前就会开始合作，事先了解所要招投标的街道的具体情况，集中精力投一些可能获得项目。

> 我就和另外一个跟我一块过来这边的一个同事，每个星期来两天，主要是做需求调研，我们也跟旁边的一个高校合作，因为那时候街道也很给力，就是帮我们安排好，联系好人员去做这个需求调研，让居

民更加早地去认识我们社工。因为你要有计划地来投这个街的标，肯定要提前过来做，做好准备工作，做足工夫。（摘自笔者实地访谈记录）

但并非所有项目都是可以顺利地获得的，H家庭综合服务中心的工作人员在访谈的时候提及其所在的B机构有意在广州市周边的城市拓展业务，抽调其去F市开展一个多月的调研工作，但最终机构并未获得该项目。

2. 服务的模仿与同质性，社会组织的专业规范与专业学习

社会组织开始建立内部的专业制度和管理制度，并且组织之间相互模仿和学习，P社会工作服务中心的创办人原先是做企业的，其在建立管理制度的时候参照了企业的管理模式，认为虽然社工是针对弱势人群开展服务的，在服务理念上与企业不同，但在组织管理上也可以参照企业的管理模式，提高效率，如建立上下班的打卡制度等，这种管理模式在最初并不受到社会组织的认同，但后来的实践过程中因其具有一定的实用性而逐渐地得到同行认可。此外，该阶段的服务具有较强同质性，"丝网花""430学堂"等是长者服务、青少年服务的主要活动形式，专业服务开展较少。

该阶段，权力下沉，社会组织更多地关注项目的获得，呈现多元化的发展。针对层级政府的不同控制，社会组织采取权变性的策略，依据不同阶段采取不同的定位与发展。政府要求、专业制度与社会组织之间的冲突在社区层面凸显，服务更多地是在完成项目的量化指标和回应街道的行政需求。基于基层政府的态度和社会组织的定位以及社会组织自身意图、谈判能力、专业能力、战略发展规划的不同，政府与社会组织之间的关系呈现不稳定的状态，并呈现出了不同类型的关系，既有相对独立的伙伴关系，也有完全嵌入式的发展，或在两极之间不断地摆动。此阶段由于各区各自统筹辖区内的评估，社会组织跨区域承接服务必然会面对评估标准不一致的问题再加上大规模的社会组织承接项目较多、小规模的社会组织能力有限，难以兼顾，社会组织层面难以对家庭综合服务中心提供有效的支持，决策权逐渐由组织核心下放承办机构，项目主任的管理权限进一步增强。

三、合约管理权上下分置体系与组织分层嵌入策略

在全面规范阶段，政府层面建立了管理权上下分置的体系，街道的属地管理权限被限制，项目评估的权限上移到市一级，作为中间层级的区政府权力难以行使，为社会组织的运作提供了自主空间与发展缝隙。该阶段，社会组织在项目竞争市场中已经逐步走向稳定，开始转向组织内部的建设与在层级政府的缝隙中寻找发展的空间。

（一）合约管理权上下分置阶段的社会组织发展

社会工作类社会组织的成立与发展是基于政府购买服务政策的实施，在发展过程中，政府的政策鼓励和支持社会组织的注册登记，但社会组织仍需要寻求发展的资金和资源，但作为政策体系催生的社会组织却缺乏良好的社会基础。随着政府购买服务的进一步推进及社会组织承接的项目越来越多，社会工作类的社会组织也出现了分化，部分社会组织承接了较多的购买项目之后，开始注重组织总部的建设，在组织总部与项目之间建立边界，开始界定清晰两者的角色功能与地位，部分社会组织的组织发展仍与项目开展融合在一起。在社会组织建设经费的来源上，对于承接较多项目的大机构来说，其社会组织发展的建设经费的主要来源于购买项目的10%管理费用，而小机构的人员主要是与项目的人员重叠，从项目人员中支出。由此可见，社会组织的发展在经费的来源上基本上依赖于项目的获得。

加之在新一轮的招投标中，部分的社会组织在失去政府购买的项目之后被合并，部分社会组织主动退出政府购买家庭综合服务中心项目，专门从事单项项目的服务。而一些后期注册的企业背景的社会组织获得了基层政府的信赖，在这一阶段获得了迅猛的发展并承接了很多项目，社会组织进入稳定发展阶段，开始注重组织内部建设与外部拓展，对内开始完善组织的治理框架，提升组织的专业能力，建设组织的使命感，而对外注重多区域、多项目的拓展。社会组织呈现出差异化发展态势。

(二) 社会组织完善制度建设与人员管理

随着社会组织的发展与框架结构的完善，对于较早成立的社会组织来说，其在项目之外建立了组织总部，并逐渐成立了独立的行政部、财务部、业务拓展部、研发部、督导与培训部等，主要负责项目的招投标、财务管理、组织的宣传、对于项目的专业支持、人员的招聘与管理等，促使项目内的工作人员可以安心地完成项目内的工作任务。

1. 完善组织内部的治理框架，提升社会组织的专业能力

该阶段，政府购买服务的招投标以三年为一个周期，为社会组织提供了发展的空间。街道、居委对于政府购买服务和专业化的认知的提升也进一步促使社会组织从自身的能力建设方面下手，包括治理能力、管理能力、资源整合的能力和社会互动的能力。该阶段社会组织依据自身的发展情况，也对组织架构进行了调整和完善，尤其是在对社会组织总部的框架的调整，总部的职能部门的划分、总部与项目之间的分工与角色。社会组织开始注重组织内部结构的调整与建设，注重提升组织整体的专业能力。如 G 机构近两年在总部成立评估与督导部，主要是规范组织运作，链接外部的资源支持家庭综合服务中心项目的发展，在正式的第三方评估之前对承接的家庭综合服务中心项目进行预评估，提升项目内人员的专业能力，完善激励制度和晋升制度等。Z 社会工作服务中心则成立研发拓展部，注重服务的开发，注重组织研发能力的提升与完善、资源的链接与服务链条的完善，如在自闭症的服务中与医院建立长期的合作，明确与医院合作过程中社会工作组织与医院之间的功能与角色定位，搭建服务的平台，明确社工的角色与功能。H 社会工作中心成立"H 发展基金"，用于员工的培训和督导，组织将专业能力建设内化，培养内部的督导和讲师团，关注社会组织自身的发展。

2. 搭建合作平台，注重社会组织的品牌建设与产品开发

在该阶段，社会组织之间开始有较多的合作，部分机构之间有一些非正式的联盟与非正式的合作，区域社工协会的成立与发展，为区域内承接

项目的社会组织之间的合作提供了平台与可能。随着社会组织话语权的进一步增强，部分规模较大的社会组织可以参与到行业协会，各级政府部门的正式与非正式的会议之中，参与部分行业标准的制定与修改。以提供督导和培训服务的中介组织开始出现，为部分小规模的社会组织的发展注入了较好的专业支持。

社会组织注重外部资源的链接及社会组织的平台建设，加强社会组织的资源动员能力。Z社工服务中心的总干事在访谈中表示近几年社会组织非常注重参加公益创投项目，与企业合作建立社区公益基金会，帮助企业出谋划策和咨询，在研发方面注重与高校和其他的行政主体之间的合作，重点在义工服务方面建设义工的评估标准、义工服务的品牌创建等，加强与其他社会组织之间的合作，加强人才的培育和服务项目的拓展，在服务产品上进一步深化与细化，考虑社会组织的转型与资金来源的多样性，提升社会组织的公信力。

> 社会服务机构本身也有产品，可能是政府买单，可能是企业买单，可能是自己自主筹款，实现的是社会效益，所以，其实运营只不过是目标方向上不一样，过程当中其实差不多。所以你一定要有自己的东西，你自己本身的文化和你的产品是对应的，我们做的就是希望每一个人能够去享受到卓越的社会服务，卓越社会服务本身就是品牌化、专业化的一个重要过程。什么称之为卓越？就是它是品牌，它本身就是一个专业化很强的一个东西，所以就是在这个过程当中我们寻求自己服务产品的体系化、层次化，然后使自己能够实现多元化的发展。
>
> (摘自笔者实地访谈记录)

社会组织不断优化自身的强势产品，在现有的服务中发展收费的项目。H社会工作服务中心的理事长在访谈中提及，他们在家庭综合服务中心开展的同一类型的服务分为低收费和免费两种类型，各自有明确的服务范围，试图扩大家庭综合服务中心的经费来源。

如前所述，社会组织开始注重服务平台的搭建，将政府购买的社区综合服务中心项目视为一个综合性服务供给的平台，借助外部的力量为社区居民提供更好的服务，也有助于减轻项目中的服务的压力。社会组织不仅注重强化内部建设，也开始注重寻求跨领域的合作，搭建服务的平台，使服务链条完善，为社会组织后期的独立运作方面提供可能性。

3. 多区域、多地域与多项目发展与社会组织抗风险能力的提升

随着政府对于社会组织的资源链接能力和自筹运作经费能力的要求的提升，社会组织也面临着较大的危机与调整。基于目前中国社会的整体情况，社会组织的资源链接能力较弱，但"品牌化""产品化"成为社会组织负责人口中经常出现的词汇。社会工作机构也会注册其他类别性质的组织，跨地域、多类型业务发展成为很多社会组织的市场化选择，社会组织逐渐将承接的家庭综合服务中心项目作为一个平台，链接相关的资源，或者向广州市周边的其他城市扩展业务。

> 对机构的业务结构进行了调整……分几个领域，第一个是社区服务，就是以家庭综合服务中心为主；第二个是企业服务，这个是主要的一个营运方向；第三个其实是以心理学为背景的项目；第四个是成立了一个 YH 研究中心，就是做社会工作研究的，做标准化建设、做评估，做一些制度性的东西。（摘自笔者实地访谈记录）

多地域、多区域竞标，临时补救的策略，可以应付由于资金拖欠、延期支持、失标等各种因素所带来的风险。B 组织是较早成立的具有高校背景的机构，经过多年的发展，目前大概总共有员工 295 人，总干事在与笔者的访谈中也提及该组织现在广东省范围内不断地拓展新业务，除了承接家庭综合服务中心的项目之外，还承接戒毒、社区矫正、社区发展、婚姻辅导、职工服务及枢纽平台建设等专项服务。在社会组织的发展规划上，从 2013 年之后就逐步在全省内拓展承接政府购买服务的业务，并且在每个地区依据地方特色打造地方品牌。但目前社会组织的资金来源依然主要依赖于政府购买服务的资金，只是资金来源渠道的多样，为社会组织的独立

发展提供了可能性。

（三）分层嵌入的社会组织策略

经过三年的运行，社会组织逐步建立了规范化的运作体系，部分承接较多项目且具有一定社会影响力的社会组织掌握了一定的话语权，其自主性及与政府之间讨价还价的能力也在逐步增强。

合约管理权上下分置的设计，以及政府条块之间的权力分配与相互消解的机制，给予社会组织较大的自主权，社会组织多区域、多项目发展使其对单一部门的依赖性降低，社会组织抗风险的能力有所提升，正如 Z 机构的理事长在接受访谈时提及的：

> 其实更多的是你的原则，你作为组织管理者，你要坚持你的原则。其实很多人就是"自作多情"，他认为别人在暗示他，其实人家在这谈的是工作，你不做，它（政府）会强迫你去做吗？不可能的，就好比牛不想喝水，你按不低它的头。（摘自笔者实地访谈记录）

1. 社会组织与街道友好互动

区政府对于社会组织的控制权限减弱。在街道层面，社会组织在街道与家庭综合服务中心的关系处理中起到平衡协调的作用。社会组织负责人在街道与家庭综合服务中心之间的沟通中起到了很好的桥梁、斡旋的作用。街道负责人希望社会组织负责人能经常到街道中进行沟通，在 Q 街的评估中，街道作为购买方对家庭综合服务中心的服务评价特别高，街道分管领导明确地表示因为其承接的社会组织目前只有一个家庭综合服务中心，所以总干事会长期与街道进行各项沟通，彼此之间的合作较为顺畅，街道也愿意为其提供资源并且对于家庭综合服务中心所提供的服务比较满意。

随着层级政府、社会组织、高校专家等多方面的互动与政策实践，政府购买服务中的"合同精神"、契约导向等逐渐被各方所接受，部分社会组织开始将基层政府视为自己的服务对象之一，认为在服务过程中对于政府提出来的要求可将其视为服务对象的需求，在服务中也要满足基层政府的需求。

> 他们是我们的服务对象，他们有需求，所以我们把他们看做我们的服务对象，满足他的需求，他的需求是什么，……他要把事情做大、做好，我们也是一样的，比方说他搞活动，你也搞活动，你帮他搞活动，也就是帮你搞活动。但是有的就不一定这样想，有的就说这个东西好像不是属于合同的内容，甚至还说这个东西看上去好像不太专业，比方说搞个晚会，看上去好像不是什么，但是这就要看你怎么看，你说这个东西是专业活动也是，你说不是当然也可以说不是，就看你从哪个角度来看。那么我要在这个社区开展几百人、上千人可以大型的活动，其实对社区的凝聚力、对社区的活动、对分享社区的记忆、争取社区共识都是有好处的，共同活动才有共同经验。所以这怎么不是一个专业的活动呢？当然是了。（摘自笔者实地访谈记录）

项目发展促使政府吸纳社会工作人员成为自身的工作人员，提升了政府工作的专业化。市、区和街道层面都积极设立社会工作岗位，招聘具有专业背景的人员来负责运作和监管辖区内的家庭综合服务中心项目运作，尤其是在街道层面，这为项目的开展与组织专业能力的提升创造了空间。另一方面，项目评估也会通过评估前的购买方培训和评估过程中的购买方访谈对政府的相关工作人员进行渗透，促使购买方，尤其是街道相关工作人员了解政府购买服务项目的设置，社会工作专业服务的开展，借助第三方的力量促使基层街道的管理方式发生转变。

2. 社会组织发展的不同策略

面对政府的各项要求，社会组织也发展出了一系列策略，利用层级政府之间的缝隙谋求生存空间，主要有：（1）直接向市级政府"诉苦"。例如H机构的理事长会借助于自身民主党派的身份，选择一些政府在短时间内可以解决的问题向上级政府提出，并会向政府展示自己在处理这个事情的办法，以使领导知道社会组织在发展过程中所面临的难处以及社会组织在处理这些问题的过程中所付出的努力。（2）忽略或拖延基层政府的要求。当机构遇到基层政府的某些要求不愿服从时，往往通过拖延或者"踢皮球"的方法来对付，有时过一段时间有些要求就会自动消失了。加上基层官员具有较强的流动性，有些时候事情还没开始进入解决程序，对接官员发生流转，问题也就随之解决。（3）社会组织层面主动加强与区、街道之间的联络，了解政府工作的动向与社区的特征与需求，增进互相了解、达成共识，增加协调。（4）暂时的联盟：社工机构之间更倾向于非正式互动，聚焦于具体的活动或选择一些规模比较大、体量比较大、社会影响力比较好、美誉度比较高的机构进行一些联合活动，在"和平时期"（非招投标年份）进行活动层面的合作，并逐步扩大社会组织在各级政府层门的影响力。（5）行业倡导。不少大型社会组织[①]有机会参与到政府和行业发展规划等文件的制定讨论之中，并以此影响政府的决策。

在社会组织发展过程中，市场化的运作逻辑、多区域、多项目的承接促使社会组织有机会避开对于单一政府部门的强依赖，通过组织内部项目资金的调整、组织服务产品的市场化的运作，借助市场的力量使得组织在一定程度上获得了自主发展的能力。在服务外包的情境中，加入多层级政府、时间、多区域、多项目及市场化的影响因素，层级政府、时间维度、多区域与多项目、市场逻辑等共同运作建构了社会组织发展的复杂的结构与制度的维度，突破了原先单一结构因素对社会组织所造成的影响的研究，考察社会组织的发展与组织策略必须要放到多维度的组织发展空间之中去，研究组织的发展、组织能动性及组织策略，不仅仅要考虑政府的因素，同时还需要考虑组织可能借助于市场的力量来获得组织发展的自主性。

---

① 泛指承接政府购买项目较多、美誉度较高、社会影响力较大、成立较早的机构。

四、小结

在层级政府合约管理权调整的过程中，社会工作类社会组织经历了依赖、市场竞争到组织规范发展的三个阶段，政社关系经历了类合作伙伴关系、吸纳与依赖的关系和互嵌的关系的变迁。第一个阶段，由于合约管理权的上移及基层政府对于服务外包的政策实践及社会工作专业的认识不足，社会组织的发展悬浮于社区治理体系之外，社会组织依赖于政府的扶持，在与基层政府的互动中依靠上级政府支持与基层政府保持相对的独立性并获得发展。第二个阶段，属地化管理的逻辑、下沉的管理权、对于政府的资金和政策的依赖促使社会组织内嵌于科层制中，社会组织忙于项目的竞争，对于组织内部建设关注较少。第三个阶段，管理权上下分置的体系给了社会组织发展的空间，社会组织多区域、多项目的承接使其在资金上一定程度摆脱对单一政府部门的依赖，提高了组织自主运作的可能性。市场逻辑下品牌化、产品化的发展思路促使组织开始思考如何不完全依靠于政府的扶持而获得发展空间，组织的自主性、能动性都进一步增强，同时社会组织通过层级政府之间的自主性及由此形成的缝隙对层级政府进行分层嵌入，为组织的进一步发展获得了空间，其变迁如下表所示：

表3-2 服务外包模式下十年间政府与社会组织策略及政社关系变迁

阶段	试点	铺开	规范
行业发展	"买方市场"与专业人才	"买方市场"与人才欠缺	"买方市场"与人才流失
评估体系	统一评估	区域评估	统一评估
评估依据	政策文件（摸索实践）	多套标准	行业协会统一评估标准
合约管理权	上移	下沉	上下分置
组织策略	向上嵌入、组织萌芽	向下嵌入、竞标式发展	多层嵌入、互嵌、脱嵌、差异化发展
关系类型	"类合作伙伴关系"	吸纳与嵌入关系	控制—嵌入关系重构

合约管理权移动分置可以称为浮动管理方式，社会组织相应采取分层嵌入的适应策略。理论上，浮动管理和分层嵌入是社会服务外包下的政社关系的调节机制。不同于行政发包、分类控制和嵌入性等概念从单方面解释社会服务领域中政社关系，浮动管理和分层嵌入同时体现出政府和组织双方的主动性和建构能力。在社会服务外包过程中，基层政府内的多层级细分使行政发包的层层发包被打破，合约管理权在不同层级之间移动，从而形成了现阶段社会服务外包领域的分层规制体系。相对应的，社会组织并非一体地嵌入于街区权力结构之中，而通过分层嵌入策略应对，形成了中国社会服务领域的特色。

分层嵌入也可以视为组织应对策略，是组织与政府博弈的方式，这种策略通过调整组织和不同层级政府之间的关系来营造有利组织生存的环境——既能保持持续的合作（合约）关系，同时也能保持组织相对独立的发展空间。这种策略反映出谋求生存发展的组织理性，正是这种组织理性能够使政府购买服务政策不但产生增加社会服务供给的直接政策效果，还能产生推动社会组织发展的外溢效应。也是由于这项政策具有多种收益，许多国家和地方都实施这种政策，以作为国家福利体系的辅助部分。

第四章　政府购买服务下的社会组织合法性策略

任何组织必须获得所处环境的认可，获得认可的过程也就是组织的合法化过程。对于承接政府购买服务的社会组织来说，其合法性主要来自政府、评估方及服务对象。这三种主体对于社会组织具有不同的要求。对于政府来说，期望借助社会组织的专业服务满足政府对社会管理和社会服务的要求；对于评估方来说，要求社会组织按照项目的指标要求和专业要求提供服务；对于服务对象来说，期待社会组织提供优质的社会服务。这三者赋予社会组织不同的合法性，即政治合法性、专业合法性、社会合法性，这三种合法性相互关联，且不断变化。

第一节　社会组织的三种合法性

一、社会组织的政治合法性

政治合法性是一种实质合法性，它涉及的是社团内在的方面，如社团的宗旨、社团活动的意图和意义符合某种政治规范。[①] 政治合法性是政府对

---

① 高丙中：《社会团体的合法性问题》，载《中国社会科学》，2000年第2期。

民间社团的独特要求。① 在当前中国，政治合法性对于社会组织的生存和发展特别重要，政治合法性的缺失则立即会威胁到组织的生存。政治合法性主要源于政府对社会组织的宗旨及其行为的承认，这种承认是一种自上而下的赋予。

社会组织的产生很大程度上源于政府推动，而政府鼓励其发展，是期待社会组织发挥预防和解决社会矛盾的功能。因此，社会组织的政治合法性则主要是其组织宗旨及其行为需要响应政府的制度要求。对于政府购买服务中的社会组织来说，其政治合法性主要表现为登记管理机关的认可，登记管理机关的认可主要表现为对机构的宗旨、内部治理及其行为的承认。另外，作为政府购买服务中的购买方，也会影响社会组织政治合法性的获得，购买方对社会组织的政治合法性的认同主要表现在对社会组织行为的认同上，具体体现在社会组织的合作态度及其服务内容、服务成效上。社会组织政治合法性的获得一个方面是通过政府在购买服务中的主动培育，另一个方面源于社会组织的努力争取。

政治合法性的获得不是一厢情愿的，而是在双方的互动中形成的。在政府主导的制度环境中，政府释放有利于社会组织发展的空间无疑是最重要的，所以在广州、东莞、厦门三地的政府购买服务实践中，政府都在努力培育社会组织。与此同时，社会组织也在努力获得登记管理机关和购买方的认可。当社会组织一经登记管理机关登记成立，社会组织已经具备一定的政治合法性。但是政治合法性是一个不断变动的过程，需要社会组织进行维持。登记管理机关和作为购买方的政府部门也在考验社会组织的政治合法性，所以政治合法性同时需要社会组织积极回应登记管理机关及购买方的要求，以及建立与购买方的良好合作关系，才能不断维持和获得政治合法性。

二、社会组织的专业合法性

专业合法性的获得主要是指这个专业自身具有的理论体系及专业权威

---

① 王诗宗：《行业组织的政治蕴涵——对温州商会的政治合法性考察》，载《浙江大学学报（人文社会科学版）》，2005年第2期。

得到行业及社会的认可。一个专业在专业合法化的过程中始终卷入职业、国家、高校和社会（客户和公众）四个实体要素。① 那些可以被认为是专业技术职业的职业是这样的：它们已经成功地实现了专业技术人员工程的目标——获得了对提供基于其专业知识的服务的一种垄断。任何一个专业技术职业要想保持和延续其成功，一个关键的任务就是必须维持对该专业知识基础的控制，千方百计对抗时刻存在的、知识逐渐定位于组织或机器中而不是其成员中的趋势，使他们自己而不是政府拥有这种专业知识，并抵制其他专业技术职业进入其权力范围。② 对于社会组织来说，专业合法性就是其技术合法性，具体包括这一服务技术的理念、目的、内容、方法、成效是否得到了评估方、政府、合作方以及服务对象的认同，政府及合作方的对社会组织专业性的认同最终也是要通过评估方的认可呈现出来。社会组织为了保证自身的专业合法性，会通过一些特有的制度设计确保社工专业技术的提升，比如说督导制度、培训制度、自我评估制度等。

对于中国社会工作发展来说，社会工作教育走在社会工作职业发展之前，所以社会工作的专业合法性主要是取得政府和社会公众的认同。从当前来看，社会公众对社会工作的专业认同是相对比较低的，社会工作还处于一个正在走向被政府、社会大众承认的过程。中国社会工作的发展需要政府、社会、社会工作界进一步形成共识和合力。③ 这种走向承认的过程就是社会组织获得专业合法性的过程。

三、社会组织的社会合法性

社会组织的社会合法性主要有三种，一是地方传统，二是当地的共同利益，三是有共识的规则或道理。对于中国的社会组织来说，地方传统中没有这种社会组织，也没有这种专业的社会工作服务；由于社会组织不是

---

① 赵康：《专业、专业属性及判断成熟专业的六条标准——一个社会学角度的分析》，载《社会学研究》，2000年第5期。
② 基思·麦克唐纳：《专业技术工作》，见[英]马立克·科尔钦斯基等主编：《工作社会学》，中国人民大学出版社2012年版。
③ 王思斌：《走向承认：中国专业社会工作的发展方向》，载《河北学刊》，2013年第6期。

社会团体，没有当地的共同利益，也没有共识的规则或道理，所以社会组织这种社会组织的社会合法性必须从其他方面来找。由于社会组织属于利他型的专业的社会服务机构，所以这种社会组织的社会合法性必须从其服务对象中寻找，需要获得其服务对象对社会组织服务宗旨及服务内容、服务态度、服务效果的认同。当行政部门及相关的法规政策赋予社会工作机构政治合法性时，社会组织并不会因此自然而然地获得服务对象、社会公众的认同。因为社会组织作为一种社会组织，其主要是由政府的政策推动而产生的。所以，社会组织是先从政府那里获得了政治合法性，然后再通过其服务行为获得社会合法性。社会组织获得社会合法性主要是依靠其专业合法性，即服务对象对其服务的认可，专业合法性是社会组织获得社会合法性的关键。组织的策略选择是在一定的制度要求下作出的，对于不同的制度要求，制度情境中的主体具有不同的应对策略。在政府购买服务中，社会组织是一类重要的服务承接主体，政府对社会组织也有不同的制度要求。这些制度具体体现在政策法规、操作指引以及具体情境中购买方的观念认识等方面，以下首先梳理政府购买服务中宏观政策环境对社会组织的要求，以及三个案例城市的政策规范、操作指引、观念认识等。然后分析在制度要求下，社会组织所呈现的应对策略。

第二节　政府规制与社会组织策略

在一个政府主导的制度变迁过程中，社会组织的行动受到从宏观到微观的制度环境制约。这个宏观制度环境主要表现在国家推动社会工作人才队伍建设的过程中，对政府购买社会组织服务的具体政策指引，其中包括政府购买服务办法、社会组织登记、社会组织培育、社会组织监管等政策。国家所秉承的对社会组织的制度要求并不是僵化的制度安排，而是随着形势发展而不断变化的，国家的政策总体上要滞后于地方政府购买社会工作服务的发展。总体来说，国家对于社会组织的发展是持一种"既鼓励支持，又注重监管"的态度，国家赋予社会组织政治合法性及法律合法性，同时又强调不能放松对社会组织的监督。以下是自 2009 年以来国家制定的有关社会组织的主要政策（见表 4-1）。

表 4-1 国家政策法规中的社会组织（2009—2016 年）

国家的政策法规	涉及民办社会组织的主要内容
《民政部关于促进民办社会工作机构发展的通知》（民发〔2009〕145 号）	1. 引导民办社会组织举办者进行法人登记 2. 推进政府购买民办社会组织服务 3. 提升民办社会组织的管理和服务能力
《关于加强社会工作专业人才队伍建设的意见》（2011）	1. 完善培育扶持和依法管理政策 2. 强调对民办社会工作服务机构的管理监督 3. 以政府购买服务的方式推动社会组织吸纳社会工作专业人才
《社会工作专业人才队伍建设中长期规划（2011—2020 年）》	1. 建立 50 个国家级民办社会工作服务机构孵化基地 2. 到 2020 年，培育发展 8 万家民办社会工作服务机构
《民政部 财政部关于政府购买社会工作服务的指导意见》（民发〔2012〕196 号）	1. 培育发展社会工作服务载体 2. 增强社会组织承接政府购买社会工作服务的能力
《国务院办公厅关于政府向社会力量购买服务的指导意见》（国办发〔2013〕96 号）	1. 加强社会组织培育 2. 提升社会组织承接政府购买服务的能力 3. 加强对政府购买服务活动的监管和绩效评价
《财政部 民政部关于支持和规范社会组织承接政府购买服务的通知》（财综〔2014〕87 号）	
《民政部关于进一步加快推进民办社会工作服务机构发展的意见》（民发〔2014〕80 号）	1. 改进登记方式，民办社会工作服务机构可直接向民政部门依法申请登记 2. 支持社会工作行业组织发展 3. 强化监督管理
《中华人民共和国慈善法》（2016）	在慈善组织登记、慈善募捐、监督管理等方面确立了法律规范

从以上政策法规可以看出，国家目前正在推动政府购买社会组织服务，并从宏观层面做出相应规制，从规制的内容可以看出国家对于社会组织的

态度是鼓励与监管并存。具体体现在以下三点：

首先，积极培育社会服务组织。体现在适当放宽准入条件和简化登记程序，为社会服务组织登记注册提供便利；建立社会组织孵化基地，为社会组织登记提供场地、技能等方面的支持。其次，增强社会组织能力建设。如引导社会组织完善内部治理结构，提高外部服务水平等，开展人员培训、项目指导、公益创投等形式，增强其能力建设和承接政府购买社会工作服务的能力。再次，注重监督管理社会组织。出台专门的政策，强调对社会组织的监管和绩效评价，并规定了对于守信社会组织的激励，以及对失信社会组织的限制等。

综上可以看出，国家对于社会组织的宏观层面的政策态度较为明朗，即总体上鼓励社会组织发展，但是又强调对其监督管理。同时，以上政策也是一种较为灵活的制度安排，它是一种"制度明确，实践宽松"的可纠错性框架，这些政策法规会根据地方实践进行调整，并且也是地方政策制定的重要依据。

一、广州、东莞、厦门三个城市的制度规制

由于三个城市都是采用政府向社会组织购买服务的形式，所以三个城市对社会组织的要求主要体现在政府向社会组织购买服务的相关指导意见之中。对于广州来说，自2009年以来，就已经陆续出台相应的制度文件，有关政府购买服务的制度要求，及相应的规范文件相对比较规范，其中包括广州市的"1+5"文件，对社工岗位设置、社会工作评估、社会工作培训、社会工作者登记以及社会工作评估等都有明确的规定。由于广州市采用政府购买家庭综合服务中心服务的模式，这种模式要求与政府的基层社会管理体制改革相结合，且是一个投入较大的综合服务项目，所以广州在家庭综合服务中心方面的制度要求会更详细一点，这是其他两个地方城市所没有的。东莞市采用的是岗位购买的方式，其突出的方式是有关于岗位设定的一些制度规则，而厦门由于社会工作处于起步时期，其相关的制度规则还未及时配套出台，现有的规则主要是侧重于政府向社会组织购买服

务的一般指导性规则；虽然厦门主要是以政府向社会组织购买服务项目为主，但是具体的操作规则比较缺乏。综合看来，三地对于政府购买服务制度主要围绕招投标、评估考核两方面，即如何筛选合适的社会组织提供服务、如何保障社会组织的服务质量，接下来将详细论述三地在这两方面的制度设置。

（一）广州市：购买家庭综合服务中心项目

广州市自 2009 年开始推动政府向社会组织购买服务项目。在《中共广州市委 广州市人民政府关于学习借鉴香港先进经验推进社会管理改革先行先试意见》（穗字〔2009〕13 号文）指出"加强政府社会管理和公共服务职能、大力培育和发展社会组织、开展政府购买服务项目试点、建立健全政府购买服务的制度、加强政府购买服务的监察评估"。随后出台《中共广州市委广州市人民政府关于加快推进社会工作及其人才队伍发展的意见》（穗字〔2010〕12 号）及 5 个配套文件，这些文件对广州市发展社会工作的岗位设置、财政支持、考核评估、扶持社会组织、社会工作专业人员登记等方面作了具体的规定。特别是在《广州市扶持发展社会工作类社会组织实施办法（试行）》中，广州市在培育社工类社会组织方面走在全国前列。广州市主要是以政府购买家庭综合服务中心服务为主，而政府购买服务的制度主要体现在招投标和评估考核两个方面。以下主要从招投标和评估考核两个方面展开。

1. 招投标方面的制度规定

招投标也是将购买方（政府）的需求体现在招标要求之中，购买方在招投标过程中，会有一些具体的指标要求，以及要求购买方要做什么。在广州，招投标的要求体现在商务评分、技术评分、工时评分三个方面。

商务部分评分的规定：一般情况下商务评分占 40 分。在 2014 年《广州市家庭综合服务中心项目招标文件〈商务部分评分指引〉》中，对投标机构的基本资质、法人治理、专业人员资质、实务工作能力、项目运作能力、社会参与能力、资源整合能力等作了详细要求。这一方面对社会组织参与竞标给予指引，另一方面也会指导社会组织在发展过程中要有较高的硬件配备和软件建设能力。

技术部分评分的规定：一般情况下技术评分占40分。在2014年《广州市家庭综合服务中心项目招标文件〈技术部分评分指引〉》中，对竞标机构在项目需求调研、项目方案设计、制度和服务保障等方面都有具体要求。技术部分的规定相对于商务部分更强调社会组织的专业能力。

工时评分的规定：一般情况下，工时评分占20分。工时是指投标机构投入员工的服务时数。工时分是指投标机构在相同的项目价格下，投入的工时越高则分数越高。为了确保工时计算合理，政府出台服务工时计算指引，如一次完整的个案面见工时是6小时，一节专业小组的工时是9小时，一次大型活动的工时是48小时等。同时，为了避免恶性高分的情况，会有最高分和最低分的限制，如2015年广州市规定一个家庭综合服务中心（14名工作人员）的一年服务工时最低是27440小时，最高服务工时是30184小时。这一定程度上对于社会组织在应标时，如何设置服务的指标，从而以更合理的工时数拿下项目，提出了一定要求。

2. 评估考核方面的制度规定

根据《广州市政府购买社会工作服务考核评估实施办法（修订）》（2014），考核评估是指政府购买社会服务实施主体（以下简称购买方）或社会工作主管部门，对政府购买服务合同履行、服务目标达成、资金使用等情况进行检查、评价的过程。《广州市家庭综合服务中心项目评估与监督、统筹指导服务工作手册》（2015年8月）指出，评估的领域包括：总体评价评估，主要包括社区服务情况评价；运营管理（中心人力资源情况、中心基础运营、中心六项权益保障、中心沟通机制）；各领域服务质量（青少年、家庭、长者、其他服务）；购买方满意度、服务对象满意度。在新的评估过程中，增加了社区专案的内容，使得家庭综合服务中心开始关注社区公共问题和社区发展性需求。

除了上面对社会组织服务的评估之外，广州市还会对项目财务使用情况进行单独评估。主要是聘请财务专家对项目财务的收入、支出等进行详细评估，确保政府购买资金的合理使用。同时，财务评估实行一票否决制，即若财务评估不合格，即使服务评估优秀，该项目也是不合格，社会组织也不得再继续承接该项目。

（二）东莞市：购买社工岗位

东莞市政府购买服务从2009年开始，相关的政策文件也是在2009年出台。《中共东莞市委 东莞市人民政府关于加快社会工作发展的意见》及《东莞是社会工作者职业水平评价实施方案（试行）》等7个配套文件，推动了东莞社会工作的职业化和专业化发展。《东莞市政府购买社会工作服务实施办法（试行）》（2011）指出，提供社会工作服务的公益服务类社会组织需具备的条件除了与广州等地的大致相同外，也特别强调社会组织在专业服务方面的能力。具体的操作规则有：

1. 招投标方面的制度

通过政府采购或特定委托等方式向公益性社会组织购买服务，逐步将政府直接"养机构、养人、办事"转变为向符合条件的公益性社会组织购买服务，实行"政府承担、合同管理、评估考核"的契约方式。东莞市在市级层面并未出台统一的关于政府购买社会工作服务的招投标办法，具体的招投标是由市、镇（街）社会工作主管部门根据实际情况操作。一般是由市、镇（街）社会工作主管部门将政府购买社会工作服务项目向社会公布，然后按照政府采购的一般程序，通过公开招标、邀请招标、竞争性谈判等方式确定服务项目的承接主体。

2. 评估考核方面的制度

对政府购买社会工作服务的考核评估主要是从专业服务标准、服务量标准、服务成效标准、服务项目和机构管理标准等四个方面进行考核、评价。

专业性方面。专业性主要强调是否具备相应的社工专业人才，主要指承接政府购买社会工作服务的公益服务类社会组织是否具有完成项目所需要的社工；要求在实施服务项目过程中主要运用个案、小组、社区等专业社会工作方法。对专业性的测量，主要是按照量化指标的方法。

服务量方面。服务量是指公益服务类社会组织根据政府购买社工服务合同所应提供的整体工作量和社工个体工作量。整体工作量具体包括培训类、服务类及项目类服务，每次服务按照服务次数及每次的人数来统计是否完成合同要求的指标。社工个体工作量包括其按照合同要求应该完成的个案、小组及活动的数量。

（三）厦门市：购买社工项目

厦门市政府购买社工服务是自2012年开始，在厦门市《关于加强社会工作专业人才队伍建设的实施意见》（厦委办发〔2012〕36号）中提出要加大培育扶持民办社会工作服务机构力度。同时要坚持"专业方向、服务基层，结构合理、有序发展"的原则，多渠道、多形式地培育发展覆盖各主要社会服务领域的民办社会工作服务机构，广泛开展各类专业社会服务。当前厦门市有关政府购买社工服务的相关制度还不太完善，在招投标和评估考核方面没有形成具体的操作办法。各个区也有自己的政府购买社工服务办法，但是总体上是在市级政策框架内。

1. 招投标方面的制度

在《厦门市政府购买和资助社会工作服务实施办法（试行）》（厦民〔2013〕22号）中指出，"购买社会工作服务，原则上应通过公开招标方式进行"，不过也有例外的情况，比如说对性质特殊、不能确定服务要求及计算服务价格的社工服务项目，以及对只能从唯一服务提供机构购买的，向社会公示并经同级财政部门批准后，可以采取邀标、竞争性谈判、单一来源采购等方式组织采购。整体看来，厦门在招投标方面的规定相对简略，更多借鉴政府项目招标的粗略规定，未见有详细的招标指引或详细操作办法。

2. 评估考核

对于评估考核，厦门市没有出台详细的操作办法。在《厦门市政府购买和资助社会工作服务实施办法（试行）》（厦民〔2013〕22号）中指出"建立由购买方、服务对象以及第三方组成的综合评审机制，由民政部门牵头，及时组织对已完成的社会工作服务项目进行结项验收，并出具验收报告和评估结论"。这只是一个原则性的指导，而没有具体的操作规则。由于政府购买服务起步较晚，目前仅有几个项目接受了评估，评估方是厦门市社会工作协会，评估标准相对比较简单。其他多数项目暂时未接受评估。

（四）三地政府购买社工服务制度比较

总体来说，这三个城市的政府购买社工服务制度，广州市和厦门市主要是购买项目为主，广州市在开始推行政府购买社工服务时，就已经建立了比较完备的可操作性的制度体系，对社会组织及其购买服务实践具有比较详细的招投标和评估考核标准。而厦门虽然在探索政府购买社工服务之前，也建立了一些指导性的政府购买社工服务制度，但是这些制度部分缺乏可操作性。东莞市主要以政府购买岗位为主，岗位购买相对没有项目购买那么多的制度要求，而且在评估的时候，主要包括社会组织的综合评估和对岗位的评估。

详细对比如下表：

表4-2 三地政府购买社工服务制度比较

比较维度	广州	东莞	厦门
购买社工服务的形式	以购买家庭综合服务中心项目为主，也有少数专项项目	以购买岗位为主，也有少数项目购买	购买专项项目和家庭综合服务中心项目
制度制定时间	2009年至2010年。在推行政府购买社工服务前，就建立起较为完善的制度体系	2009年，推行政府购买服务时，同步完善相关政府购买社会工作服务制度	2012年，政府购买服务实践先行，制度制定相对滞后

(续表)

比较维度		广州	东莞	厦门
招投标制度	制度内容	侧重项目购买，制度内容较为详细	侧重岗位购买，制度内容较为详细	侧重项目购买，暂时未有详细的制度内容
	制度执行部门	2015年之前是民政局主导，2015年后是街道主导	民政局和东莞市社会工作协会主导	街道主导
	招投标形式	委托招标公司进行	刚开始发展是竞争性谈判，后来部分招标委托招标公司	邀标、竞争性谈判
评估制度	评估方	由市民政局（或购买方）通过招投标确定第三方评估机构	由市民政局（或购买方）通过招投标或委托方式确定有资质的第三方评估机构	由购买方、服务对象以及第三方进行综合评审
	评估对象	评估社会组织承接的项目（指家庭综合服务中心、专项项目等）	以评估社会组织为主，少数同时评估项目（指社区综合服务中心等）	评估社会组织承接的项目（家庭综合服务中心、专项项目）
	评估内容	1. 项目运营管理（人力资源管理、基础运营管理、沟通机制、六大权益保障） 2. 项目服务质量（服务需求、目标、设计、推行专业性、成效、产出） 3. 服务对象、购买方满意度 4. 财务使用情况	包括专业服务标准、服务量标准、服务成效标准、服务项目和机构管理标准四个方面	主要评估项目的运作管理和服务成效
	评估结果	1. 评估结果有优秀、良好、合格、基本合格、不合格5个等级，全市统一公布评选结果 2. 用于各项目整改或完善依据	1. 按照评估分数，全市社会组织统一排名 2. 用于接下来社会组织整改或完善依据	评估结果有优秀、良好、合格、基本合格、不合格5个等级

从以上总结可以看出，不同城市的政府购买服务制度呈现出一定的差异，广州的政府购买服务制度相对复杂，在正式推动购买家庭综合服务中心服务之前，广州市设计了比较细致、复杂的制度；东莞市则相对简单，特别是在评估方面，在2016年之前，主要是由用人单位和机构对社工及其服务进行考核。厦门市主要是在实践中逐渐完善相关制度，且赋予各个区、街道相应的探索空间。从总体上来看，各地政府购买服务制度呈现出管理主义的倾向，即强调管理流程和管理效率，这种管理主义倾向与社会工作服务本身的要求不太相符，大多数社会工作服务的成效是难以用量化指标呈现出来的。从中可以看出三地政府购买服务制度与社会工作专业本身对社会组织的要求存在内在的不一致性。

（五）实践中购买方对社工服务的认识

政府对社会组织的规制不仅仅包括正式制度的要求，同时也包括一些非正式制度的要求。在具体的政府购买服务情境中，政府作为购买方也会表达出对制度的看法。笔者在访问广州、东莞、厦门三地政府购买社会工作服务中购买方的代表时，他们对政府购买服务表达了如下看法：

1. 购买方认为政府购买是"上面下达的任务"

广州、东莞、厦门三地的政府购买服务都是由政府主导、自上而下地推动实行。如广州市、东莞市，主要是全市先试点然后全面推开购买服务，体现出市政府的布局。厦门虽说也是自上而下安排，但是街道的自由选择度相对较高，所以厦门市政府更多地是将其作为一种转移政府职能，体现专业的事情由专业人员来做。在访谈中，作为购买方的被访者表示："上面要我们做什么就做什么。其实关键是看领导意见，如果领导说要搞，下面就搞起来了。从我们下面来搞，真的很难搞起来的。"对于其必要性，多数受访者表示必要性不大；但是也有单位在引入社工专业岗位后，又主动购买社工岗位，一定程度上显示出对社会工作服务的认可。

第四章 政府购买服务下的社会组织合法性策略

在刚开始的时候，因为是市直岗位购买，当时是市局直接跟他们中心签合同，放了两个社工在我们这里。后来，我们觉得整个东莞市对社工的认可度越来越高，我们局就自己买了两个社工岗位，算是镇一级的购买。(摘自笔者实地访谈记录)

从以上叙述也可以看出，政府购买服务是上级政府逐层推动，制度的改革是自上而下的，对于下级政府来说，他们主要是从自身的工作出发，对制度的必要性及可行性的认识相对欠缺。

2. 购买方关注社工服务能否解决实际问题

购买方通过购买社工服务，主要是从实际的效益出发，而不是为了发展社工专业。从实地调查来看，购买方并不会过于看重购买的社工服务是否专业，而是更注重社工能否带来实实在在的好处。如被访者直言道："我们只是觉得既然花了钱购买了他们的服务，就应该按照指标要求完成任务，至于他们的服务是否专业，倒并不是我关心的问题，我关心的是他们的到来是否给社区带来了好的改变。"在谈到如何看待社工服务时，他们觉得"这些社工工作很认真，很有耐心，他们的确有一套自己的工作方法，会做需求评估，关注的问题也比较全面，但是能不能解决问题是另一回事"。在社工服务内容上，被访者认为"可以带动大家的娱乐生活""做这些对老年人、儿童的服务""按照指标要求完成任务"等。从访问中可以看出来他们对于社工应该做什么并不清晰，且认为的服务面相对狭窄。

虽然政府对社会组织在制度文件中提出了对社会组织和社工职能的具体要求，但是，作为下层购买方的街道等的工作人员理解得并非都那么清晰、到位。所以，社会组织在实际服务过程中，一方面要面对具体情境中购买方的各种不太合理的要求，另一方面还要以不同策略不断向购买方呈现社工可以做什么、社工能够做什么。

3. 购买方期望社工服务与政府实现"同步调"

购买方认为购买社工服务就是协助政府处理政府"做不了、做不好"但又亟需要做的工作。如社区特殊人群（高龄、独居、孤寡、残障、困难家庭等）的持续性、深入性服务。虽然居委会、政府职能部门也会介入，但是由于繁杂的行政任务，让工作人员无法深入持续跟进，这就对社工服务提出了服务方向。如政府不适合牵头的社区公共问题，也寄希望社工作为客观中立的第三方协助介入。

从广州、东莞、厦门三地来看，社工服务内容会紧贴政府关注的工作设计，尽量做到与政府"同步调"。在广州，政府购买社工服务制度对社工需要做什么工作有一个比较清楚的规定，而在东莞，岗位购买主要是由用人单位与机构、社工协商制定，在厦门社工则主要是按照购买方的意图去完成相应的任务。政府的要求，是一些比较实际的要求。笔者在访谈中了解到，购买方希望社工能够及时沟通，了解政府的工作重点，并能够做到工作方向一致。购买方比较反感社工开展一些兴趣类的服务，他们觉得兴趣类的服务不是亟需的，而要介入一些社区公共问题，比如说社区养宠问题、噪声扰民问题等，有的购买方更极端地认为社工应该只做困难个案、探访社区特殊群体就好了，不要开展一些锦上添花的社区活动。

为了满足购买方的期待，社工也会格外重视购买方的需求和关注点，如广州的家庭综合服务中心社工在"制定服务计划的时候，都会去了解街道的需求和本年度重点关注的问题"，结合街道的需求制定服务计划。如果社工服务的方向与街道方向不同，即使服务成效再明显，街道也不会太认可，因为那不是街道关注的重点。这表明，社会组织能否及时了解购买方需求，直接关系购买方对社工服务成效的认可，关系社会组织与购买方的微妙关系处理。这就要求社会组织能够做到及时沟通，了解购买方关注的工作重点和对家庭综合服务中心的期望，依此设计服务方案，与政府"同步调"开展服务。

二、社会组织的策略：灵活应对

政府购买服务赋予了社会组织合法性，给社会组织提供资源支持和服务配合，有利于推动社会组织开展专业服务。但是在政府主导的背景下，受资源依赖、政府监管等因素的制约，政府全面介入也会在一定程度上限制社会组织专业服务能力的发挥。为了能在政府购买服务的政策下获取到合适的项目、与购买方建立起合作关系、呈现出专业服务成效，社会组织需要修炼好"内功"和"外力"。也就是说，为了在该制度背景下存活且有所发展，社会组织必须选择合理的应对策略，这种应对策略包括对内的内部管理策略以及对外的服务策略。

（一）机构的内部管理策略：符合制度要求，体现专业理念

1. 机构宗旨与使命：体现社会主流价值观和专业理念

三地社会组织都比较重视机构宗旨与使命，并将其视为机构最重要和最根本的东西，是机构的灵魂所在。如访谈中，一个组织负责人表示"我觉得一个机构，最重要的是对价值观、使命的确定"。目前，广州、东莞、厦门三地社会组织的宗旨与使命，主要由发起人成立时确定，在发展过程中参照香港、澳门等社会工作发展先进地区逐步调整，完善为"MVV"或"VMV"（使命、愿景、价值观）。这种完善，代表了机构的一种价值坚守和发展方向。

如果一个组织想要获得合法性，那么这个组织所奉行的价值观就必须与更广泛的社会价值观相一致。在广州、东莞、厦门三地，虽然政府购买服务模式有差异，但是社会组织的宗旨与使命并没有太大区别，这也反映了在政府购买服务制度要求下，社会组织的趋同性现象。三地社会组织的组织宗旨内容主要体现在倡导国家主流价值观、彰显社工专业理念两个方面。

第一方面，主要体现在倡导和回应国家提倡的和谐、诚信等核心价值观。如厦门市C1社会组织的组织宗旨提到"以诚信、公益为核心价值"；广州市A6社会组织的宗旨提到"以人为本、共建和谐"。东莞市B3社会组织的组织宗旨提到"推动实现平等、仁爱、和谐的社会"。第二方面，主要体现出强调社会工作专业服务理念，如"助人自助""增能""互助"等。如广州市A2社会组织的组织宗旨是"使弱势增能，令社会互助"；厦门市C3社会组织的组织宗旨提到"助人自助、发展专业"；东莞市B1社会组织的组织宗旨是"平等、尊重、互助、互爱"。

值得提出的是，与承接了政府购买服务的社会组织不同，没有承接政府购买服务的社会组织，其组织宗旨则更接近 NGO 本身的使命，更突出为人群服务的理念，较少体现社会工作专业理念。如广州市 A8 社会组织，其组织宗旨是"让山区的青少年与城市的青少年一样享受同等的服务"，这家机构的宗旨更专注某类群体，更强调社会责任感，而不太强调社工专业本身的理念和方法。

综上，机构对宗旨和使命的强调，一方面是明确出机构的价值坚守和发展方向。更重要的，这是为了适应外部环境的一种策略，即向外界彰显出组织的立场和方向，明示这种立场和方向与主流的价值观念是一致的，专业性的强调为机构树立起正面形象，彰显出组织是一个专业性的组织。这在社会组织发展的初期非常重要，因为政府在培育扶持社会组织时，希望培育扶持的组织能够符合主流价值观。综合观之，社会组织的宗旨和使命的明确是回应政府制度和规范的一种策略，通过这一策略表明自身的存在是符合政府制度要求，及社会倡导的价值理念。

2. 机构的组织架构：即体现专业特色，又回应评估制度

机构的组织架构是指机构为了推进服务而设定的组织体系，机构的组织架构一般包括直线制、职能制、直线职能制、事业部制等。无论在广州还是东莞，社会组织都比较重视组织架构的设计，这一个方面与机构本身的管理有关，另一个方面也与招标与评估的要求有关。在实地调查中，被访者表示"前期机构是求生存、求发展，现在是到战略发展这个层面。战略发展就需要一个完善的组织架构作为保证，包括每个机构的人员分工，整个部门的设置等"。广州和东莞多数每个机构都有自己的组织架构，架构主要体现法人治理和内部管理两方面，一般包括理事层、机构管理层、项目管理层、机构总部（服务部、督导培训部、项目拓展部、人事部、宣传部、财务部等）。而厦门则由于项目较小，目前还没形成成熟的组织架构。

相对于企业的组织架构来说，社会组织的组织架构既体现出其专业特色，又回应评估制度中的规定。如架构中设置"督导部""培训部"，主要是对机构社工提供专业督导、专业培训服务，保障社工服务的专业性；同

时也是为回应项目评估制度中对督导、培训等方面的要求。架构中设置"服务部""研究部""项目拓展部"等，体现出对项目和服务的监管，强调专业服务质量；同时，也达到评估制度中对服务质量的评估要求。架构中设置"人事部"一方面是管理机构的人员，另一方面也是要达到评估中人力资源评估的要求。架构中的"财务部"的设置，主要是确保机构财务使用符合政府制度规定，同时符合财务评估的各条详细要求。

由于社会组织是一种新型的机构，在广州、东莞地区，一些较早成立的社会组织一般请香港督导帮助指点社会组织的组织架构设计以及项目管理。这是一种模仿性的学习，在模仿过程中，将外来的经验变成自己的经验。

> 我们机构跟香港联系很紧密，一开始主要是在香港同行的支持下成立起来的，所以我们的组织架构也是根据香港的经验，以及广州本土的经验进行借鉴和修改，每半年做完我们都会去检讨有什么问题，然后不断完善。（摘自笔者实地访谈记录）

对于那些没有政府购买服务的社会组织来说，由于他们的项目很少，人力也有限，他们一开始并不关注组织架构，组织内部的人事、宣传、财务是由服务人员兼职来做。如有一家草根组织负责人表示：

> 人事、宣传、财务，都是自己来做的，这个是随着慢慢发展搞起来的，像我们也是到了发展到十几人，然后才开始想这些，现在还是先把服务做好。（摘自笔者实地访谈记录）

社会组织发展初期，因为各种原因，架构相对不完善，但是当一个组织慢慢发展起来的时候，就开始完善组织架构，实现管理和服务的分离。因为外界的制度要求会让组织越来越合理和规范，这也是组织发展的必然趋势。

3. 机构管理制度：侧重服务管理，回应招标和评估制度

广州、东莞、厦门三地社会组织的管理制度主要包括服务管理制度、

机构运营管理制度两大块。其中，广州和东莞因为起步早，制度相对完善，厦门则是服务先行，制度相对滞后。

机构的管理制度中，尤其侧重的是服务管理制度。这些制度主要是根据评估要求，进行相应的设计。如广州的服务管理制度侧重专业服务制度，包括专业服务开展指引、专业文档撰写指引、专业文书存档指引、服务对象六大权益保障规定和指引等内容，这些制度的设计不同程度地回应了评估制度中对于服务设计、服务推行、服务对象权益保障等制度要求。相对而言，东莞的服务管理制度则侧重专业服务手法的规定，如个案、小组、社区活动设计和开展，以及资料归档的规定。这与东莞对专业评估的制度规定也是有很大的关联的。

相对于服务管理制度，机构运营管理制度则主要是辅助服务的开展，但是也较强地回应了评估制度和招标制度。如广州的社会组织想要获取项目，则需要满足招标文件中要求商务评分和技术评分，而商务评分中会明确提出机构要有制度保障，如督导培训制度、人力资源管理制度、财务管理制度等，社会组织在设计运营管理制度时，会较大程度考虑应标要求。在评估中，无论是广州还是东莞都会对机构的管理提出一定的评估指标，社会组织为回应评估要求，必须要设计并推行相应的运营管理制度。

（二）机构的外部策略：积极主动，发挥专业作用

1. 通过有效沟通建立互信

（1）建立沟通制度

在政府购买服务的协议中，会对沟通会议的频次、内容等作出相应规定。在评估制度中也明确有沟通制度这一要求，希望购买方、服务承接方、监督方能够做到定期沟通。在访谈中，无论是社工还是购买方代表均表达了购买方对于社会组织的最基本的要求是"能够及时沟通"。对于社会组织来说，沟通方面做到及时、定期，更有利于双方建立起信任关系。所以，在应对政府的策略中，社会组织最先要做好的便是定期、及时的沟通。

社会组织与购买方建立起定期沟通制度，且能够按时落实，等于主动

营造双方见面的机会，有助于拉近双方关系。同时，社会组织能够定期落实沟通计划会让购买方感觉"机构很重视这个项目，这个机构的管理很规范，做事很认真、负责"。这就一定程度上在购买方眼中形成机构管理规范化的印象。相反地，如果社会组织沟通不及时、无定期，会给购买方带来一系列的负面印象，如"认为机构社工的态度非常有问题""管理不规范"等，在项目评估时，也会因此给予较低分数。

及时沟通有助于第一时间了解到双方的需求或双方近期的期望。社会组织通过第一时间了解购买方的需求，进而及时调整服务设计，共同开展同质性服务，避免"社工做一套、政府做一套，完全是两个东西"的现象。及时沟通有助于社会组织及时了解购买方对服务及管理的建议和意见，及时调整改善。及时沟通也有助于社会组织及时了解到购买方的资源投放意向，以便于争取到更多服务的正式资源支持。同样，社会组织也可以通过及时沟通，向购买方提出服务过程中面临的困难，以求共同解决。

（2）注重沟通的对等性

在与政府部门沟通时，强调沟通的对等性，一方面是指沟通对象的对等性，如及时和有计划的沟通，需要考虑常规沟通和正式沟通的设置。常规沟通主要是项目负责人与分管部门的沟通，正式沟通则需要机构和购买方的一把手参与，这种各个层级会面的设置，有利于不同事项的达成和讨论。另一方面是沟通语言的对等性。在沟通中，社工要适当的考虑沟通语言的适当性，考虑购买方的对专业术语的理解程度，以避免造成"听不懂"的情况。所以，在沟通时，要准确地掌握"专业术语"与"政府语言"的切换能力，确保购买方更容易理解和接受。

从中可以看出，虽然社会组织通过沟通能够获得政府的一些信息和资源，但是这种沟通是不对等的，政府为了监控社会组织的行为，会以一种"家长"的姿态要求社会组织向他们汇报工作，政府对于新生的社会组织还不太信任，而社会组织也不得不配合政府的要求。

2. 主动汇报服务成效

如何让政府看到社工服务的成效，看到社工服务存在的必要性，关键看社工服务是否满足了他们的期待。如同前面讲述的，对于政府部门来说，他们购买服务更关注能给社区带来什么实实在在的好处或改变，比如说居民对政府满意度的提升、社区犯罪率的下降、老人得到有效照顾、邻里关系变好、社区公共问题得到解决等。面对政府的期待，社会组织一般会采取积极主动的态度，主动汇报服务的成效，让购买方或政府能够及时了解到社工服务的成效，从而让政府或购买方与其期待作出对比，并提出调整建议或表达新的期待。

对于广州来说，由于政府购买服务已经形成一个完善的流程，包括采购、评估等都有详细的指引。对于沟通制度也是有相应的规范和标准要求，社会组织在服务过程中，也会顺应要求，及时定期地向他们汇报服务的成效和进度。如每个家庭综合服务中心都会有针对政府的沟通制度，明确日常的常规沟通主要是家庭综合服务中心主任向主管部门（街道民政科或社区服务中心）的汇报，一个月一般是两次，主要是汇报服务的进度、开展情况、近期的服务成效。

> 就是平时有什么的话，我们都会去和街道沟通，沟通内容主要是我们在社区服务的时候遇到了哪些困难，如场地问题等，让街道给我们提供支持。还有就是我们在制定年度计划的时候，也会特别考虑他们的需求，因为我们是要一起达到某一个目的的。（摘自笔者实地访谈记录）

同时，也会设置季度沟通或者半年沟通，相对正式一点的沟通机制，主要是机构的管理层、街道负责人参与，汇报形式也相对正式，因为这种沟通多数会涉及未来大方向的调整或决策性的内容。同时，家庭综合服务中心需要定期向区民政局、社区服务中心等部门提交典型案例、服务台账、常态数据、人员情况、财务情况等，这些汇报形式主要是及时提交服务数据。

东莞与广州不同，由于实行岗位购买，购买方是将购买的社工交由用人单位来使用，所以主要是由用人单位来负责给社工安排工作，社会组织如何向购买单位汇报服务成效,更多地是看驻点社工的沟通意识和沟通能力。而且,因为社工驻点在用人单位,他们非常清楚社工的一举一动和服务情况,所以说,是否能达致购买方的期待,对于社工的要求更高。社会组织与用人单位的沟通反而更侧重正式的、大事项的沟通,如项目招标、人员配置等。

厦门市政府购买服务主要是由街道负责购买,特别是街道级别的家庭综合服务中心以及社区级别的家庭综合服务中心,厦门市期待社工的到来能够为街道、社区减负,以及能够引入社会工作的专业方法带来一些服务的创新。对于服务成效的要求会停留在简单的"人气"多不多。为了能够满足政府的期待,社会组织目前会采取策略,先开展丰富多样的服务,聚拢服务人气。在向街道汇报服务成效时,也会侧重汇报服务人气的聚集情况。

3. 主动协助行政事务

(1) 将行政事务合理化

在政府购买服务中,对于社工需要完成的指标有一个明确的规定,合同上的指标是社工需要主动完成的,但是在现实情境中,购买方在遇到一些行政事务难题时,总是会不自觉地想起让社工协助。购买方也会认为社工既然作为一种公共服务的补充,理应承担一些社区公共服务的事情,而不管这些服务是否是合同中的要求。在面临街道提出协助行政事务的要求时,大多数社会组织的应对策略是配合及协助街道跟进行政事务。因为在当前社会组织与政府存在隐形的不对等的背景下,为了获取购买方的信任,也为了不破坏双方的关系,多数机构会选择接受,而非直接拒绝。但是,在协助行政事务的同时,社会组织也会尽量在其中融入专业性,期望以此增进政府对社工的了解。

> 政府购买家庭社区综合服务中心服务,有些行政性事务给到家庭综合服务中心也是正常的,像创建幸福社区,当然这其实也是家庭综合服务中心的服务的一种责任,推动社区和谐发展也是我们家庭综合

服务中心的一种责任。(摘自笔者实地访谈记录)

从中可以看出,社会组织也在尽量将自身的服务融入政府的社区服务体系之中,并将行政事务合理化。政府对于社会组织这种主动融入的姿态也是表示认可,而这也将促动社会组织更多地与政府相关部门合作。

街道对我们的评价也是比较高的,平常我们跟街道也有很多合作。像爱卫办、司法所等,很多有些个案上的转介,比如登革热的宣传、幸福社区的推动、垃圾分类推动等,我们在其中也起到了一些作用。(摘自笔者实地访谈记录)

学界将社会工作组织这种主动协助政府行政事务的行为视为一种主动嵌入的行为,即社会工作组织为一股外来的力量嵌入到原有体制之中。对于厦门来说,社会工作发展相对短暂,且街道、社区力量比较强大,购买方对社工有很多期待,特别是希望他们能够减轻街道工作人员、社区工作者的负担,这使得厦门社工需要更多地参与街道行政事务。

(2) 基于行政工作的"嵌入"

从实际观察来看,有的社会组织特别善于表达,致使他们赢得政府更多的认可和关注,而有的机构则主要埋头做专业的事情,以致不能很好地理解政府的意思,使得政府在购买其社工服务的时候,也逐渐失去了信心,并逐步疏离他们。由于厦门市的政府购买社工服务尚处于试点阶段,所以政府一旦发现这种服务并没有满足他们的期待,他们很快就会放弃。特别是当主要领导觉得社工服务没有什么效用时候,社工服务也将停滞。这样的背景下,在政府提出要社工协助街道、居委会处理行政事务时,厦门的社会组织有时觉得无奈,但是为了得到政府的认可和支持,也会积极地协助处理行政事务。他们希望通过合作,能够加深政府对社工服务这种专业服务的了解,从而能够给予社工服务以更多独立发展的空间。

相反地,对于未承接政府购买服务的社会组织来说,他们的服务成效汇报对象则不是政府，而是服务对象或资源提供方。

> 他们更多地是依靠于服务获得政府和服务对象的认可。我们主要是要获得服务对象的认可，主要就是口碑，社会大众认可你的服务，知道你做什么，做得怎样，这是很重要的，因为你的资金主要是来自于社会大众的捐赠，而不是政府的购买。（摘自笔者实地访谈记录）

同样，笔者在访谈中还了解到一个有趣的现象，虽然配合政府的行政事务并非社会组织的原意，但是这一策略也并非完全没有益处。首先，参与行政事务是开展社工宣传的好时机。如配合妇联开展活动或宣传，妇联有一些行政权力、经费的支持、场地的支持，社工能够在这个活动中融入自己的元素。在完成行政事务的时候，包括实现了服务对象能力的提升，提升了社工的知晓度。其次，通过合作可以快速建立合作的关系。政府会在这个时候会变得很主动地了解社工的服务，社工在帮助他们做事情的时候，可以顺便"推销"服务理念，这个时候他们更容易接受。在社工的参与下，更丰富的服务形式和内容，会协助政府达到许多意想不到的效果，这些都有助于建立政府起与社工的关系。最后，合作让政府直观地认识社工。社工通过合作介入公共事务，让政府通过其表达和行动，了解到社工的理念、手法、方式，虽然认识程度有深有浅，但是至少达到了一定的宣传效果。因此，这是一种灵活应对的策略。

4. 主动向政府提供服务建议

社工本身的角色之中有倡导建议的角色要求，社会组织在承接服务后，也有这样的使命和责任。尤其是一些规模较大大的、有影响力的机构，会"推销"专业服务的理念，目前这一策略社会组织较少采用，但是也有社会组织在做，且有较好的服务成效。比如广州有社会组织在做服务的时候，会强调以社区为本、恢复传统文化，在街道服务时，机构负责人会向街道领导提出社区建设的意见和建议，并设计相应的服务方案。有时候在正式的沟通会议中，社会组织也会给街道提出一些服务建议，有的建议街道会采纳，有的不会采纳，但是无论采纳与否都会在街道心目中树立起一个专业权威的印象。对于东莞来说，社会组织也在着力打造自身的服务品牌，比如在家庭领域、残障领域、青少年领域形成一定的品牌影响力，从而也获得在某个专业领域的话语权。笔者在实地调查中发现东莞有一个机构在外来人口服务方面具有较好的口碑，当地政府在制定有关外来人口的政策时，也时常会邀请该社会组织参与。

在政府的政策规制下，社会组织主要是通过灵活的策略应付政府的要求。由于国家、市区级政府相关部门及街道对于社会组织具有不同的制度规定及认识，社会组织在提供服务过程中主要是尽量配合购买方的要求，以获得购买方的信任。一般来说，社会组织是直接面对购买方，只要购买方满意，也就可以通过购买方传递到市区级政府，从而获得市区级政府的认可。社会组织的灵活应对，考验的是社会组织的沟通协调能力。三地社会组织面临不同的制度环境，相对来说，广州市政府购买社会工作服务的制度环境更为完善和细致，而厦门市在政府购买社会工作服务方面的制度则相对匮乏。制度环境的完善和细致，有利于社会组织和购买方在一个明确的制度环境中发挥各自的作用。而制度环境模糊，则需要社会组织及政府付出更多的沟通成本，作为购买方的政府，更容易将自己的要求强加于社会组织，从而不利于社会组织发挥专业效用。

第三节　评估方要求下社会组织的策略

依据社会服务组织的基本特征，结合其所处政策制度环境和社会环境的变迁，社会服务组织的评估主要包括责信评估、使命和战略规划评估、服务方案评估和组织能力评估。[①] 对于政府购买服务中的社会组织来说，主要侧重于组织管理能力和服务方案设计及执行评估。评估是政府购买服务

---

① 参见徐明心、张超雄：《社会工作行政的本质：探索、反思与启示》，见何国良、王思斌主编：《华人社会工作本质的初探》，八方文化企业公司（香港）2000年版。

的重要一环，主要是让具有评估资格的第三方对社会组织的服务进行专业性评估，评估结果直接反映社会组织的服务指标完成情况及服务效果，同时作为是否继续资助、续约的主要参考标准。可以说，是否达到评估要求，是社会组织管理水平及服务能力的重要体现。既然评估对于社会组织具有重要的制约作用，理解评估标准并且在机构的管理和服务中尽量迎合评估的要求，赢得较好的评估结果，就成为社会组织需要考虑的问题。针对评估不同的制度要求，社会组织也会采取不同的策略。

目前，广州、东莞、厦门三地的评估体系略有差别，社会组织的应对策略也有所不同。广州市主要采用项目购买形式，在推动政府购买家庭综合服务中心服务的时候，设计了相应的评估制度，主要是由广州市民政局及区民政局委托第三方评估机构按照评估制度要求对家庭综合服务中心服务进行评估。东莞由于是采用岗位购买服务的形式，岗位购买包括市直岗位购买以及镇街岗位购买，所以其评估有专门针对市直岗位的评估，以及针对镇街岗位的评估。在东莞的评估过程中，最重要的评估主要是针对社会组织的综合评估。厦门市政府购买服务处于起步阶段，截至2015年9月笔者完成调查时，统一的评估制度尚未制订，但是已经开始试行具体的评估实践。

一、评估方的考核标准

在政府购买服务过程中，评估是一个重要的环节。评估方一般是由政府聘请的独立第三方，与购买方、服务对象没有利益关系，评估的目的主要是对社会组织提供服务的过程和成效进行测定，以客观真实地反映政府购买服务的效果。目前，国内政府购买社会工作服务才刚刚起步，政府对于社会工作服务尚不了解，与社会工作机构的信任关系尚未建立起来，评估还带有监管社会组织行为以及评估财政资金使用效益的目的。所以，在实施过程中，对于社会组织及其项目的评估也相对较多，反映了国家在这个过程中对社会组织的监控作用。但是，由于政府购买社工服务属于新生事物，各地还是以鼓励为主，所以购买方也不会要求评估方对社会组织评估太严格。总体上来说，评估方是受购买方委托，评估方也会考虑购买方的态度，一方面以专业的姿态反映社会组织的项目管理和专业服务能力，另一方面提出促进社会组织发展和改进的建议。评估方的评估主要包括评估内容及评估结果使用两个部分，评估内容主要包括基本运营条件评估和服务评估。

（一）评估内容："硬件"与"软件"

1. 基本运营条件评估：侧重规范性建设

由于广州、东莞是采用不同的政府购买服务模式，广州市是采用综合项目购买的形式，每个项目有两百万的经费支持，购买特别关注基本运营条件是否到位，这是保障服务提供的前提。所以在评估指标设计中对基本运营条件的关注占据重要的一部分。从2010年至2014年，广州有7家评估机构参与了2012—2013年度、2013—2014年度对广州市家庭综合服务中心的末期评估。在这4年，广州市各区有一套自己的评估标准。到2015年，广州推出了新的评估方案，全市统一了家庭综合服务中心评估标准。从新出台的广州市家庭综合服务中心评估指标来看，这些运营条件包括人力资源、基础运营、权益保障和沟通协调四方面的内容。

一是人力资源评估方面。主要包括中心工作人员情况、中心主任资质、人员流动、服务承办机构为员工提供持续性的督导、服务承办机构为员工提供相应的培训五个方面的情况，以对中心工作人员的要求为例，广州市家庭综合服务中心项目评估要求工作人员不少于20人并做到一人一档，工作人员中专业人员不少于14人，工作人员中社会工作专业人员不少于10人。二是中心基础运营评估方面。包括中心宣传、场地建设、物资管理、档案设置等。三是中心六项权益保障方面。包括知情权、参与权、尊重权、隐私权、申诉权、安全权等六大方面的制度及指引完善，实际服务中的落实执行情况。四是中心沟通机制方面。包括沟通制度的建立、购买方监督方沟通情况、村居沟通情况、合作方沟通情况、职能部门沟通情况、中心内部沟通情况等。制度制定出来要执行，执行之后要有相应的记录，留下

"执行痕迹"。

在实际评估的时候，每项指标都有具体的分数和权重，评估专家只要按照指标对应家庭综合服务中心实际执行情况就可以给出分数。广州家庭综合服务中心评估制度要求，在整个评估过程中，制度要完善，运营管理要有章可循。在运营管理方面，非常关注是否有相关的运营管理制度、该制度的执行情况如何、执行的证据是否真实等。

东莞市的政府购买服务主要是由东莞市现代社会组织评估中心进行评估，这个评估主要是针对社会组织的综合评估，包括机构运营部分、服务管理部分、财务管理部分、服务支持部分、服务质量部分、组织文化成果以及附加项部分。对于东莞来说，评估主要是针对社会组织，针对岗位和项目的评估相对简单。而针对机构的评估中，较为强调机构的运营规范性。东莞主要采用岗位购买的形式，而岗位购买在东莞分为市直岗位购买与镇街岗位购买。东莞的市直岗位评估包括督导评估、服务对象回访、机构访问、社工自评、用人单位六个方面，这主要是从利益相关方角度进行评估。因为每个岗位只有一两个人，所以岗位评估的评估形式没有那么严格，对基本运营条件没有什么要求。然而，东莞每年有一次专门针对服务承办机构所做的评估，这个评估中对机构的基本运营有指标要求，主要是由评估方实地考察机构场地设施情况和理事会、监事会运作情况，以及是否具有较为明晰的战略规划和年度计划，并综合考察机构组织管理体系和人才队伍建设等方面的情况。

厦门市的评估主要是由厦门市社会工作协会组建专家队伍进行评估。厦门市对于政府购买社会工作项目的评估中也有关于基本运营条件的评估。基本运营条件包括人力资源、财务管理及资料管理。相对来说，厦门市政府购买服务对服务的硬件评估不是特别高，其主要侧重于人力和物力的使用。人力资源管理包括人力资源管理制度的建立、社工薪酬管理、机构外部的继续教育培训、志愿者登记与培训等；财务管理包括财务管理制度的建立，服务项目资金管理与使用情况。资料管理主要包括数据库的建立与维护、档案管理等方面。厦门市相关的评估制度还在完善之中。

此外,对于社会组织的评估,在基本运营条件评估中,财务评估也是一项重要的评估内容。如果财务评估中出现任何问题,则会直接导致社会组织终止服务,甚至丧失承接服务的资格。广州、东莞、厦门三地的财务评估都是针对社会组织的评估,而且评估标准大同小异。

财务评估一般会针对三个方面进行评估:一是服务承办机构是否具备基本非营利组织财务管理的能力。即是否制定了完善财务管理制度、会计制度、资金分项目核算等,主要从制度层面、财务经验方面、财务人员的资质等方面进行评估。二是财务制度实施程序是否规范。如预算、决算程序是否合理,审批流程是否合理,且有充足证据证明。财务运作状况是否公开透明,及时向有关单位或公众上报、公开等。三是财务开支是否符合文件规定范围。主要是考核社会组织的财务使用范围是否合情合理,是否出现了不符合规定的开支等。财务评估具有一定的特殊性,一般会现场开展,评估应对者是机构的负责人、财务人员、购买方等,一般社工无须参与财务评估。

2. 服务评估:强调服务的专业性

对于广州来说,自2015年开始,全市所有家庭综合服务中心统一一套评估标准,新的评估体系将服务分为总体服务评价和各领域服务质量评价两部分,其中总体服务评价是从2015年新增的内容。笔者从实地观察中了解到,新的评估体系将着力扭转以往家庭综合服务中心服务存在的过度"碎片化、微观化"的服务倾向,促进家庭综合服务中心服务项目在社区更好发挥综合化、公益化和专业化的服务平台作用,以全面提升服务质量和促进社工服务对象需求满足为根本目标。在服务设计、执行及成效方面的要求主要是按照社会工作服务的一般服务逻辑来设计,包括需求评估、服务设计、服务计划、服务成效以及服务产出。以服务需求评估为例,要求在服务需求评估时对领域人群分层分类,领域人群问题与需求调查情况的评估分析要符合实际情况。

在东莞,对于市直岗位的评估在服务设计、执行及成效方面的要求,主要体现在服务计划制定、服务计划执行、内容设置的合理性、岗位服务专业性等方面。而东莞市对于社会组织的综合评估，在服务设计、执行及成效方面的要求主要体现在服务管理、服务支持及服务成效方面，主要考察各个机构的服务管理机制、制度建立及执行，并测量其服务管理成效；服务支持着重考察机构为推动专业服务开展所提供的专业和资源支持、制度保障等，以测验机构对专业服务的支持力度与效度。服务质量主要考察机构各项合同任务实现情况，核对服务数据准确性，并由服务使用单位、督导和服务对象等主体对机构服务与管理进行评价。

厦门市对于服务的评估包括专业服务和服务成效两个方面，专业服务主要是指个案工作、小组工作、社区工作三个方面，对于这种专业服务，主要按照是否有完整的服务流程设计来评估，而对于服务成效的评估主要包括服务对象收益情况、服务对象及相关人员满意度、服务相关方对服务的评价、服务产生的社会效益等几个方面。这种服务评估与广州、东莞没有太大的区别。但是，相对来说，由于厦门市主要是小项目购买，所以评估相对没有那么复杂。

（二）评估流程：按照程序进行

政府购买服务的评估流程是由购买方与评估方具体协商制定，评估流程是保证评估效率的重要步骤。评估流程需要在实践过程中具体完善，一般来说，评估实践越多，评估流程的细节也会越完善。从三地政府购买服务实践情况来看，广州市的评估流程相对较为完善，厦门市的评估流程还在完善之中。

广州市家庭综合服务中心项目的评估由市民政局统筹，区民政局具体负责。各个区的评估流程分为四个环节：第一个环节为评估计划确定，由评估方在了解区内街（镇）家庭综合服务中心基本情况的基础上，制定评估计划，并与区民政局沟通，并确定评估计划。第二个环节是评估培训，由评估方组织评估人员、各镇街购买方负责人、家庭综合服务中心项目负责人进行培训。第三个环节是中期评估。评估方按照广州市统一的中期评估安排，采用材料评估方式的家庭综合服务中心需要按时提交自评报告；采用现场考核评估方式的家庭综合服务中心按规定时间接受现场考核评估。所有的家庭综合服务中心项目都需要进行中期财务评估，财务评估由财务评估机构具体负责。第四个环节是末期评估。由区内家庭综合服务中心按照计划和模板要求提交自评报告给评估方，然后由评估方组织评估专家到现场进行末期评估，在评估现场会由专家向家庭综合服务中心口头反馈评估意见，最后形成书面评估报告反馈给家庭综合服务中心及区民政局。

东莞市政府购买社会工作服务的评估主要是由民政部门委托第三方评估机构具体实施，所需经费由市、镇（街道）财政负担。中期评估和期末评估分为机构自评、现场评估、联合验收三个步骤进行：机构自评，由社会组织按照评估方的要求向评估方及购买方提交自评报告；现场评估，由评估方组织专业人员到社会组织查阅档案资料、服务记录、随机访问服务对象，评估机构管理及服务成效；联合验收，在综合用人单位、督导、社会组织、评估方等个主体的评估意见后，由评估方综合提出评估结果，并通报社会组织及主管部门，最后由民政部门核准验收后统一向社会公布。

厦门市政府购买社会工作服务项目的评估，主要分为中期和末期（期限届满后的15天内）两次。中期评估首先由社会组织从专业服务和服务管理两个方面进行自评，然后由评估小组（或专业评估机构）采用相应方法评估。末期评估，由社会组织自评，接着再由评估小组（或专业评估机构）到现场进行评估，主要采用查阅资料、个别访谈、召开座谈会、组织问卷调查等方式进行评估。评估结果由评估方向社会组织反馈。

（三）评估结果：强调结果的使用

在政府购买服务中，评估结果的好坏直接影响购买方对服务机构的看法，进而影响购买方对服务机构的资源提供。而且，评估结果也是对社会组织进行统一排名的过程，直观地体现出社会组织的实力。然而，从实地观察来看，评估结果对于购买方及服务机构虽然很重要，但是目前的评估还是秉持一种"以评促建，以评促进"的态度，所以在评估过程中很少出现不合格的情况。财务评估会直接影响社会组织的"前途"，但是实际的评估中，多数机构的财务评估基本都符合要求，只是细节需要完善，极少社会组织会在财务评估中不合格。

对于广州的家庭综合服务中心来说，每半年有一次评估，分为中期评估和末期评估，中期评估结果分"合格""不合格"两个等级；末期评估结果按"优秀""良好""合格""基本合格""不合格"五个等次划分并予以公布。在中期评估，一是被评定为"合格"，按评估专家意见需要在相应范围内进行局部弱项的整改，家庭综合服务中心承办方制定调整方案并执行，并由购买方在考核评估后15个工作日内按照合约拨付购买经费的40%；二是评定为"不合格"，需要进行全面整改，家庭综合服务中心承办方应提交整改方案，并进行整改，经过整改评估后，方能继续履行服务职责；否则，整改不合格，依照有关规定，由购买方中止服务合同。在末期评估结果的时候，一是被评定为"优秀"，不需要调整，可继续按计划执行，承办机构可按照有关规定享有一定优待；二是被评定为"良好"，家庭综合服务中心承办方制定调整方案，只需要小范围的调整；三是被评定为"合格"，家庭综合服务中心承办方需制定调整方案，进行适当调整；四是被评定为"基本合格"，需要大范围进行整改，家庭综合服务中心承办方应上交调整方案，并进行整改，经过整改评估后，方能继续执行；五是被评定为"不合格"，购买方应依照有关规定予以终止合约。末期评估结果为合格以上的，15个工作日内，拨付剩下的5%的购买经费。

根据《东莞市政府购买社会工作服务考核评估实施办法》（2014），东莞市政府购买社会工作服务评估等级分为"优秀""良好""合格""基本合格""不合格"五个部分。从梳理历年评估结果及东莞市社工行业发展的情况来看，老牌的机构在评估中明显会有更好的名次，然而，该评估结果并没有得到很好的应用，评估结果好坏对机构承接政府购买服务并没有太大的影响。目前东莞也在探寻如何发挥评估结果的更大效用。政府购买社会工作服务的经费支付要与评估考核评估结果挂钩。在评估前，购买服务经费可按合同进度支付90%，余下10%按照评估考核结果支付：评估结果为良好以上的，余下10%全额支付；评估结果为合格的，余下的10%扣减5%；评估结果为基本合格的，余下的10%扣减7%；评估结果为不合格的，余下的10%全部扣减之外，根据评估结果再行追回已经支付的20—30%的合同经费。

厦门由于项目起步较晚，多数承接政府购买服务项目的社会组织未经历过评估，经历过评估的，评估结果也主要是分为"优秀""良好""合格""基本合格""不合格"五个不同等级。根据《厦门市政府购买社会工作服务项目评估实施办法（试行）》（2014），厦门市的评估结果使用主要以奖惩形式来体现。具体是期末评估结果为优秀和良好的，购买方或社会工作主管部门在选择政府购买服务承接主体时可在同等条件下给予其优先资格；评估结果为基本合格，则需要提出整改方案并整改；评估结果为不合格，将会被扣减经费，如果是由于任务未完成导致不合格，则还需要服务提供机构继续完成政府购买服务合同任务。截至2015年底，政府购买社工服务项目还处于试点阶段，所以由于社会组织的服务质量主要是由购买方来评判，评估方的评估结果只是作为一个参考。

（四）三地评估制度要求的比较

综上可以看出，广州、东莞、厦门三地的评估中都会强调基本的运营管理，但是侧重点不同，广州和厦门较侧重对项目运营管理的评估，东莞强调对机构运营管理的评估。运营管理评估的内容也稍有不同，广州和厦门是从项目运作的角度设置的，主要是人力资源、基础运营、权益保障、沟通协调等方面。而东莞则是从社会组织的运作设置考核指标，侧重组织的法人治理结构、组织目标、组织计划、组织管理体系、组织人才培育维系等方面。总体来说，无论是项目化思维，还是社会组织思路，均强调出对运营管理规范性的考核，确保社工项目或社会组织在运作过程中，有章可循，做到规范运作。

综合观之，广州、东莞的评估流程明确，规定了每一个环节的工作内容及具体分工，评估流程细致，可操作性较强。厦门市的评估流程相对比较宽泛，没有涉及具体的评估细节。另外，广州、东莞的评估主要是由独立的第三方评估机构进行评估，而厦门市的评估是由评估小组或专业评估机构来评估，且对于评估小组的人员构成没有具体的限定。

广州、东莞、厦门三地对服务评估且均注重从专业性角度评估服务，都分为服务量和服务质素两部分。对于广州和厦门来说，服务专业性更强调服务需求的专业性、服务设计的专业性、执行中的专业性以及专业服务成效的体现，只是广州相对于厦门来说评估的标准更加细化、规范、全面，可操作性强，厦门由于项目规模小、起步晚，相对欠缺一些评估规范。东莞在评估服务专业性时，除了会关注上述服务过程中每一步的专业性外，也会加入对服务管理制度的评估，而这一点在广州和厦门两地，则会放在运营管理中考核（详见表4-3）。

表4-3 三地评估制度要求的比较

比较维度		广州	东莞	厦门
评估内容	基本运营条件评估	侧重对项目运营管理进行评估，包括： 1. 人力资源保障； 2. 场地、物资、档案管理 3. 财务管理 4. 权益保障	侧重对社会组织进行综合评估，包括： 1. 机构运营 2. 服务管理 3. 财务管理 4. 其他项目（组织文化等）	与广州相同，侧重于对项目管理进行评估，评估指标相对简单
	服务内容评估	对家庭综合服务中心服务的不同领域（总体服务、家庭、长者、青少年及特色项目）进行评估，注重评估服务的专业性	主要是对社会组织的服务管理、服务支持以及服务成效进行评估，同时也会评估岗位的服务设计、服务执行及服务成效	主要是将服务分为个案、小组、社区三方面的服务内容，评估服务计划、服务执行及服务成效情况
评估流程		具有明确的评估环节和评估方法，评估由独立的第三方评估机构来负责	具有明确的评估环节和评估方法，评估由独立的第三方评估机构负责	评估环节和评估方法模糊，评估由评估小组或第三方评估机构负责

(续表)

比较维度		广州	东莞	厦门
评估结果	评估等级	每个社区综合服务中心项目有中期和末期两次评估，中期评估结果分为"合格"与"不合格"两个等级，末期评估结果分为优秀、良好、合格、基本合格、不合格五个等级	考核评估结果分五个等级：优秀、良好、合格、基本合格、不合格	评估结果分为五个等级：优秀、良好、合格、基本合格、不合格
	评估结果使用	评估结果与购买服务资金拨付挂钩，有具体的操作规则，同时也会影响到合约能否续签	政府购买社会工作服务的经费支付与评估结果挂钩，有具体的操作规则	主要以奖惩形式来体现，但是没有具体的操作规则

总体看来，评估方主要是看重社会组织是否遵循专业服务流程，以及是否有服务成效，他们侧重于从专业服务上对社会组织作出评价。通过服务标准设计和服务评估，从以下方面评估服务的专业性：（1）服务要有科学的需求评估和合理的服务设计，能否有效回应服务对象需求，是体现专业服务的第一步。（2）服务执行过程的专业性，服务方案的专业性并不代表真正能为服务对象带来专业的服务，社工在执行过程中的专业性更为重要，这对于社工专业素质提出较高要求，所以，社工的督导和培训的评估要求也是确保社工专业素质的一部分。（3）服务成效的专业性。如何有效地体现出服务成效，除了完成服务指标外，是否真正带来了服务对象的改变或整个社区的变化，是否得到了服务对象的认可和使购买方满意。

二、社会组织的策略：主动调适

对于政府来说，评估是购买方考核服务绩效的一种重要方式，直接影响是否继续购买，而对于社会组织来说，评估也直接关系到资金来源，以及自己在行业内的声誉，对社会组织的生存非常重要。目前政府购买服务秉持一种"以评促建，以评促进"的原则，对于评估的要求还是相对宽松的，而且评估主要是查看材料。社会组织对于评估方的回应，主要从内部和外部两个方面体现出来。从内部来说，主要是体现在按照评估标准和服务需要，主动完善管理制度；从外部来说，体现在主动调适自身服务设计，满足评估标准要求，现场主动配合评估方的评估。

（一）运营管理：主动完善管理制度

1. 基础运营管理：加强硬件和软件建设

基础运营是确保社会组织或服务项目运作的基本条件，社会组织会主动完善场地建设、物资管理制度、档案管理制度等。如在条件允许下，社会组织会尽量完善服务场地的设置，如场功能区域设置尽量符合社工服务要求；增多服务管理制度、宣传品的上墙宣传，营造出专业服务的氛围。社工服务的物资有条不紊的管理，从细节上体现出一个机构或项目的规范性，也是机构财务规范的一种体现，所以，社会组织会主动建立起物资管理制度等，并有效执行。社工服务档案是涉及服务对象的隐私和重要信息，所以，服务档案的管理和保密也是社会组织较为重视且细致执行的部分。

2. 督导培训制度：着重体现专业性

对于社会组织来说，督导培训制度是一项重要的制度。社工需要在服务过程中不断提升自身的专业水平以满足服务对象多样化的需求，督导制度的设计就是为了让有经验的督导亲自指导一线社工开展服务。同时，为了满足社工对一些专门服务技巧的需求，机构内部会提供一些专业培训，保证服务的专业性。

广州主要是购买家庭综合服务中心项目形式，在评估的标准中，一般按照社工的工作经验安排督导时数，社会组织为了完成督导时数，确保督导时数及督导成效，对于督导的形式、频次、成效都有相应的规定和评估。在行政方面还会设计一些表格，让督导去制定制度计划；定期会召开督导会议，总结督导成效。在培训方面，为了满足培训时数，一般机构自己会安排内部培训计划，各个项目点也会有自己的培训计划，机构也会整合外部的一些培训资源，动员社工参加。为了保证这个时数按时完成，机构会定期监控社工督导培训完成的进度，作出相应的调整，比如说当发现某个社工督导过少或者培训过少，会着重安排该社工参与督导以及培训，确保完成时数。但是，在现实中，也会因为各种因素，确实没有完成培训时数，那么在评估之中就会被扣除相应的分数。

东莞市主要采用岗位购买的形式，他们在机构内部也会设立督导培训部门，然后安排香港督导及本土督导给予岗位社工专业支持，督导在服务方案设计、专业服务量设置、专业知识技巧应用等方面给予社工指导，并通过具体表格记录监控情况。厦门市在督导方面还不太完善，在评估过程中对督导方面的要求也不多。

总体来看，这三个城市的机构，特别是那些评估中对督导培训有要求的城市，社会组织的督导培训制度相对较为完善，落实中主要引入香港、台湾等社会工作发展先进地区的督导，以及由当地社会工作协会组织培育督导。在督导培训执行中，社会组织尤其重视执行痕迹和执行证据（督导记录、培训心得等）保存，确保在评估中证明是否满足评估标准要求。

3. 服务对象权益保障：专业指引落实

保障服务对象权益，是社工服务的基本准则。所以在评估过程中，也会涉及对服务权益保障的制度及执行情况进行评估。在评估对象权益保障方面做得如何，也是体现社会组织做的是否专业的一个重要指标。所以面对评估方的要求，社会组织都会比较重视这一点，对于那些运作比较成熟的社会组织来说，更是如此。

从广州、东莞、厦门三地来看，广州购买家庭综合服务中心服务，对保障服务对象权益要求更高。在家庭综合服务中心评估中，强调服务对象的六大权益，包括知情权、安全权、申诉权、参与权、尊重权、隐私权等。在评估指引之中，对每项权力都有明确的要求，社会组织只要按照家庭综合服务中心评估指引去执行就可以。如知情权，社会组织会通过网站、海报及宣传单等形式告知服务对象服务内容；安全权方面，如要求机构张贴安全逃生指引，社会组织开展外出类活动时，为服务对象购买保险。在实际过程中，机构内部会根据服务的要求和评估标准，制定相应的权益保障制度，培训社工在服务过程中执行落实。如果社会组织在保障服务对象权益方面确实没有做好，评估方会扣分，并建议社会组织进行改正和完善。

东莞市在服务权益保障方面的要求相对较弱，评估方主要是通过电话访谈的形式了解服务对象的满意度。所以，东莞的社会组织在该环节的策略主要是通过强调社工服务的理念、准则等，来实现服务对象的满意度。相对来说，少数机构会制定专门的六大权益保障方面制度和指引。厦门的购买方主要看重社工服务是否有"人气"，评估方也主要是注重对服务人次的评估。所以，在该方面，厦门的社会组织侧重设计丰富多样的活动，来吸引服务对象的参与，注重参与权。

4. 沟通制度：完善制度，积极落实

沟通制度能够增加对社工服务的认识，同时也可以监管社会组织的行为。另外，沟通的同时也有利于社会组织链接政府资源，获取来自政府的支持。因此，评估方一般也会对社会组织与购买方的沟通情况进行评估。

在广州市的评估中，要求有对内和对外的沟通制度。社会组织通常会主动与购买方（主要指街道）沟通，确定沟通的频次、形式、内容等，形成沟通制度，然后按照制度定期落实。对民政局及其他政府部门，在沟通的形式和内容方面，社会组织没有太多选择权，一般采取主动积极参与的策略，积极按照制度的要求去执行。

对于东莞来说，由于是岗位购买模式，在评岗位评估的时候，会通过与用人单位沟通考核社工，社工采取的策略是需定期向用人单位汇报工作，汇报的频率和内容形式主要取决于用人单位的要求。与此同时，社会组织层面的主管人员，也会定期走访用人单位，与用人单位沟通服务情况。厦门市相应的评估制度尚未建立或统一，而机构内部未有明确的沟通制度，主要是由项目点负责社工与购买方沟通，如每月一次的联席会议。

5. 财务管理制度：按规定操作

社会组织的财务属于特殊的一个板块，国家对财务审查有明确的"红线"规则,社会组织也格外重视财务的规范性。广州、厦门、东莞的社会组织的应对策略大同小异,只是广州和东莞相对完善,厦门相对简单。主要的应对策略是按规定操作,具体是五点:一是聘用专业财务人员。由于社会组织管理者多数不擅长财务管理,所以,为确保财务的合理合法,一般会聘用专业的财务人员。二是完善财务管理制度。社会组织会根据评估要求和财务运作要求,设置符合本机构的财务管理制度,并开设专门培训,教授社工相关程序。三是财务部门把关社工服务财务状况。在财务制度的具体执行过程中,财务部门会负责把关社工服务的财务预算、决算程序、经费使用、报销等流程和合理性,确保符合财务评估要求。最后,及时公开财务信息。机构一般会在机构网站、年报等上面及时公开财务状况,并及时提交财务资料给购买方等相关政府单位。

(二) 服务专业性:主动提升服务水平

为了争取政府购买服务,以及获得社会的认可,社会组织在专业服务方面的策略是主动提升服务水平。广州市的社会组织内部一般有一套明确的对社工服务进行管理的制度,如专业服务制度、服务质素管理制度、服务评估制度、服务监控制度等,通过每个环节的监控,实现社会工作的专业性。同时,社会组织会尤其注重督导、培训在专业水平提升方面的作用,通过督导来实现对社工日常服务的监督支持,通过培训增强社工服务专业水平。

> 保障社会服务的专业性,我们有两个方面,一个是从培训方面,第二是从督导方面,去强调社工的专业。培训方面,我们都会出台一个培训制度,培训计划是根据社工的现阶段的发展需求和项目的发展需求进行培训。在督导方面,我们也会聘请一些资历比较老的督导,一般是有十几年或二十几年经验的香港老督导,也就是相对比较资深的督导。(摘自笔者实地访谈记录)

在东莞,适应政府购买岗位的要求,社会组织在提升自身专业化水平方面的策略是，加强对社工专业督导的指导，协助其处理与岗位购买方的合作关系，让其在合作过程中，尽量融入社工专业手法，发挥专业社工的独特作用。

> 应该辩证地看这种模式，首先是东莞的这种购买模式，要跟政府走得很近，但是现在也有一种这样的观点，就是说如何理解行政化，不是说你做行政的事情就是行政化。比如说我们妇联，要在市里统筹全市的社工，是做社工相关的事情，这不叫行政化。而有的单位不叫你做与社工无关的工作，那个才叫行政化①。（摘自笔者实地访谈记录）

总之，每个机构为了塑造组织专业形象，需要一些组织策略。组织是一个理性的组织，为了获得外界的认可，组织需要表达出自身具有专业服务的能力，这种专业服务能力与组织的内部管理具有很大的关系。对于组织来说，每个组织自身内部管理的策略差不多，对比广州、东莞、厦门三地，在呈现社会工作的专业服务能力方面，广州的社会组织相对完善一点，东莞的相对弱一点。每个机构在努力管理自身的专业能力时，并不一定会完全按照专业的要求来做。有关专业性的表达策略，实际上是组织面对一个复杂的外部环境所做出的理性调适。

（三）增加机构自评：提前演练

评估方主要是由行业内的专家组成，在评估当天按照一定流程和标准对服务作出客观公正的评价。要想在评估中取得好成绩，除了日常服务中完善运营管理制度、调适专业服务外，机构内部的自我评估也显得比较重要。机构内部自评会增加一次机会让社工或机构监视自身的服务、管理，是否符合评估标准；同时，这种"提前演练"也会锻炼社工的应对能力，

---

① "社工工作行政化"是对购买社工岗位模式初期评估的结论之一，指受聘于政府或者公营部门的社工实际上从事基层行政人员的工作，而不是社会服务工作。

增强评估时的信心。

广州市主要是采用家庭综合服务中心购买的方式，其评估相对规范。从2011年开始，广州市尝试探索引入第三方专业评估机构，建立第三方评估监督机制，以便促进家庭综合服务中心服务的健康、规范发展。广州市在尝试的过程中积累了经验，培育了一批第三方评估机构。对于社会组织应对评估的策略，广州市的一个社会组织负责人讲到：

> 我们机构内部有一个评估演练，针对专家可能提什么问题我们都有一些应对措施。我们非常重视评估，我们会把评估作为一种工作和常态化的环节。（摘自笔者实地访谈记录）

同样，也有机构表示，上次评估后的整改也是非常重要的一个应对策略，因为可以根据上次专家建议进行整改，有助于下次评估中更容易得到专家的认可。

> 面对评估，关键是平常就需要准备好。在服务过程中，按照评估指标的要求，就这样去做。评估结果出来后，做一些反思，我们会采取一些改善策略。（摘自笔者实地访谈记录）

东莞主要是采用政府购买岗位的形式，如果是由市直属单位组织的购买，一般是由市直属单位聘请第三方进行评估，如果是由镇街购买，这种评估则主要是采用述职汇报的形式进行评估。这样的要求并不严格，但各区、街道要求不同，有的机构每年要面对的评估可能非常多，有一个机构负责人表示，他们机构平均一个月至少一次评估，日常工作不是在评估，就是在准备评估。对于评估，机构也已经形成自己的应对策略，主要也是对社工做一些提前的训练，增强社工应对评估的能力。

> 评估的时候，我们一直在训练我们的社工如何把自己做的东西表达出来，这种表达不仅包括口头表达，还包括书面表达，表达的时候

不要用社工那套术语,我们强调要用量化的语言,以及一些跟形势政策相符的语言。(摘自笔者实地访谈记录)

厦门市的评估主要是由厦门市社会工作协会来承担,相关的评估工作还不太成熟,所以厦门市的评估主要是社会组织在向评估方汇报工作,评估结果主要却取决于购买方的对社工服务的看法,所以社会组织目前的应对策略相对较少,主要是满足购买方的要求即可。

(四) 评估现场:注重细节

1. 现场听从专家指导

由于政府购买服务在国内才刚刚起步,有实务经验的专家相对较少,评估机构聘请的专家主要是由高校教师组成,但是由于社会工作是一门实践性很强的专业,所以在评估过程中,有些专家提的建议和意见往往偏重理论原则,缺乏可操作性,甚至有些建议不符合事实。

个别评委提出的意见,是比较"高大上",我们在社区中去做一些服务的话,可能他们会给一些我们高大上的指导,但很快用到实践中,是很有难度的。有些建议我们无法去执行,有些无力感。(摘自笔者实地访谈记录)

但是为了给评估专家一个较好的印象,社会组织在面对评估的时候,主要是遵从专家的指导意见,很少质疑专家意见,更多的时候会根据评估专家的建议去整改,主动完善。

在东莞市,如果是由市直单位组织的购买,一般是由市直单位聘请第三方进行评估,如果是由镇街购买,这种评估则主要是采用述职汇报的形式进行评估。社工在现场评估时的策略,主要是应对好专家。

每年我们要应对很多场评估,评估有时候就相当于上面检查工作,

你只要应付好了评估专家，一般情况下都没有什么问题。（摘自笔者实地访谈记录）

由于缺乏专业评估机构，厦门市的评估主要是由厦门市社会工作协会来承担，他们也主要是邀请一些高校教师组成一支评估队伍，然后到现场看材料对社工服务进行评价。社会组织也会听从专家的建议。

评估是由市社协请一批高校专家，这些专家是否有经验，是否熟悉情况，这些都是值得怀疑的，像广深是有专门的评估机构。北上广都是有专门的评估机构的，但是厦门不是，是由专家组来评估，就是指导你应该这样做，不该那样做。对组织来说很困惑，其实我们也想要评估，看看我们做得怎么样。（摘自笔者实地访谈记录）

2. 注重评估现场细节

评估现场，评估专家主要采用的是听取汇报、检查文书和选取对象访谈几种形式，无论是哪种形式，都会从宏观、微观两个层面去考核。宏观层面的东西社会组织会在评估前重点准备，评估现场则是一些微观层面或者细节层面的应对。细节层面主要有几点：第一，整体形象和氛围的营造。社会组织会要求评估现场整齐干净，评估文档摆放整齐有序，社工统一着装穿戴、面带微笑、主动热情等，营造出团队氛围。同时，也会邀请机构管理层、街道领导出席，让专家感受到机构和购买方的重视。第二，评估文书的细节要求。评估文书要确保干净整齐，填写完整，统一、规范化的管理，制度清晰、指引明确等。因为这些反映出一种专业性。而且，笔者在访谈中了解到，即使整体服务没有大问题，如果在细节上做得不好，评估结果也会大打折扣。第三，注意沟通语言。评估时尽量用专业的语言向专家讲解，因为有些时候，现场讲解不好，评委会认为做得不专业。

为了现场表达好，机构也会依靠督导、管理人员，提前协助梳理

第四章 政府购买服务下的社会组织合法性策略

各个部门的思路,提前演练,给一些建议,确保现场表达更清晰,更有逻辑性。有的机构,也会诟病我们的方式,觉得这种行为是为了应付评估。(摘自笔者实地访谈记录)

最后,现场展示的多样化。这种策略主要是在汇报时,用PPT(幻灯片)、视频、微电影等形式展示,相对于单纯用文字展示,会更容易让专家理解。同时,现场摆放出社工服务成果,如服务手册、服务作品等,都有助于更直观地向专家展示服务成效。

总体来说,在政府购买服务过程中,评估是一个非常重要的方面,也只有对于那些具有政府购买服务项目的社会组织来说,他们的服务需要面对第三方的评估,通过第三方来证明社会组织的服务成效。社会组织为了在服务评估中取得优异成绩,会采取不同的应对策略,但是总体看来,三地社会组织采取的策略均属于主动调适。通过调适自身的服务管理制度、调适服务设计、调适评估现场的呈现等,极力向专家呈现自身正面、专业的一面。虽然这些策略多少带有一些投机性质,但是,社会组织作为一个有能动性的组织,也不是完全应付评估,更多地是将应对评估作为一个自我检视的机会,通过应对评估,不断完善管理规范、提升服务专业化水平。这种应对策略有助于社工服务的规范化、持续性发展。

第四节 服务对象期待下社会组织的策略

社会工作的服务对象也称为受助者、服务对象或工作对象,是社会工作者直接服务或帮助的对象,社会工作的服务对象不只是个人,还可能是家庭、群体和社区。在政府购买服务中,项目购买和岗位购买面对不同的服务对象。而项目购买又分为综合项目购买和专项项目购买。综合项目购买基本上是面向在社区里面居住的所有群体,包括家庭、长者、儿童青少年等。而专项项目主要是专门针对某类特殊服务群体,比如说残障人士、社区矫正人员、外来务工人群等。购买岗位所设置的服务领域在东莞市主要是按照政府职能部门来分类，包括卫生、司法、教育、工会、团委、妇联等，服务对象主要侧重于每个部门职责范围内的服务群体。

在广州、东莞、厦门三地的政府购买服务实施办法中，都将服务对象界定为：妇女、儿童、青少年、老年人、残疾人、社区矫治对象、外来务工人员、低保人员等，这与国家层面政府购买服务办法中规定的服务对象是一致的。在政府购买服务中，不同类别的服务对象会有不同的服务需求。不同的服务需求形成对社会组织及其服务的不同期待。这是服务对象对社会组织的制度要求，针对这种制度要求，社会组织会采取不同的服务策略，从而有针对性地满足其需求。笔者从实地调查中了解到，广州、东莞、厦门三地的服务对象对社会组织的期待比较相同，社会组织的回应策略也大致相同。

一、服务对象对社会组织的期待

社会工作在国内兴起不久，社区居民对社工服务不太了解，甚至未听说过。根据访谈资料，可以将社区居民分为对社工服务没有期待的服务对象及对社工服务有期待的服务对象。调查发现，多数社区居民对于社会工作机构及其服务的了解较少，对社工服务没有太多期待。而对于那些接触社工服务的服务对象来说，则开始表达对社会组织及其服务的期待。

（一）对社工服务没有期待的居民

不同居民群体的社区参与有四种类型：福利性参与、志愿性参与、娱乐性参与和权益性参与。由于中国城市社区是为了解决单位制解体后城市社会整合与社会控制问题的自上而下建构起来的国家治理单元，而不是一个可以促进公共领域形成或市民社会发育的地域社会共同体。所以，社区居民的社会参与相对较弱。对于社工服务来说，也是国家自上而下推动的一项福利性服务，居民的参与主要是一种福利性参与。由于当前社工服务在国内才刚刚起步，大多数居民对于这些服务的了解比较少，也有一些不需要社工服务，或者有需要但是接触不到。

上述说的对社工服务了解较少的这类群体占了大部分，这类群体多数生活相对稳定，没有太多的困难或需求，或者靠自己及家庭便可以满足需求。如在社区中，一般成年人群体就属于这类人群，他们有稳定的工作和家庭，日常闲暇时间较少，不会主动去寻找额外的服务信息。这类人群多数不了解社工是什么，也不了解社工服务都有些什么类型，更不会主动去了解社工服务。对于一个陌生的行业名称，自然无法产生什么期待。所以，在访谈中，他们会表示"自己不需要社会组织提供社工服务，也没什么时间去了解社工服务，对社工服务没有什么期待"。

在实地调查过程中笔者观察到很多居民对社工不了解，有些甚至就居住在社工服务点门口，也不知道社工服务的存在，或者知道有工作人员在开展活动，但是不知道这些活动就是社工开展的。在广州参加家庭综合服务中心服务的人群主要以长者、儿童为主，成年人较少。在东莞，社工岗位服务辐射的人群针对性很强，除非接触过社工服务的人群或家庭才知道社工服务的存在，那些没有接触社过工服务的人基本不知道社工服务是什么。厦门的社区居民对社工服务的了解更少，他们对社会组织的期待也更少，而且很容易将社工与社区工作人员混淆。

这种"没什么期待"的态度，在访问社工过程中也有深刻的体现，他们经常需要介绍自己的身份。在实地访问中，有个社工说：

> 我在上门探访的时候，经常要不断地介绍自己的身份，服务对象经常会问的问题是，"社工是不是志愿者？""社工是不是居委会的人？""你们那个机构是不是家政公司？"等这些问题，当我们解释给他们听的时候，他们还是不太明白。问到他们的需求时，他们表示对我们没有什么需求。（摘自笔者实地访谈记录）

从中可以看到，居民很难将社工与志愿者、居委会工作人员、政府工作人员、家政服务人员等人员区别开来，这种模糊的认识自然也很难使他们对社工服务有什么期待。所以在政府购买服务过程中，很多社会组织需要走入社区、街头去主动宣传和介绍自己。

由于当前中国社工服务是自上而下发展起来的，大部分人对这个职业不太了解。对于服务对象不了解的情况，对社工服务提出了难题，因为服务对象的不了解会让他们无法准确表达出自己的需求，或者提出一些不符合社工服务内容的要求，这将会影响社工服务的针对性和可行性。服务设计得不合理会直接影响服务效果，进而影响到服务的专业权威的建立等。这对社会组织和政府来说也是亟需破解的难题。政府及行业协会等为了提高社工服务的知晓度要开展宣传性工作，社会组织在服务点针对服务对象也要积极做好服务推广，让更多服务对象知晓社工和接受社工服务。

（二）积极表达出服务期待

服务对象积极表达出服务期待一般是基于对社工服务了解而做出的。对社工服务比较了解或接触过社工服务的群体，通常能够清晰地表达出对社工服务的期待。在实地调查中笔者发现，对于需要社工服务的群体，他们接触社工服务一般有三种途径：第一种是被街道、社区或相关职能部门转介到社会组织服务点；第二种是主动了解社工服务，并接受服务的；第三种是通过社工宣传或者朋友、亲属介绍而接触到社工服务。对于后两类群体，他们对于社会组织服务的期待主要包括三个方面：第一个方面是对服务态度的期待，第二方面则是对服务内容的期待，第三方面是对服务成效的期待。

1. 期望社工具有良好的服务态度

良好的服务态度是社工的自我要求，这种自我要求更多地是源于服务对象的期待。对于广州、东莞、厦门三地的社会组织来说，服务对象对社会组织的期待主要是看重其服务态度。他们对社工的了解仅仅停留在知道社工是提供社会服务的工作人员，但是对于社工的理念、方法、技巧很难理解，也很少有服务对象主动去了解。面对社工，他们的首要期待就是期望社工服务态度好，他们认为这是社工的基本素质，尤其是长者群体的服务对象。服务态度好主要表现在：理解服务对象的感受、尊重服务对象的合理要求、服务热情周到等，这些期待其实与服务对象在日常生活中对其他服务人员的期待类似。

在实地调查中问及服务对象对社工服务的评价时,他们多数会把"态度好"作为衡量社工的重要标准。在广州、厦门,由于政府购买社工服务主要是基于社区开展,所以服务对象常常将他们和居委会工作人员作比较,他们认为居委会主要忙着上级政府的事情,对居民的服务需求并不太关心,而且有时候服务态度也不太好。尤其对于老年服务对象来说,他们觉得社工的服务很细心,能够考虑他们的具体需求,开展不同活动丰富他们的老年生活。社工的到来,正好可以弥补居委会在服务提供方面的不足,特别是对于那些刚刚退休的老人,他们对服务的期待相对比较强烈。然而对于青少年来说,囿于生活经验,他们对社工服务态度并没有像老年人服务对象有那么具体的、细致的要求,但是总体上来说都是期待社工能有一个好的服务态度。

在实地调查中,服务对象对社工服务态度的关注及认可有更为具体的表达。从广州、厦门三地来看,服务对象对社工服务态度的评价运用最多的词汇是:"人挺好""贴心""态度很好""能理解""有耐心"等。如广州一位长者表示"他们人挺好的,服务很贴心,我经常到这里来玩。我感觉他们确实不错"。东莞的服务对象认为:"做服务的态度好最重要了,他们(社工)做得很好,态度也很好,我想表扬一下。例如对小孩子来说,有地方可以过来,有些活动可以参加。这里也有监控,安全性比较高,家长把孩子放在这里很放心。"厦门也有服务对象表示:"社工就是要为社区服务,态度最要紧了。我看到,社工天天有活动,他们要到各个社区去,对人很有耐心。"

从这三地服务对象叙述的内容来看,服务对象对社工的要求首先是注重服务态度,在服务态度中他们首先看重的是社工将服务主动对他们开放,即使他们并不知道什么是专业社工,或者自己是否接受的是专业的社工服务。这种期待不但已经融入社工的价值观中,也变成了社会组织对社工的要求,同时评估机构也会评估服务态度。

2. 期待有针对性的服务内容

除了服务态度之外,对于服务对象来说,服务内容是吸引服务对象认识社工服务及参与社工服务的一个直接缘由。社会工作的服务内容包括很多方面，不同的服务群体对服务内容的要求也不太一样。广州、东莞、厦门三地开展政府购买社会工作服务，都涉及家庭、老年人、儿童、残疾人等服务领域。三地在家庭服务方面的内容主要是夫妻关系调解、亲子关系辅导、家庭成员就业支持等方面的支持性服务。在老年人服务方面的内容主要包括老年人精神关照、老年人医疗保健、老年人兴趣培养等照顾性与发展性的服务。在儿童服务方面的内容主要包括困境儿童救助、受虐儿童援助、儿童心理辅导、儿童兴趣培养等方面的支持性和发展性服务。在残疾人士服务方面，主要包括残疾人社区康复、残疾人家属关怀、无障碍环境建设等支持性服务。这三个地方的服务对象对社工服务的期待也大致相似。

对于老年服务对象来说，他们期望社工能够帮助他们开展丰富多样的娱乐生活，如有的长者表示"特别是老人，你没有趣味性，他不一定来。不要像有些人说老年人在街道就是打牌、抽烟，反正这样不好。多搞一些美食、旅游活动，开阔我们的视野，对我们的生活能起到一些作用"。他们也期望社工能够给他们提供一些继续学习的机会，"这边文化服务做得比较多，在这里可以交到朋友，整个人都变了。通过参与活动，我就可以了解不同的知识，学习使用QQ、微信什么的。这些都很适合我们，多教些新鲜东西给我们"。而对于儿童和青少年来说，则是期望能够开展一些兴趣类、发展类、人际交往类的服务活动。对于有些特殊人群来说，他们期望社工"替他们做主"，比如说协助申请物质支持、提供就业机会等。例如有访谈对象说，"社工好像是有什么需要帮助的就帮助我们一下，有什么搞不出来的事情，他们也会帮助一下。到年底能给一点油、米之类的，端午节发点粽子什么的"。

从实地调查来看，社工服务的对象主要偏向于老年人、儿童和青少年，老年一般是参与频率最高的群体，经常接受社工的服务，而儿童和青少年接受社工服务主要集中于寒暑假。目前针对老年人的活动主要是一些适合老年人的文娱及探访类活动，而针对儿童和青少年的主要是一些兴趣类的发展性活动，以及一些课业辅导之类的服务。在社会工作刚刚开始发展的时候，服务对象对社会工作的服务质量并没有太高的期待，而且他们认为以前没有这种服务，现在突然有了这样一种福利，又不用自己掏钱，理所应当感到满意。但是随着服务对象认识到社会工作服务的性质，慢慢地会对社会工作服务产生更高的期待，而社会工作机构也需要不断提升社工的专业服务水平，以满足社区居民对服务态度和服务内容的期待。

3. 期待服务成效

对于有服务需求的老年人来说，他们期待社工的服务能够解决实际问题，或者能够帮助他们提供某种能力，所以服务成效也体现为具体的问题解决和能力培养。比如说有的处于生活困境中的老年人期待社工能够提供困难救助，他们期待能够有专业的人员帮助他们进行专业的心理疏导，并且具有相应的成效。在实地调查中笔者发现对老年人的一些深层次需求社工由于条件及能力的局限很难满足，比如说提供保健康复等服务。当前，社工更多时候主要是提供一些兴趣类的活动，比如做丝网花、传授健身操、培训烹饪技巧、指导如何用手机等。

> 我刚开始到这里没有什么期待，就是跟朋友过来看看，后来我在这里我学会了跳舞、做操，我觉得他们（社工）还是很有耐心的，我也期待能够学到更多的技能。（摘自笔者实地访谈记录）

> 社工做的活动跟居委会没有什么差别，他们做的也是一些送温暖的还有兴趣小组的活动，他们不能像心理咨询师一样做心理咨询，我觉得他们的服务很浅。（摘自笔者实地访谈记录）

对于儿童来说，主要是成长的需求，对于服务成效的期待一个方面是来自于服务对象自身，另一个方面主要是其监护人表达出对服务成效的期待。对于儿童服务对象来说，主要期待服务内容具有趣味性，同时能够培养某种能力，提高人际交往技巧。在实地调查中，一个服务对象认为：

> 我期望跟他们（社工）一起能够有很多人玩，能够长见识，还有学会做手工、折纸这些技能。（摘自笔者实地访谈记录）

对于儿童的监护人来说，他们期待服务能够帮助他们照顾儿童、增长儿童的见识、提升儿童的交往能力等。这些儿童监护人的期待属于非常现实的、合理的期待。在实地访问中一位家长表示：

> 我来这里就是为了让孙子多参加些外面的活动，我的孙子特别顽皮，我就想让他参加些探访的活动，接触下外面的人，如残障人、长者等，让他懂得外面的人都是怎样的，要好好学习。（摘自笔者实地访谈记录）

儿童自身和监护人对服务成效的期待都是一些基础的期待，这些成效一般也比较容易达成。

还有对于残障人士及家属来说，主要是期望有政策及资源支持，以及能够有一个利于自身生活的环境。所以社工在服务过程中也经常做一些政策宣传以及链接资源给有需要的人士，就像有一位残障人士家属表达的：

> 这里成立了一个社工中心，有一个社工打电话给我，说可以让我孩子来他们这里帮助康复，有什么关于精神康复的政策他们都跟我们说。（摘自笔者实地访谈记录）

服务对象的这些期待要求社会工作者作为一个政策宣传和资源链接者发挥作用。

从当前现实来看，三地服务对象对社会工作者的服务成效期待还不明显，大多数服务对象只是期待能够参与社工的服务，至于成效如何，大多数服务对象并不太关心，服务对象更关注社工的服务态度，以及是否可以免费获得这一服务。当前社工的策略也主要是吸引更多的服务对象参与服务，并用合适的语言表达出社工的服务成效。

此外，除了"没什么期待""期待好态度"和"期待丰富内容"的人群外，访谈中还了解到服务对象对志愿服务参与的期待。这群服务对象相对来说，属于参与的积极分子，他们有一定的文化水平和参与能力，他们有一定的闲暇时间，他们有强烈的志愿精神。在了解社工服务后，他们期望社工"提供参与机会"，比如提供一些社区探访、活动协助等机会，对于有一定技能的服务对象，他们期望能够为其他服务对象提供一些技能型服务，比如说修理、理发、保健、课业辅导等。这一群服务对象往往是社会组织的"忠实粉丝"，会在参加社工服务过程中针对服务的方向、内容、形式，提出一些有利于社工服务完善的要求。他们会是很好的义工，是社工服务的伙伴，甚至会成为社工服务宣传的"小喇叭"，协助社工推广社工服务。

综上所述，不同的服务对象有不同的期待，针对不同的期待，社会组织需要采取不同的策略去"争取"，或"拉拢"，或"培育"，力争让更多的服务对象了解社工服务，从而提出合理期望，参与社工服务，甚至成长为社工的"忠实粉丝"。

二、社会组织的策略：积极影响

对于社会组织来说，面对服务对象的期待，主要是提高服务对象的对社工的认识、认同和接纳。社工服务是无偿的，加之在服务初期，对于服务对象来说，他们其实不太关注社工是否专业，他们更关注的是服务态度是否热情，以及服务内容是否丰富。另外，由于社工服务是一种福利性服务，目前大部分服务是由社会组织主动去开展，而不是服务对象主动上门。所以，如何让服务对象愿意了解社工服务，并逐步认识到社工服务的专业价值，是每个社会组织都关注的重点。因为服务对象的认可、服务的成效会直接影响到社会组织在购买方眼中的"购买价值"，服务专业性的呈现也是社工有别于政府工作人员、社区工作者的地方。所以，面对不同的服务对象期待，社会组织都努力尝试采用不同策略影响他们，采取了"争取""拉拢""宣传""培育"的策略。

(一) 对没有期待的服务对象，采取"积极争取"策略

1. 加大宣传力度，吸引关注

对于服务没有期待的居民，较少会积极主动地去了解社工服务。在他们主动性较低的情况下，社会组织会加强自身的主动性，希望能够影响到服务对象，吸引来他们的关注。通常，社会组织一般会通过扩大宣传的方式，让这些对象了解社工。如增加入户探访的频率、扩大入户宣传的覆盖面、增加宣传活动的频次、丰富宣传渠道等手法。期望借助加大宣传力度，吸引这群服务对象的关注，让他们知道社工的服务是什么。

对于广州的家庭综合服务中心服务来说，由于在评估考核之中有对服务对象知晓度的评估要求，同时社会组织自身也有扩大自身影响力的需要，所以社会组织会设置专门的部门，负责宣传工作。同时，家庭综合服务中心社工则制订符合街区特色的宣传计划，开展丰富多样的宣传活动。家庭综合服务中心社工在开展社区服务时，如义诊、义剪等，也会借机宣传社工服务。东莞社工在开展服务的过程中，也比较注重宣传，比如岗位社工会定期与用人单位开展一些大型的社区活动，主动上门向服务对象宣传等。而厦门市在进行政府购买社会工作服务试点时，政府要求社工能够迅速的集聚"人气"，所以社会组织一般通过外展进行定期宣传，以及通过参加服务的居民进行二次宣传。

在这三个城市，社会组织在宣传时有几个相同点：一是都会印制相应的宣传品。如宣传单页、宣传袋、统一社工工服等，来扩大宣传社工服务。二是都会通过入户宣传和社区摆摊两种主流形式宣传。或许是服务指标的要求，或许是考虑到集中、大众的宣传形式，三地社工均会有定期的上门宣传，也会定期在社区内开展宣传活动。三是宣传途径比较丰富。目前社会组织除了现场宣传、借助宣传资料外，都会采用网络自媒体的宣传方式，采取"线上+线下"的宣传形式。

2. 建立便捷参与渠道，降低参与门槛

对于没有接受过社工服务的居民而言，通过宣传可以让他们认识社工

是什么，以及社工服务内容有哪些。但是与此同时，当他们有接受社工服务的需求时，他们需要方便的参与路径。这种方便的参与路径，包括他们知道社工服务站点，以及如何接触社工。所以在服务过程中，社会组织一般会通过明晰参与指引、降低参与门槛等方式来吸引服务对象的参与。

如广州家庭综合服务中心会制定服务对象参与指引、参与流程图等，通过室内悬挂、印刷在宣传单上等途径，告知服务对象如何可以参与社工服务。另外，在服务点选择上，会依托街道原来的文化站、街道办公场地、星光老年之家等地而建，以便于服务对象寻找。对于东莞来说，岗位购买的站点主要是依托于购买单位，这样在服务对象接受职能部门服务时，顺便可以参与社工服务。比如说司法社工，则一般是在司法部门的办公场所办；医务社工，一般是在医院里办公。厦门市的社工服务站点，一般也是依托于社区居委会场地而建，或者由街道协调场地，这些场地一般在交通较为方便的地方，方便服务对象接触社工服务。

为了方便服务对象参与，社工在设计服务时，会尽量选择服务对象期望的形式、便于服务对象参加的时间、地点等，尽量降低参与的难度，从而吸引服务对象参与。

（二）对于有期待的服务对象，采取"主动拉拢"策略

1. 注重服务态度，合理设计服务内容

为满足服务对象对态度的期待，社会组织则会注重服务态度，要求社工在服务时，表现出社工的热情、耐心、细心。同时，要求社工在服务时注重服务的及时反馈和跟进，确保服务的及时性等。专业性方面的要求是，要求社工在服务过程中遵守服务对象的六大权益保障，在保障服务对象的权益时，让服务对象感受到态度的专业性。

在服务内容上，也尽量依据服务对象的需求设计调整。如广州的家庭综合服务中心，主要是服务家庭、儿童和青少年及老年人，以及开展一些特色服务。在服务过程中，社工侧重优先服务有困难、有需求的服务对象，尤其是社区的特殊人群。通过有重点、有计划的服务，集中精力把能够接

触到社工服务的对象吸引过来,让其先了解社工服务。

> 我们这里属于老城区,老年人非常多,刚开始他们不知道我们提供的是什么服务,以为我们是居委会的,但是我们在服务中一直强调我们是社工,我们主要是做服务的,以及我们都会统一着装,这样服务了一年多以后,这里的人对我们就有了一个初步的认识,知道有社工这个群体存在。(摘自笔者实地访谈记录)

东莞每个岗位的社工在服务内容方面,也主要是从一些兴趣类活动及发展性服务入手,满足服务对象的基本期待。

> 现在我们社工的水平也主要集中于一些比较初级的服务,比如说大家搞得最多的就是一些兴趣类的小组,比如说搞一个"丝网花小组"。虽然是一个简单的小组,我们还是鼓励社工加入一些社工元素,要体现出社工的价值和独特之处。(摘自笔者实地访谈记录)

在厦门,社工在服务内容中尽力满足服务对象的期待,设计较为丰富的服务内容和服务形式,在服务过程中积极调动服务对象的参与积极性。

> 我们这个区老年人比较多,我们做的比较多的活动是老年人活动,以及一些新市民融入方面的活动,像街道这边有很多"新厦门人",我们为他们提供很多这种支持性的服务,比如说开展一些小组活动、社区活动,让他们参与其中。(摘自笔者实地访谈记录)

2. 服务中融入专业元素

在广州,由于社会工作发展非常迅速,服务对象对社工的认识也正在经历一个快速的转变过程。社会组织在迅速的发展起来的同时,最主要是对政府部门表现其专业性,社工通过在服务的设计中融入一些专业元素,

第四章 政府购买服务下的社会组织合法性策略

用通俗的语言,让服务对象慢慢理解,也期望能够获得服务对象的专业认同。

> 我们通过一些具体的说法去让大家了解,比如个体的增能、群体的互动、社会的互助等。好让服务对象尽量多些知道社工相关的东西。(摘自笔者实地访谈记录)

对于东莞来说,社工在"拉拢"服务对象时,也会在活动之中加入宣传、理念渗透,不过服务对象的认识依然是比较低的。但至少这种努力会影响到一部分服务对象,让他们更多地了解社工服务。

> 对于不同的人我们的介绍不一样。比如对于学校的人,我们可能会说,我们是社工,你们可以这样称呼我们。我们不会说社工的概念是什么,我们对自己的定位是社工是你们的同行者,在你们的成长过程中,我们都欢迎你们来找我们聊天。还有我们强调保密原则,就是在不伤害他人的情况下,你可以跟我们说一些事情。因为在学校我们会强调两个方面:第一,我们不是老师,我们不上课;第二,社工不是心理咨询师,找社工不是说你心理有问题,而是说明你想更好,才会找我们。我们是这样子去介绍的。(摘自笔者实地访谈记录)

厦门社工的身份意识不太明确,社会工作者表达自身专业性的态度也相对没那么积极,主要是先聚拢服务人气。

> 现在我们主要是和社区工作者一起开展活动,在签订合同时,政府也要求我们能够多为这些社区工作者提供一些专业方面的培训,这些社区工作者也是社区居民,这些社区工作者参加完我们的活动之后,知道了什么是小组活动,知道了小组活动分为组前、组中、组后,知道了如何去策划方案。其实这样我们也将自己的社工理念传播出去了。(摘自笔者实地访谈记录)

对于这类愿意表达期望的服务对象的"拉拢"策略，社会组织及社工主要是为了获得服务对象的认可，这种认可首先是从对社工身份的识别，其次逐渐认可社工服务的方法过程以及社工服务的效果。对于社会工作者来说，目前还处在建立专业形象的阶段，他们对专业性的表达策略相对比较弱，主要是表现在一种服务态度和服务内容上的改变，这种策略并不能让服务对象很快地识别出社工，但是这为社工建立一种区别于政府工作人员及社区工作者的形象提供了契机，也是社会组织获得及社工服务获得专业合法性的一个重要方面。

3. 分类满足服务对象需求

在具体的服务过程中，社会组织针对不同服务对象对服务成效的期待，也会运用不同的应对策略，以尽量能够满足服务对象的期待。

对于期望解决实际困难的服务对象，比如说家庭经济困难期望救助、失业待岗期望能够找到工作、子女上学困难期望解决上学问题等，这类问题一般涉及政府的救助政策、就业政策以及教育政策，社工一般会通过介绍政府政策或者链接资源等方式协助解决，并且会耐心与服务对象解释。在实地访问中有社工反映，"很多时候服务对象只是对政策不了解，他们找到我们也是信任我们，我们虽然并不能给他们实质的帮助，但是只要热情耐心的给他们解释政府政策，他们也会满意的"。大多数社工也是使用这种对策。不过也有一些社工觉得这些需要都比较难以解决，在沟通、协调过程中没有满足服务对象的期待，导致服务对象对社工失望、甚至觉得社工与政府联合起来欺骗他们，也存在这样的情况。

对于期待提升自身能力、培养兴趣爱好的服务对象，这些服务需求一般比较容易满足，也是绝大多数社会组织乐于提供的服务。从广州、厦门、东莞三地来看，社会组织提供技能类、兴趣类的服务很多，比如说开设老年人电脑小组、烹饪小组以及丝网花、折纸小组等。在社会组织刚开始提供服务的时候，这类服务受到老年人、妇女、青少年等服务群体的欢迎，服务对象也能够在社工的带领下学会这些技能，服务成效比较明显。不过随着服务的深入，也有服务对象表示参加这类活动没有什么意义。对于购买方来说,他们也不期望购买社工服务只是提供一些文娱、兴趣类服务。社会组织自身也意识到这方面的问题,有一个社会组织的服务部长认为:"现在我们也被政府,还有服务对象质疑,说经常开展折纸小组有什么意义?能体现什么专业性?我们现在也在努力培养我们社工的专业能力,以及如何用购买方、服务对象听得懂的语言陈述我们的服务成效。"针对这种情况,多数社会组织在努力提升社工的专业能力的同时,也强调将专业语言转化为日常语言,宣传服务的成效,使服务对象满意。

此外,由于政府在推动社会工作发展过程中,将社工宣传为能够解决很多社会问题的专业人员。在实际服务过程中,很多社工也觉得购买方将自身"神化",比如说他们宣传"有困难,找社工",这导致社工在实际服务过程中不堪重负,所以社会组织也在努力降低服务对象对社工的过高期待,促使服务对象对社工形成合理的期待。

4. 适当采取"重点培育"策略

在广州、东莞、厦门三地中,社工服务中都会发掘到这类积极分子居民,他们具有相似的特质,具备一定的参与能力,参与积极性也比较高。他们的高参与度和对社工服务的认可,能够直接体现出社工的服务成效。社工多数会将他们作为志愿者骨干重点培育,培育的策略主要有以下几点:

首先,提供丰富多样的参与机会。针对服务对象的参与意愿,社工会提供不同的参与机会给他们。如增加参与社工服务的频率、让他们协助社工开展服务、让他们协助社工开展帮扶类的服务等。赋予他们"义工""教师""表演者"等不同身份,让他们参与到社区服务中。

其次,提升参与能力。为了继续维持服务对象参与的动力,让其有更大的自我价值感,社会组织会形成培育机制,对该类服务对象开展相应能力培训,主要包括"技巧类能力""管理策划能力""人际沟通能力""危机处理能力"等培训,提升其服务技巧和服务能力,确保服务对象在参与过程中,更有成就感。同时,社工会作为一个同行者,在背后引导他们的参与,并及时跟进参与过程中遇到的困惑。

最后,定期激励表彰。针对参与积极,且成效明显的服务对象,社会组织会实施定期的激励表彰，以物质和精神的形式肯定服务对象的参与和付出，从而激励和维持该行为。同样，社会组织也会积极为其争取更高级别的荣誉或表彰，以在服务中树立典型。

综上所述，针对不同的服务对象，社会组织会采取不同的影响策略，而且"积极争取""主动拉拢""重点培育"的策略也并非是绝对的，而是可以相互转化的。当对社工服务不了解的服务对象被积极争取过来后，也可能会通过参与社工服务转变为积极的参与者，从而变成社工的重点培育者。相反，如果积极参与者在服务过程中慢慢丧失激情，也有可能转变为社工需要积极争取的人。像特殊人群，在作为被主动"拉拢"的对象外，也可以发挥自身特长去表演，进而成为社工重点培育的服务对象等。社会组织对服务对象的不同策略实际上体现了"自助、助人"的社会服务理念，即通过"争取""拉拢"，服务对象从接受服务转变为自助，再"重点培育"为能够助人的人。

第五节 组织合法性策略的效应

社会组织是在政府购买服务的推动下直接产生的，政府购买服务为社会组织的产生提供了政策和资源空间。社会组织在政府购买服务过程中，需要面对政府、评估方和服务对象三方面的要求，这三方面代表着政府购买服务中的购买方、评估方和受益方，而社会组织是满足这三方面要求的运营方。

一、社会组织的合法性策略

购买方、评估方和服务对象三种不同的认同构成了社会组织面临的不同的合法性机制。从目前来看，如果政府能够按照制度要求做好与社会组织的分工，社会组织也能够按照制度要求提供专业服务，评估方也能够从专业上评估社会组织的服务是否合乎专业要求，服务对象也能够从社会组织的服务中获得相应的专业服务，这是一种最理想的状态。但是在现实中，三方具有不同的要求，社会组织都需要面对。

（一）灵活应对，获得政治合法性

对于政府来说，它们期望能够通过政府购买服务，引入社会组织和社工服务，然后实现政府职能转移以及社会管理和社会服务的创新，当然它们更实际的是想通过政府购买服务解决一些实际的社会问题。对于社会组织来说，由于大部分社会组织主要是在政府购买服务及培育社会组织的政策背景下产生的，它们的社会认同度相对较低，主要是为了承接政府购买服务。所以，它们对于政府的资金、资源具有较强的依赖性。从实际调查来看，目前大部分社会组织的资金主要来自政府，有的机构甚至是资金百分之百来自政府。政府往往期望项目能够迅速出成绩，或者期待社工能够减少政府的一些负担，但是社会工作服务并不是万能的，社会工作服务的成效也不是立竿见影的。广州、东莞、厦门三地的参与政府购买服务的社会组织主要是以妥协为主。这种妥协策略主要表现在：尽量满足政府的行政任务要求，在与政府沟通时尽量强调自身服务的专业性，这种强调主要体现在对一些优秀案例的宣传、对成效的宣传等方面。

（二）主动调适，获得专业合法性

社会组织的专业合法性主要来自于评估方。在政府购买服务制度设计中，评估是一个重要的环节。评估不仅具有一种监督作用，同时还可以促进社会工作专业化的发展。监督作用主要是体现在购买方聘请第三方来检查社会工作服务的效果，查看其指标是否完成，是否有成效。由于评估方基本上是业内的专家，他们对于服务相对了解，能够看出服务设计的问题，以及服务执行过程中的一些问题，所以对于评估方，社会工作机构主要以一种主动调适策略为主。他们会尽量配合评估方的工作，期望得到评估方的肯定，因为评估方所给出的成绩会影响他们获得服务合约的持续性，也影响社会组织在业界的名声。这种主动调适策略主要表现在：认真按照评估方给出的评估规范和评估表格填写文书材料，根据评估给出的反馈意见进行整改，主动提升自身的专业服务能力。

广州市的家庭综合服务中心项目购买是三年一次购买，一年签一次协议。评估每年有两次，每次社工都需要准备大量的文书以备评估方检查，评估方给出的成绩直接影响到政府的拨款及购买，如果评估不合格，按照规定，将影响接下来的协议签订和资金拨款。对于评估，广州家庭综合服务中心的社工要准备很多评估材料，并且需要根据评估方给出的意见调整服务。东莞的政府购买服务评估主要分为每年一次的对购买服务机构的评估，以及市直岗位、项目的评估，所以他们要面对的评估也很多，每次评估也需要准备大量的材料。

（三）积极影响，获得社会合法性

服务对象是社工服务的受益者，分为直接服务对象和间接服务对象，没有服务对象，也就没有社会工作存在的理由。服务对象的满意度也是服务绩效评估的重要指标。社会组织的影响策略体现为要求项目社工在居委协助下上门探访，以及接收一些居委转介过来的个案。社工意图在这个服务过程中逐渐将自身的一些服务理念贯彻进服务之中，从而让服务对象能够将社工与其他社区服务主体区别开来，另外一个影响策略就是培育志愿者，让志愿者帮助传递社工的理念和方法。

二、社会组织合法性策略的效应

（一）能够使组织迅速获得发展资源

承接政府购买项目的社会组织资源主要来自于政府，组织的生存逻辑要高于专业逻辑。为了获得资源，社会组织需要依附于政府而存在，需要得到政府的支持和信任，而在这个过程中，社会组织需要协调专业合法性以及社会合法性，以获得政治合法性。获得政治合法性之后，社会组织能够获得政府购买服务的资金支持，从而可以扩大组织规模。而且一般来说，政府购买服务的资金相对较多，且比较稳定、持续，与获取社会、基金会的资金相比,多数社会组织倾向争取政府资源。从现实来看,自2012年广州全面铺开政府购买家庭综合服务中心服务以来,每个家庭综合服务中心以两百万的经费进行购买,广州的社会组织自2012年左右呈现井喷式的发展态势。东莞主要以政府购买岗位社工为主,东莞市的社工服务主要由12家社会组织负责,这些社会组织95%以上的资金来自于政府购买。厦门市政府购买社工服务起步较晚,社会组织的发展相对弱小,社会组织的资金来源几乎百分之百来自于政府。由此可见,依托于政府购买服务,社会组织能够迅速扩大规模,对于社会组织来说,这是社会组织的组织理性,他们自身也是期望能够通过各种策略获得来自政府的合法性。

(二) 可能弱化组织的独立性和自主性

组织社会学的新制度主义认为,有些组织在面临十分多样繁杂的环境要求时,往往会使其结构特征与技术活动相"脱藕",这只是组织应对环境的一种策略。[①] 在政府购买服务中,社会组织面临着不同的制度环境要求,社会组织具有不同的应对策略,当前,社会组织的主要合法性来自政府,所以社会组织以灵活适应的方式面对政府以获得政治合法性是社会组织最主要的策略。一般情况下,社会组织一般是将政府的要求和社会组织的专业服务结合起来,这是一种比较理想的方式,但是如果遇到比较强势的政府,社会组织有可能被行政化,成为政府的一个"部门"。在东莞的岗位购买中,就出现社工服务行政化的问题,以及在厦门的政府购买服务过程中,社会组织主要是协助政府完成一些行政任务,专业服务只是一种点缀。这就导致社会组织只是为了去满足政府的政治合法性要求,而丧失了对专业合法性和社会合法性的追求,作为一个具有专业性和社会性的组织,社会组织也将面临失去专业性和社会性的尴尬。

[①] 约翰·W. 迈耶、布利安·罗恩:《制度化的组织:作为神话与仪式的正式结构》,见[美] 沃尔特·W. 鲍威尔、保罗·J. 迪马吉奥主编:《组织分析的新制度主义》,姚伟译,上海人民出版社2008年版。

(三) 模糊外界对组织本身的认识

从目前来看，组织面对的制度环境是政治合法性优先于专业合法性及社会合法性。社会组织需要使用不同的策略满足环境中不同主体的要求。对于政府，社会组织主要是灵活应对，以获得政府的信任；对于评估方，社会组织的策略是主动调适；对于服务对象，社会组织的策略是积极影响。但是当政府对于社会组织干预较多，社会组织的专业合法性及社会合法性也受到政治合法性的影响。社会组织的策略也主要是迎合政府的规制和要求，同时社会组织也想尽量满足评估方及服务对象的要求。但是最后的结果反而是模糊了相关主体对社会组织的认识，对于政府来说，虽然社会组织善于合作，值得信任，但是社会组织并没有达到它们预期的效果，即解决社会问题，提升公共服务效率，相反使得社会组织形成了对政府的依赖。对于评估方来说，一方面社会组织参与了过多的行政事务，影响服务指标的完成；另一方面是社工的专业水平较低，专业服务效果并没有明显体现。对于服务对象来说，难以分辨社工服务与政府工作人员、社区工作人员的服务有何明显区别，并且认为社工提供的服务不够专业。本来社会组织应该是定位为一个提供社会工作专业服务的社会组织，但是在政治合法性主导的制度环境中，社会组织在追求合法性的过程中反而丧失了其独立性和专业性，从而也模糊了外界对社会组织的认识。

三、小结

社会组织的合法性策略包含政府、专业界和居民等多个面向，策略组合的目标是令社会组织和政府之间达成合作博弈。如同第三章的嵌入性策略一样，这种策略复杂性来源于政府购买社会服务所包含的多个社会政策目标，政府基于多个目标确立的项目投标和第三方服务评估制度，驱使承接购买项目的社会组织寻找多种策略应对。社会组织对政府项目资源具有不同程度的渴求，策略组合就有所不同。实证调查资料反映出，社会组织在政府要求、自身发展目标和居民服务需求之间努力协调，但有时也会顾此失彼。政府作为购买方和推动社会组织发展的主导方,需要仔细理清目标之间的关系以及制度对组织造成的影响,才能在增加社会服务供给的同时,把社会组织引向健康良性发展的道路。

第五章 地方实践模式与组织运作绩效比较

以当前各城市政府采用的社会服务购买方式来看,基本上属于购买项目或购买岗位两种,其中购买项目的类型较多,可以有综合服务、单项(专项)服务项目,或者大型、小型项目(购买床位、学位)等。合约管理和服务素质(绩效)监管是政府购买方能够掌握的两个最重要的手段,对这两种手段的不同运用能够使政府和承接项目的组织之间形成不同关系,社会服务行业、社会服务组织和社工也会形成完全不同的生态。自《中华人民共和国政府采购法》颁布和《关于促进民办社会工作机构发展的通知》发布之后,国内各城市政府购买服务的制度大框架已经确定。但是各城市、各级政府仍然能够在这种大框架下,通过不同的行政手段和调节机制来推行政府购买服务,从而形成不同的地方实践模式,具有各不相同的工作成效和社会影响。

第一节 广东省各城市实践模式

自2006年深圳试点工作算起,广东省政府购买服务经过十余年的发展,无论在资金投入、服务项目拓展、社工机构培育、人才队伍建设等方面都实现了跨越式发展,社会服务所覆盖的范围在全国各省市中最广。

一、社会服务跨越式发展

根据广东省民政厅统计数据显示，十年来投入政府购买社工服务的经费近60亿元，全省通过全国社会工作者职业水平考试人数近6万人，已有民办社工机构1163家。社会服务以广深为核心呈现出地区递增、总量增长的趋势。

（一）机构和服务总量迅速增长

截至2016年9月，广州市共有民办社会工作服务机构417家，总数量在全国城市中位居第一；2008年至今，广州市、区两级财政投入财政资金共建立188个街（镇）和社区级家庭综合服务中心，设立失独老人服务、医务社工服务、婚姻家庭服务等15类社会工作专项服务项目。2016年深圳市共有142个社工服务机构通过政府购买服务的方式承接了90余种政府公共服务事项。广深地区的社会工作服务已经在服务地域和服务类型上基本实现全覆盖。

除广深以外的珠三角其他地区，社会工作发展也初具规模。以珠海市为例，截至2015年，市级和区级注册的社工机构的数量达到64家；"十二五"期间投入8000万资金，透过项目购买和岗位购买的方式，初步实现了全市126个城市社区的社工服务全覆盖。惠州市从2009年起探索专业社会工作发展路径，在民政、妇联和少数社区开展专业社会工作服务；2013年开始推动全市20家社区综合服务中心试点创建工作。至于非珠三角地区，由于经济、社会发展基础相对薄弱，政府对社会工作服务的推动处于试点探索阶段，与珠三角地区相比总体上有一定的差距。

根据广东省民政厅资料，按"广深""非广深珠三角"和"非珠三角"三个地区分类统计，可以明显地看到三个地区在社工机构总量、社工岗位总量以及经费投入总量对比和发展情况，呈现出地区递增、总体增长的趋势。而2016年三个地区的总量数据加总后更能呈现出广东省的社会工作发展在全国范围内的明显优势，这是全国任何一个省份都暂时难以超越的。

表 5-1　2009 年、2013 年和 2016 年社工机构、持证社工数和专业岗位总量的比较

年份	民办社工机构数量(个)			社工岗位总量(个)			投入的经费总量(万元)		
	2009	2013	2016	2009	2013	2016	2009	2013	2016
非珠三角地区	58	45	147	—	669	3011	8893	833.8	2120
非广深珠三角地区		193	506		2305	10421		21165	52069
广深地区		317	606		5850	11044		60490	87014
小计	58	555	1259	—	8824	24476	8893	82488.8	141203

（二）政府购买方式和供给主体呈现多元化的特点

广东省政府购买的方式主要有岗位购买和项目购买（综合服务、专项服务）两种。所谓岗位购买，是由政府开发和设置社会工作专业的岗位，再向社工服务机构购买人力服务；而项目购买，则是政府将意欲购买的服务类别打包成一个项目，按照项目的服务量向社工服务机构购买。社会工作业内认为，社工岗位购买的方式最先起源于深圳，项目购买方式则是广州社会工作发展模式的重要特点。透过这两种购买方式，政府推动了社会服务供给主体多元化。服务供给多元化可以从机构、社工、服务领域三个层面来理解。一是社工服务机构的背景呈现多样化。随着政府购买服务需求的增加，对公共服务类社会组织登记注册制度"松绑"，各类高校背景、政府背景、企业背景的社工机构如雨后春笋般出现，一些民间志愿者团体也开始向社工机构转型。这些不同背景、不同类型的社工机构具有不同服务方法和优势，其中不乏行业佼佼者，能够引领专业及行业的发展。二是从事社工服务人员的专业背景也呈多样化的特点。从事社会工作的人员的专业背景以社会工作专业为主，延伸至社会学、心理学、管理学等相关专业，也吸纳了各类在基层从事社会服务、志愿服务的人员。在实践中逐步形成专业化、职业化的社会工作服务人才队伍。三是社会服务的领域多样化。社会服务购买主体除政府民政部门外，还包括团委、妇联、残联、工会、卫计、司法、公安、教育等不同的部门单位和群团组织。购买的服务

领域包括老年人服务、家庭服务、青少年服务、妇女及儿童服务、残疾人服务、社区矫正、戒毒服务、精神康复者服务、医务社会工作等，覆盖不同群体的需求。

（三）社会工作的认知度和认可度不断提升

全省各城市政府逐步建立管理体制，设立相关具体职能部门，并以民政部门为依托设立具体的社会工作和社会组织的行政管理机构，协同政府各部门及行业协会共同推动购买服务和社会工作的发展。随着服务及项目的拓展，社会工作受到了更多政府部门的认可和重视。各部门与社会组织之间寻求更多的合作机会，而且政府行政管理方法和社会组织的社会工作方法出现互相借用和借鉴。街道以及居委会是大部分政府购买的直接购买方，这些基层组织对社工服务的认知和认可程度越高，就越愿意给社会组织和社工更多自主发展空间，希望通力合作、取长补短，促进本地的社会工作服务开展。广大社区民众对社会工作服务也日益熟悉和欢迎。居民普遍认为有"三好"：政府推动社会工作发展是好事、社会工作者做的是好事、社会工作者是好人。

（四）社会工作服务机构的发展环境不断优化

各地政府在探索购买服务的过程中，积极培育、支持本地社工机构发展，并为机构的发展提供了政策支持和制度保证。例如广州市民政局在2016年针对过去几年家庭综合服务中心服务评估方面存在的问题，作了三方面调整，一是减轻评估要求的工作量和指标量，把社工从案头"解放"，要求社工必须将主要的精力放在社区；第二，增强评估对于机构服务的导向性作用，即引导机构的服务向专业性发展；第三，注重群众对服务满意度的深入性评估。全省先发地区社会工作制度已经在探索中不断完善。行业组织发挥了一定的中介作用，截至2017年8月，广东省21个地市中，除韶关、汕尾和潮州三个地市暂未成立行业组织外，其余地市均成立了市级的社会工作行业组织，广州、深圳等珠三角地区的行业组织也已在制度建设、人才培养、服务评估等方面探索和发展出一些良好的做法。

(五) 社会工作服务的成效和专业性日益展现

长者、残疾人、低收入群体等弱势群体都是社工重点关注和提供服务的对象。社工通过从微观、中观和宏观上实现对服务的对象全方位的协助，提供具有针对性的个人的、家庭的以及社区预防性的服务。社会工作服务站点作为公共空间直接落进社区，举办各类群众喜闻乐见的活动吸引居民参与，有意识地在活动中加入增强居民互相认识与合作的元素，同时动员和组织居民参加社区义工活动，这些做法对于促进社区居民互动、增进社区互助等有着非常重要的作用。社会工作服务对个人、群体和社区带来改变，社工服务的专业性日益显现。

二、广东省模式的问题分析

广东省模式的特点是市、区财政投入多、综合项目多、项目覆盖面大、第三方评估标准化，这种购买方式有见效快、具规模效应、社工团队成长快的效果，但同时也有"大而全"带来的问题。

（一）社工与基层政府组织（街镇、村居）的角色混淆

笔者在访谈调查中发现，在一般城乡居民看来，社工在社区中的角色和作用与街镇、村居的角色没有什么差别，两者都在同一个地方做类似的事；或者，居民认为社工就是街镇聘请的帮工。问及社区里举办的一些活动时，居民一般都认为是居委办的，以为居委和社工的工作差不多，把两者混为一谈。基于同样思路，居民认为生活出现问题找社工没有用，如果自己、政府都解决不了，社工更加解决不了。居民的认知反映出，社工与政府基层组织存在功能角色混淆。

> HZ 市某居民：因为之前有一个社区综合服务中心，那个综合服务中心应该是市里面给钱请的人在那里，做活动、做服务……其他不知道了，我平常也不会去那里玩。

SZ 市某居民：（我）不会去，其实说实话我们村里面这些人一般上真正办个事情才去那里，一般都不怎么去。（办什么事情？）好像一些家庭吵架了，干部去调和了，才去这些（地方），一般都不去。

城市从街到社区设置功能很强的政府和政治组织是中国的特色结构。在社工机构进入社区之前，政府基层组织的公共管理职能范围也包括部分社会服务职能。当前广东省城市的社区服务改革的本意是基层政府剥离社会服务，通过购买服务的方式移交社工机构承接，但是，由于基层政府所负担的所谓服务除福利性服务之外，还有相当部分是具有公共管理性质和政治性质的工作，例如计生婚育、党群关系、维稳等工作，如果这部分工作任务转由社区服务中心来承担，社工的角色当然难以和村居人员的角色区分开来，同时社工的专业能力也很难在工作中体现出来。当社工和村居成员角色混淆，不愿意接近政府和官员的居民，自然也不愿意接近社工。因此，准确来说，社工的功能角色不能定位于政府行政人员，社工的专业能力也不能应用于解决官民关系所产生的问题，而是用于解决那些本来不应该由政府来处理的关系或者服务。

（二）社工服务中心和基层政府空间重叠

社区服务中心在位置上都有如下特点：第一，位于居委会或社区办事大厅的旁边，门牌标注着劳动保障办事厅等街道的办事机构，家庭综合服务中心由于是后来搬进来，门牌放在了最后一个。因此，大部分居民对于家庭综合服务中心的印象是"办证部门"，"平时没有事儿是不会往家庭综合服务中心去的"。第二，家庭综合服务中心的活动室一般安排在二楼或三楼，在访谈中有的老人表示，难以爬到较高的楼层参加活动，因此一般平日都不会选择到家庭综合服务中心去。

居民对家庭综合服务中心的这种观感反映出社区服务中心的空间选点比决策者所想象的更加重要。当前的政府购买社工服务项目，大都由市、区在财政上支持，街、居在硬件上配合。街、居基于可控资源（房屋）以及便利性的考虑，往往会简单地把社区服务中心安置在原有的街居办公大楼内或者附近，与其他基层政府部门的办公地点重合。由于和其它行政办公部门设点在同一大楼，往往设有共同的物业管理、出入规则和时间，可能还有公共空间的使用规则，社工的服务中心不能依据服务的特点需求来设计、使用空间。这种空间设置可能直接造成或者深化了居民观念中社工与政府人员角色混淆、社工服务等同于街居和镇村公共管理的错觉。这应该是很多家庭综合服务中心缺乏"人气"、居民对社工和居委组织的社区活动参与度很低的原因。社区中每个特定的空间都被居民赋予特定的意义，社工的定点服务选址必须考虑不同功能空间重合可能造成的影响。

社区服务中心内部的空间设计往往也未能做到以人为本。例如一些服务中心不具有开放性，进出须在前台签到，使居民会误解家庭综合服务中心的服务是有条件限制的，或者会因为进入的不便利性而放弃了解。甚至有些服务中心规定居民访问需要提前预约。这种用防卫性思维来使用、管理空间的特征，也是政府部门空间管理的一大特征。服务中心内置于高级商务区和中高级商住小区也会产生类似的负面影响，小区往往实施封闭式物业管理，大概只有居住在社区里面的居民才会知道这个服务中心的存在。这种服务中心的空间设计，实际上是自我隔离于社区，必定不能达到服务社会大众和弱势群体的效果。

（三）社工"送上门"服务和"等上门"服务不平衡

有些社区社工服务的形式呈现出营运一个固定空间，坐等社区居民上门求助、接受服务的现象。相对来说，笔者调查时往往发现访谈中几乎没有居民反映自己在家中或在服务中心以外的公共活动地点见到过社工。社工服务的对象是弱势群体、问题群体。这些群体由于自身的问题而往往不同程度地自我隔离于社会，导致不能获得必要的社会支持，进一步深化其弱势。发现和关怀弱势群体从而把他们带回社会生活是社工的专业目标，因此，"送上门"服务应该是社工工作的基本方式。而固定的服务中心只是为了便于搞活动，便于社工机构开会、存放文书而设立的空间。但是，由于基层政府比较重视政绩的可视性，往往喜欢使用设点、挂牌的方式来宣示政府引入社工服务；社工和服务机构往往也会考虑自身工作便利、迎合基层政府的要求，而把主要工作项目安排在服务中心举行，于是"送上门服务"就转变为"等上门服务"。这是社工"官僚化"、社工服务"部门化"的初级特征，不但不符合政府把社工服务引入社区的初衷，也背离了社工的专业理念。访谈调查中发现，对社工有认知的居民是由于去过家庭综合服务中心或者参加过社工在服务中心开展的活动项目；而对社工没有认知的居民，则有许多不同的"不接触"原因，例如"没有时间参加活动""没有需要求助社工""自身行动不便不能前往"等。

（四）精准服务与均等服务目标冲突

中国的城乡社区是由国家部门按一定人口规模划分并实施行政管理的单位，而不是由社会成员自由组合而成的利益共同体，这种社区的特征之一是居民的差异性显著，从经济地位到族群文化归属都会有所不同，居民对社区服务的需求也会有很多差异。

当前各级政府提出公共服务均等化目标，初衷是城乡之间的公共服务供给在数量和质量上趋近。然而，基于这个目标，基层政府对社工机构和社区服务中心的要求是社区内居民的社会服务供给均等化，体现为项目拨款、设定项目（"3+2"）、服务内容和评估指标标准化，使社工机构无法也无须依据社区的不同需求作出不同的专项服务设计。还有些社区的社工服务是为了迎合上一级政府提出的目标要求而设立的，基本没有考虑社区的具体需要。例如：

> （HZ市SB社区）社区"一站式"服务大厅为居民提供包括民政、妇女、计生、老龄、劳动保障、流动人口管理等服务内容，为居民提供便捷服务。此外，社区还设有党员活动室、社区市民学校、卫生服务站、社区劳动保障工作站、社区警务工作站、社区综治工作站和社区城管工作站。社区以服务群众为重点，积极开展便民利民服务，宣传优生优育政策。

上述调查资料反映出基层政府"大而全"的社会服务供给要求与社工

"小而美"的服务专业能力存在不匹配，最终导致有些社区服务成为应对上级要求的展示性设置，没有发挥社工服务应有的作用。这个问题不解决，社工服务投入就是浪费资源，居民感受不到社区服务增加，社工也不能从服务当中成长。

第二节 厦门思明区实践模式

厦门市下辖各区的政府购买服务方式不同。思明区起步较晚但投入力度大，其政府购买服务模式的特点是区政府统筹、街道财政出资购买，项目由街道购买方和社工机构协商设计、社工服务机构执行。这种方式的好处是项目差异化发展，服务特色明显。

一、思明区的政府购买服务项目发展和特点

2014年开始启动家庭综合服务中心项目试点，以家庭、青少年、长者等群体为重点，面向辖区全体居民提供专业社会工作服务，各个试点项目类型主要分为家庭综合服务项目和特色服务项目。目前综合项目主要为鹭江、厦港、莲前、嘉莲、中华、鼓浪屿六个街道级的家庭综合服务中心，以及开元街道深田社区、中华街道镇海社区、厦港街鸿山社区等几个社区级的家庭综合服务中心。特色服务项目包括前埔南社区关爱中心、筼筜街道莲岳社区乐龄养老服务中心、筼筜社区"One-World 境外人士社工服务项目"等。

通过近一年的发展，思明区政府购买服务及社会工作服务主要有两种形式。一种是学习广州经验，由街道出资，出资额不等，在街道和社区层面成立家庭综合服务中心的模式。另一种是政府购买专项服务，目前思明区开展的特色项目试点有十多个，主要是由街道、文明办、民政局、工青妇等人民团体向社会组织购买专门针对某类群体的服务项目，购买资金一般不超过50万元，这些项目主要以社区为平台，成立社区服务中心，以针

对老年人（特别是空巢老人）和失独家庭的服务为主，以青少年等其他社区居民的服务为辅。在服务对象上，思明区的各个政府购买服务项目以老年人服务为主，青少年、残疾人及其他服务为辅。在服务内容和形式上，各个家庭综合服务中心和专项服务都能结合街道社区及机构特色，开展服务的内容和形式不拘一格，呈现多样化、多元化的特点，比较能凸显街道社区的特点。例如 YD 街道 GR 社区的专项服务项目由街道办出资，每年服务经费为 14 万元，由厦门市 BH 社会工作服务中心承办，主要面向在社区里和周边居住的外国人提供一些社区融入、社区适应的服务。思明区未成年心理健康辅导站是由思明区文明办出资购买的面对全区青少年开展服务的项目，目前由厦门市 SG 社会工作服务中心承办，项目经费为 28.8 万元/年，主要是运用心理咨询的方法为青少年开展心理教育等。专项服务项目的服务经费和供给规模总额不等，经费投入较多的每年在 100—200 万元之间，其它的街道家庭综合服务中心、社区综合服务中心和单项特色服务的经费总额基本都在 30 万元以下，服务经费相对较少。

厦门市思明区政府购买服务项目试点阶段主要呈现百花齐放、百鸟争鸣的特点。

（一）购买主体与承接主体的多样化

在政府购买社会组织服务试点过程中，思明区主要以街道为主体进行购买，并且赋予街道很大的自主权。街道根据自身特点，探索不同的购买方式和运作模式。除街道之外，还有区委文明办、区民政局、区计生协会、区妇联、区残联等部门，也在积极参与政府购买服务，成为社会工作服务的购买方。承接项目的社会组织也呈现多样化，有外来组织本地注册的社工组织和机构，也有本市成长的社工机构，还有非社工机构承接项目，尤其是小型专项服务。

（二）购买方式与购买内容的多样化

思明区政府购买服务试点主要向广州、深圳等城市学习，但是却没有形成像广州、深圳那样的统一购买的标准化模式。而是由各个街道根据自身特点，尝试探索不同的购买方式，在购买综合服务项目试点中就有打包项目向一个组织购买、拆分项目向多个组织购买、街道成立专门部门直接运作三种方式。思明区的政府购买服务项目经费多样化，家庭综合服务中心有200万元、150万元、100万元这样较大额度的投入，同时也有30万元左右等较小额度的投入，也有将综合项目和资金分拆成小项目由社会组织承接的方式。

（三）服务供给多样化

服务供给也各有不同内容和重点。思明区的购买项目是承接机构和街道主管部门协商确定，因此内容多种多样。既有家庭综合服务中心的项目，也有单项特色项目，虽以老年人服务为主，但老年人的服务方式与服务群体也比较多样，有注重心理健康的，也有注重空巢老人的服务等，辅以青少年服务、家庭服务及妇女服务。整体来看，思明区的政府购买的服务比广东省已经开展的服务类别更多，甚至有服务于街居干部和社工本身的项目。

二、思明区政府购买服务项目的实施效果

（一）整体实施效果

从整体层面来看，思明区政府购买社会组织服务项目试点成效主要表现在以下几个方面：

第一，服务的整体总量增加了，覆盖群体大大拓展。政府购买服务是一项增量改革，通过引入社会组织提供服务，既盘活了社区内现有资源，又增加了多种社区服务。街道、社区干部觉得引入社会组织提供服务，可以使社区工作人员的行政管理和社区服务剥离开来，由社工等专业人员专门提供服务。社区居民也认为家庭综合服务中心、社区服务中心为他们带来了更多的服务活动。服务中心整合了社区资源，扩大了活动场所。很多家庭综合服务中心都给社区服务对象提供了固定的场所与一部分固定的服

第五章 地方实践模式与组织运作绩效比较

务,使得社区居民在闲暇时间可以去中心开展活动,正如居委所评价的,"有一个活动场所,居民很愿意过去"①。

第二,优化了现有社区治理结构,提升了社区治理能力。传统的社区治理主要由社区居委会工作人员负责,而社区居委会人员主要忙于应对各种行政事务,无暇顾及对社区居民提供专业化的社会服务。通过购买服务引入社会组织提供专业化的社会服务,一方面改善了社区现有治理结构,另一方面也提升了社区治理能力。"社工在开展活动的时候会更注重成效,包括给老人建档,组织老人兴趣小组,包括一些个别老人的个案的介入,……居委是没有这么多时间和精力做专业服务的。""说引导孩子,不是说强制孩子去接受这些课,是慢慢地引导他们,让他们自己去主动地发挥他们的自己的动手能力和想法,不是被动的,所以说这个活动效果就肯定很明显。"②

第三,整合并盘活了社区内外的资源,形成共同治理局面。政府购买社会组织服务,而社会组织的一个重要功能就是链接和整合社会资源,在各个试点项目中,负责家庭综合服务中心和社区服务中心的组织,都有意识地发动社区和社会资源,协助成立社区志愿服务队伍,同时链接街道和社区外部的义工队伍及专业服务队伍服务辖区居民,形成多元共治的局面。

第四,培育了一批公益服务类社会组织。政府购买服务首先是放开了公益服务类社会组织的登记,并且为社会组织提供资金支持,很多公益服务类社会组织开始成长起来,这其中包括厦门市 WXXY 咨询服务中心、厦门市 QXQ 社会工作服务中心等一批社工机构,以及从广州、深圳到厦门注册的社工机构。

第五,减轻了街道、社区的负担,初步形成共同缔造的局面。政府购买服务目的是推动基层社区治理创新,而其中一个重要方面就是探索基层行政与服务的分离。街道在引入社会组织提供家庭综合服务中心服务及特

---

① 本课题组受厦门市思明区委托于 2016 年末对 5 个试点街道进行政府购买项目评估,评估过程访谈了 39 位街居干部和工作人员,对访谈个案及资料进行了整理,此处谈话即引自访谈资料。
② 同上。

色项目服务的同时，弥补了街道、社区对辖区内居民特别是弱势群体（孤寡老人、失独家庭、残障人士等）服务不足的问题，减轻了街道、社区的服务压力。街居基层工作人员从社会组织的服务中获得启发和帮助，"（给居委提出的建议的作用）我们自己可能没想到，但他们会提醒，起码对于我们的想法方面还是会有改善的"①。社会组织借助政府购买服务进入社区提供服务，在服务过程中盘活了社区公共服务资源、孵化了社区社会组织、培育社区居民的参与精神，在社区层面实现了社区、社会组织、社工的"三社联动"，并且带动了社区内其他群团组织、事业单位及企业组织、志愿者参与社区服务，形成了一种共同治理的局面。

（二）从居民的评价看实施效果

居民对社区服务中心这个新鲜事物从旁观到参与，越来越多人对社区活动感兴趣，他们对社区服务中心的正面评价也反映出政府购买服务的成效。②

1. 社区居民的满意度评价

试点街道的居民调查反映，社区居民对社区服务中心的知晓程度，随服务中心的开展服务的时间而逐渐提高。服务开启头三月内，知道服务中心的居民不足两成，半年之后，知晓度超过五成。居民对服务中心的了解程度和服务开展直接相关。调查资料反映，居民主要是通过工作人员上门或电话宣传、街道和社居委工作人员介绍知道家庭综合服务中心的，分别占到了应答数的 20.3% 和 22.2%，通过报纸、网络等渠道知道的比例较低。由此可见，居民对政府购买服务的资讯来源依赖于相关服务项目的宣传，如果家庭综合服务中心工作人员与街道、社区工作人员的宣传工作做得好，居民的知晓度也较高。

---

① 本课题组受厦门市思明区委托于 2016 年末对 5 个试点街道进行政府购买项目评估，评估过程访谈了 39 位街居干部和工作人员，对访谈个案及资料进行了整理，此处谈话即引自访谈资料。

② 本课题组采用居民满意度问卷调查的形式就社区居民对家庭综合服务中心的了解及满意度情况进行了问卷调查，本次调查问卷主要在 ZH 街道和 LJ 街道两个街道进行，共发放问卷 200 份，其中有效回收问卷 167 份，其中 LJ 街道有效问卷 100 份，ZH 街道有效问卷 67 份。

从表5-2中可以看出，居民曾经参加过的活动最多的是使用中心设施（17.3%）和参与兴趣活动（17.3%），其次是参加社区活动（14.1%），个案工作、小组工作等专业性服务参与数较低。由此可见，居民对于服务的最初认识多停留在"一个新的活动场所"，外展的、入户的社工专业服务尚未充分展开，而这些服务却正是基层政府在日常工作中无法提供、而社区居民又有特殊需要的。

表5-2 居民接受过社区服务中心的服务

服务类别	个案数	百分比（%）
工作人员上门探访	38	9.1%
咨询政策、服务等信息	26	6.2%
使用中心设施（比如看图书报纸、下棋、看电视、使用电脑或其他器材）	72	17.3%
参加兴趣活动（如手工艺、曲艺、厨艺、歌唱、舞蹈等）	72	17.3%
参加义工服务或训练	43	10.3%
个案工作（包括咨询与专业个案）	15	3.6%
小组服务	24	5.8%
社区活动	59	14.1%
探访（入户/电话）	35	8.4%
参加其他的活动或服务	33	7.9%

参加过社区家庭服务中心服务中心活动的居民对社工服务的评价通常都比较高。这一点可以从调查中居民把中心服务介绍给亲朋好友的意愿上反映出来，居民会将家庭综合服务中心服务介绍给亲朋好友的比例颇高，占到84.9%，其中，经常向亲朋好友提到家庭综合服务中心服务的占32.9%，有时提到的占36.8%，偶尔提到的占15.1%。

表5-3显示了居民对于家庭综合服务中心所提供服务的满意评价度，其中10分为评价最高，1分为评价最低，从表中的平均数和中位数及标准差三个数值可以看出，居民对于服务态度、服务安排、服务质量/成效等满意度都比较高，都能达到8分以上。社区居民对于家庭综合服务中心的服

务的知晓度和满意度都较高，政府购买服务取得了一定的成效。

表5-3 居民对家庭综合服务中心各项服务的评分

评分项目	个案数		平均值	中位数	标准差
	有效回答	缺失值			
接受社工服务，您对社工的态度评价	152	15	9.72	10.00	0.776
您的需求、问题、意见或建议，社工给予即时回应的程度	152	15	9.42	10.00	5.427
家庭综合服务中心服务/活动的时间安排（包括时间设定、时间长度等）	152	15	9.02	10.00	2.111
家庭综合服务中心服务/活动的内容设置（如中心提供的丝网花、烹饪班、日托服务等）您是否感兴趣？	152	15	8.25	10.00	3.190
家庭综合服务中心服务/活动的形式（各类兴趣小组、社区活动的开展形式）	152	15	8.74	10.00	2.410
家庭综合服务中心服务能切合需求的程度	152	15	8.74	10.00	2.410
接受中心的服务，能否使您认识更多解决日常生活问题的知识和方法？	152	15	8.61	10.00	2.406
遇到困难的情况，您是否主动向家庭综合服务中心/社工求助？	151	16	8.05	10.00	3.046
家庭综合服务中心服务能否区别于传统社区服务（传统服务包括街道、社区提供的各类文体娱乐、计生、养老、互助、慈善等服务，但不包含办事）？	152	15	8.74	10.00	2.41

三、一些发展问题

从各个项目试点开展的情况及街道、居委干部反映的情况来看，该地区政府购买服务与社会组织发展的有些主要制度机制尚需进一步完善。

（一）区、街道政府相关制度规则和合约管理尚待完善

政府购买服务往往是与政府职能转移、社会治理创新联系在一起的，但是政府职能转移首先要弄清哪些职能需要转移由社会组织来承接。从调研来看，试点项目购买方没有弄清政府购买服务的真正目的，以及在服务过程中没有厘清政府与社会组织的关系，没有分清楚社会组织可以做什么，街道作为购买方需要做什么。政府购买社会组织服务的制度包括政府购买社会组织服务流程、政府购买社会组织服务指导目录、政府购买社会组织服务绩效管理办法等，但是目前厦门市和思明区这方面的办法尚在出台之中，且有些制度规范操作性不强。这种制度不完善一方面促成了各试点不同的购买模式，另一个方面这些购买模式由于没有规范指引，往往面临购买目的不明确、购买内容不清楚、不知道如何评估等问题。由于在区级层面没有形成一个标准化的可操作的制度体系，各个试点项目购买方根据自己的理解进行"大胆创新"，所以导致有的家庭综合服务中心办成基层干部活动中心，有的家庭综合服务中心办成高级康体活动中心，有的试点把社工作当物业管理员等。

（二）街道和社区干部对社会工作服务认知不够清晰，缺乏科学有效的服务管理和评估方法

街道、社区干部对为什么要购买社会服务、居委会和社区工作者与社工有什么分别等问题认识不清。具体而言，主要集中在以下几个问题上：一是哪些工作属于居委会的职责，哪些属于社工组织的职责；二是居委会工作人员的能力是什么、机构社工的能力是什么；三是到底哪些服务需要购买，哪些服务则不属于购买范畴。有的街道为了保证社会组织符合预期地运行，派出工作人员进行"一对一"跟踪管理，导致整体工作量翻倍，

合约双方都很不满意。有的街居主管人员非常关注服务中心的"人气"、经常参加活动居民的"人数"等，引导承办组织转向潮流消费活动而不是扶助弱势群体。这种认知不明、权责不清的购买服务关系不仅会影响社会组织和社工发挥应有的作用，令社工项目团队失去开展服务的自主性和创新性，甚至可能反过来干扰了街居的正常管理工作。这种双重困境源于缺乏科学有效的合同投标方法和评估考核方法，购买方不知道如何评估项目的服务成效，进而对组织如何运用资源不放心。

（三）小项目购买往往专业力量不足，没有产生培育社会组织效应

思明区五个试点街道中有三个街道采用小项目购买的形式。小项目投入资金少，例如一个20万元的项目，所能聘请的全职专业社工最多只能2人。人数太少的团队难以支持社工解决专业问题、提升服务水平。专业社工不足，则社工组织会在实质上转变成一个以社会工作组织名义（视项目资金和要求来聘用社工）、以承接政府购买项目为目的民办非企业。这种民办非企业不一定以公益服务为宗旨，当然也不会致力推动社区的公益互助关系形成。因此，这种政府购买服务没有很好地推动社会组织发展、产生壮大社工专业服务力量的外溢效应。厦门市政府购买服务及社会工作的专业发展仍然处于初级阶段，政府、社会组织、社区居民对于社会工作者的定位及角色并不十分清晰，导致社工似"万金油"一样哪里需要哪里使用，社会工作专业化程度相对较低。

（四）社会组织承接服务能力较弱，可选择的社工组织太少

厦门市的政府购买服务才刚刚起步，本土社工机构很少，能力较弱。具体表现在社会组织的总体数量有限，普遍规模较小，内部专业社工人才较为匮乏，很多试点项目中的专业社工配备不足；很多社工缺乏团队支持，且督导也很少，专业能力发挥受限制。部分承办项目的社工组织尚在发育期，由于缺乏制度指引，社工组织的内部结构、管理和职员培训制度等方面各自设计不同，组织能力和服务素质差距较大，机构与购买方之间互相

不了解。

比较广东省各城市和厦门市可见,在政府购买服务发展初期,各城市政府和社会组织遇到的问题有共性,例如政府制度的建立和完善、社会组织的良性发展和专业能力培养。也有不同的问题,如政府对购买服务作为一项社会政策的理解程度、对社会组织的信任程度、社会组织的发展差异、社工对服务地域的选择等。在政府购买服务的政策框架中,政府和社会组织的关系是在持续互动中形成和改变的,从理论上来说,双方都需要具有主动性并确认对方的主动性,才能生成良好的政社关系。

第三节 香港的政府购买服务与社会组织发展

香港特区政府没有经历福利国家型的行政模式,而是实行不干预主义的管理型行政模式。近二十年来,随着民间对公共福利要求的上升以及国家公共福利模式的影响而向服务型政府行政模式转变,香港形成了管理型与服务型的混合政府管理模式。这种模式的理念可以进一步表述为通过策略方式统合政府管治和公众福利的需求,与市场和社会组织组成伙伴合作关系,实现共同治理。

香港的公共服务领域包括教育、医疗和社会福利服务等,这些领域都有众多的公立、私立和资助机构共存,政府资助运作的社会组织所提供的公共服务供给超过服务总供给量的七成[①]。当前,香港近1100间中小学、3000多个社会服务机构,绝大部分通过接受政府资助来进行日常运作,此外,政府开办了150多间医疗机构,与其他私立医院一起提供医疗服务。这种公立、私立和资助机构共存,以资助机构为主的格局充分反映出香港通过公私伙伴合作方式实现公共服务供给主体多元化的特征。

---

① 根据香港教育局、医管局和社会服务联会的数据估计。

一、香港社会服务供给主体多元化实践

香港社会服务供给主体多元化表现为政府、企业、社会组织和市民小群体共同参与。供给者多元化不但增加了服务容量，也聚集了更多资源，提高了公共财的使用效率。

（一）社会组织供给

根据历史研究资料，自19世纪末期香港殖民地建立初期，华人社会的非营利组织已经有所发展。行会是其中最发达的社团形式之一，由雇主和雇员分别组成的行会除具有行会的一般功能外还兼具互助救济性质，包括救济失业、施医赠药等。以庙宇中心组成的非营利组织是另一类重要的社团形式，主要举办庙宇、义祠、同乡组织、更练团、街坊会、义学和医院等福利性项目。[①] 这些早期的民间社团虽然具有现代非营利组织的某些功能，但它们并不能等同于现代社会的公益慈善组织或社会福利组织。于1872年成立的东华医院和1878年成立的保良局标志着现代华人公益性社会组织诞生。这些非政府机构所服务的对象既有外国人，也有本地华人，在形式上不分族裔，具有现代非营利组织的特质。据文献资料记载，1941年以前登记成立的大型公益组织有22个。"二战"后20年是香港公益组织发展最快的时期，这个时期有48个大型福利团体成立。[②] 20世纪60年代以后，由于社会相对富裕，社会组织过去所从事的救济工作的需求日益下降，诸多组织转而关注香港本土居民特定的福利需求，如老人、青年就业等服务，快速发展起来的社会组织开始从救济转向范围更广的社会服务。

1952—1955年和1952—1963年两个时期，香港人口的净流入量都在5万以上[③]。当时港英政府以及原有大型福利机构的资源和设施都不足以应付

---

① 冼玉仪：："社会组织与社会变迁"，见王赓武主编：《香港史新编》（上册），三联书店（香港）有限公司1997年版。
② 吕大乐：《凝聚力量：香港非政府机构发展轨迹》，三联书店（香港）有限公司2010年版。
③ 数据来自香港特区政府统计处人口统计资料。

大量人口涌入而产生的各种需求。本地华人组成的街坊会成为承担赈济、社区医疗、治安和文娱康体活动的重要组织，通过政府资助和坊会筹资相结合的方式来应对基层的需求。以1951年创立的旺角街坊会为例，该组织秉持"守望相助、休戚相关、患难相扶、移风易俗"这四大信条，旺角街坊会如其宣称一般，一直致力于为街坊服务。早期的作为包括"兴学育少、敬老慈幼、济助孤寡贫寒、施派棉衣米粮、排难解纷、赠医施药、救灾恤难、施棺赠殓"及一系列与青少年教育相关的社会服务。"二战"后的香港社会组织主要是提供大众公共服务和社会福利。

（二）政府及多方资助社会服务供给

到20世纪70年代，随着财政收入提高和福利政策制度完善，香港政府扩大公共援助范围，逐步完善社会服务津贴制度。非营利组织逐渐退出救济，转为提供专业性质的社会服务。社会组织的发展面临的最大问题是资金方面。虽然政府的资助可以解决一定的资金问题，但一方面政府的资金支持有一定的偏向性，另一方面，过分依赖政府只会使非营利组织逐步丧失其灵活性和创新能力。在这样的背景下，香港公益金作为"福利银库"于1968年正式诞生，是一所非政府、非营利、财政资源独立、自主管理资助的机构，以2009—2010年度为例，香港公益金共筹募资金27830万港元，拨予会员机构18960万港元。至今大多数社会组织以慈善或社会服务为宗旨，香港七成以上的公共服务项目都由社会组织运营。

香港东华三院是香港社会服务主体多元化的一个典型案例。东华三院在成立之初运作资金主要由行会年捐和理事会成员个人捐献及筹募而来。作为香港政府主持成立的机构，它在资金周转极其困难时也曾经得到政府一次性拨款以解燃眉之急。20世纪70年代以后，香港公共服务制度逐渐完善，对社会福利的投入不断增加。东华三院所开办的一些医疗项目接受了政府资助，其他医疗和福利开支则继续由公众捐款和私人捐款支持。香港回归以后，特区政府加大对公共医疗的投入。现在东华三院的年度运作经费当中政府资助占70%—75%[①]，成为一个资源来源多元化的大型医疗机构。

（三）企业参与

香港工商企业投入公益慈善事业历史悠久，通常体现为企业的慈善捐款。今天工商企业参与公益慈善，被视为企业的一种社会责任。由于企业承担社会责任的推广在香港是由社会服务联会首先推行的，因此社会责任的内容特别注重公益慈善。2002年香港社会服务联会策动"商界展关怀"计划，旨在促进工商界与社会服务界之间的策略性伙伴合作，共同推动企业社会责任，并透过举办不同类型的跨界别交流活动，让企业和社会服务机构彼此认识和加深了解，开拓合作空间以推行针对社会需要的跨界社区计划，建设共融社会。积极参与计划的工商企业由与之合作的公益组织提名，获社联颁发"商界展关怀"标志或"同心展关怀"年度标志。香港工商企业参与社会服务和公益慈善的方式多种多样。例如，企业通过与社会服务机构合作，为贫穷家庭开办热食饭堂，或者送饭到户；小老板为青年人作就业辅导，协助他们寻找工作；星级酒店为小数族裔中学生培训，增强他们的自信和对职业的期望。香港社会服务联会曾与饮食集团及复康机构合办招聘会，协助100多名残疾人士寻找就业机会；安排企业与社区组织合作，为20000多个贫穷家庭提供津贴及服务支持。2011年，香港社会服务联会向2507家企业颁发"商界展关怀"及"同心展关怀"年度标志，2012年获颁企业增加至2800多家。这种社会责任标志代表一种商业信誉，是当前发达国家颇为流行的一种对工商企业的评价指标。按照"商界展关怀"计划的设计，这两个标志的有效使用期限通常为一年，企业得到合作公益机构连续提名，才可以连续使用这个标志。因此每年要取得社会服务机构合作伙伴的提名，以致达成各项准则的要求，事实上是一种对社会责任的承担。这个承担不单是一次性或者一年的，而是持续性的。即使没有

---

① 数据来源于香港政府中央政策组：《香港第三部门的现状研究》，2004年公布于中策组网站。

实质的经济利益，香港也有 121 间企业和机构，由 2002 年开始，十年间"不间断地以行动表现这种承担的精神"①。

（四）以社会组织为载体的服务供给多元化

虽然总体来说市场和社会不足以完全承担公众对公共福利日益增长的总量需求和多元化需求，但是社会组织利用其组织灵活性和创新能力，却能够动员多种资源用于社会公益服务。香港浸信会爱群社区服务处本身是一个接受政府资助而开办社区服务中心的机构。该机构于 2011 年 8 月展开一个名为"10 元饭堂"的新服务项目，在社区中心所在地一楼举办晚膳饭堂，每份饭定量为两菜一汤，象征性收取 10 元费用。参与该活动的人士或家庭的条件是没有领取政府综援金、收入不足香港工作人口收入中位数的 70%。受助人需要提出申请并接受机构的收入核查。这项计划置于社区就业辅导计划之下开展，主要目标是帮助那些尚有工作能力和工作意愿的人士保持他们的工作意愿和能力，通过获得有限度的膳食援助舒缓生活困难。2011—2012 年度"10 元饭堂"项目开展一年，服务使用者共有 229 人，其中 80% 家庭月收入不超过 6000 港元。该项目获得社会的普遍赞扬，电视媒体也做过多次详细报道。计划最初的资助者是香港中华电力公司，出资 40 万港元启动资金，但项目实施后社会效果远远超过预期，中电公司凭此项目在企业界募款总额达到 120 万港元；而运作机构在其后收到各种渠道的捐款（机构并没有举行筹款活动）118 万港元，使原定试行一年的"10 元饭堂"计划有足够资源运作两年以上。项目众多捐资者中有律师公会成员，因为他们喜欢项目概念，在没有任何外来要求下自行在会内筹款资助项目运作。

另外一个典型例子是"亲切"及其开展的"儿童社会共融计划"。作为一个由数位热心残障儿童服务的妇女创办的公益机构，"亲切"成立于 1979 年，它的服务目标是协助特殊需要的儿童（包括智能、肢体、情绪及社交方面有障碍的儿童，新移民、少数族裔、低收入和单亲家庭的儿童）

---

① 引自香港社联网站"商界展关怀"计划页面。

发挥潜能，提高社交技巧，认识新朋友和融入社区；教育及改变公众对社会共融的认识，减少社会偏见和歧视。2011—2012年该组织策划的"儿童社会共融"包括两个项目：共融户外体验日、携手结伴同乐日。项目的内容是让拥有不同能力和背景的儿童和青少年以结伴和组队等形式参与游戏，通过互相接触和合作来增进了解并建立友谊，提高社交技巧，促进个人成长。该年度共举办79个户外体验日和114个结伴同乐日，共有20636位不同背景儿童及青少年参与项目，项目主要依靠公众捐款。"亲切"自成立以来从未接受政府资助，一直依靠社会资源，2011—2012年度组织总收入9250003港元，当中65.8%来自公众捐款，32%来自各类慈善基金和信托基金①。支持"亲切"特殊需要青少年服务的企业在2012年有25家，这些企业都由"亲切"提名，获得社会服务联会颁发的"商界展关怀"标志。

二、香港社会组织发展的制度特点

通过政府和企业、社会组织形成公私伙伴关系以实现社会服务供给多元化，关键是在政府对非政府机构实施资助或补贴的同时，实施有效监察，同时也能够谨守权力边界，保持社会组织的发展空间和自主性。通过上面的典型案例可以看到，社会服务供给多元化的实现需要一些重要的制度配合，来引导社会组织在发展的同时保持创新能力，通过资源竞争自动形成服务多元化。

（一）社会组织发展自主

香港的社会组织发展先于政府行政架构完善，政治架构在港英管治时期虽然并不是始终重视社会组织、尤其是华人组织的角色，但没有出现明显压制社会组织发展的历史时期。香港的功能性咨询架构吸纳各类社会组织的代表、专业人士和政府部门代表作为委员会成员，就相关的专门议题进行讨论、协商，向政府决策以及相关立法提出建议。政府定期对热心公益事业和社会组织发展的社会精英进行表彰，授予荣誉称号，通过这种方

---

① 亲切（TREATS）：《亲亲不同人——2011/2012年度报告》。

式向社会传达支持社会组织发展及其参与社会服务的信息。对接受财政资助的社会组织，政府的监管最多，订立了《非营利组织董事会指引》《优良服务管理措施》《慈善筹款优良管理措施》《慈善筹款活动最佳安排参考指引》《慈善筹款活动内部财务监管指引说明》《服务质素标准及准则》和《标准化津贴与服务协议》等一系列制度和组织行为指引，但即使如此，香港的政治和行政制度仍然保障社会组织是政府的"伙伴"，而不会变成"伙计"。社会组织代表在咨询架构内参与指定社会服务发展计划，对政策提供专业意见。在整笔拨款实施以前，政府对社会服务项目的资助额度和服务标准是由政府部门与社会服务联会商议确定的。到20世纪末期香港社会组织发展成熟且社会公益气氛形成，政府为鼓励社会组织向民间筹资、提高财政支出的使用效率才改为整笔拨款方式。

（二）社会组织筹资自主

非营利组织动员社会资源的另一个重要方面是筹资。香港法律允许社会组织自行筹集资金，但筹集和使用方式需要遵守相关法律规范。香港社会组织的筹资方式大致可分为四类：1. 会员专项捐款。每个社会组织都有一些特别认同组织宗旨目标的支持者，这些支持者通常会出任组织董事会成员，组织的筹资通常由这些董事负责，他们运用自己的社会网络来达成。2. 募集大众捐助。这种捐助通常数额较少，还可以进一步分为持续性的捐助和偶然性的捐助，前者指以通过月捐和年捐方式获得的捐款，后者指特定的筹款活动和周末上午以"卖旗日"方式获得的捐款。3. 申请基金资助。香港有不少公共或私人的基金会支持公益慈善活动，例如香港公益金、赛马会基金会、李嘉诚基金会等。4. 申请政府津贴。由于资金来源多，公益组织必须根据不同的资助者要求来设计筹募方式，许多大型的公益组织因为开支大、募资多，还需要设计适当的激励机制，当中包含不少创意和巧妙之处。对社会组织来说，公开募资也是一种公众监督机制，组织的财务状况和服务内容需要向公众公开。通过组织之间对社会资金的竞争，促使组织以诚信和优质且多元化的服务赢得优势。为了进一步吸引社会资源，支持社会服务，香港社会服务联会甚至学习股票市场对上市公司的信息公开规制,专门开办惠施网(WiseGiving),目的是推动及提升慈善机构的问责性和透明度,除社联会员机构外,网站列入的机构亦包括香港所有获税务局免税地位的慈善机构;网站提供有关慈善机构管治、财务等信息,供公众参阅。公众通过网站,了解有关慈善信息,作出明智的捐款决定。慈善信息的有效期为一年,慈善机构须每年更新资料。

(三) 业内自我规范

香港各行业都实施行内自我管理,香港社会服务联会是社会福利界最重要的业界代表,原因是它拥有400多个机构会员,会员辖下遍布全香港3000多个服务单位,为市民提供超过九成的社会福利服务。由于该界别依靠公共捐款和政府资助生存发展,因此社会信任决定界别的生死。按照吕大乐教授的观察,香港社会福利界及其机构一百多年来的服务与运作未遭遇过社会信任危机,并不是因为香港关于慈善的法制健全,而是社会福利界各组织及机构能够自觉信守道德准则,不以慈善为名渔利,即整个界别都充分认识到社会信任是界别最重要的集体资产。即使如此,到20世纪90年代后,香港的非营利组织不但数量激增,而且在组织类别、目标、服务方式等方面非常多元化,差异性大大增加,同时政府以及公众对非营利组织如何使用用于津贴的公帑及其慈善捐款等问题的关注度也大大增加了。联会意识到,社会福利界需要主动提高业界组织和机构的问责性和透明度,这样才能有效回应环境的变化。因此,自20世纪90年代起,联会多次在界内发起关于服务素质和机构管理规则和标准的讨论,并根据香港有关法例和政府的有关规则,订立了一系列业界规则指引,要求会员机构遵循这些规则;包括《订定机制检讨有关服务质素标准的政策及指引》《存备服务运作及活动纪录政策及指引》《有关组织架构/职责/职权的指引》《职员招聘、签订职员合约、发展、训练、评估、调派及纪律处分守则》《评估服务表现的政策及指引》《财务管理的政策及指引》《有关法律责任的指引》《有关安全的政策及指引》《有关满足服务使用者需要的政策及指引》《有关尊重服务使用者的知情选择权利的政策及指引》《有关尊重个人私产的政策及指引》《有关服务保密及保障个人数据政策及指引》《有关处理投诉的政策及指引》《有关确保服务使用者免受侵犯的政策及指引》。

香港实践经验对广东省具有重要的借鉴意义，通过推动社会组织和企业参与形成社会服务供给多元化的格局，需要从公私之间的"伙伴关系"着眼。即使政府实际上承担了大部分社会服务的资源供给，而且也具有监管社会组织的责任，但仍需要谨守权力边界，允许社会组织具有自主性和灵活性，放开社会组织活动和募款的限定，使社会组织不但有可能获得政府资助，更可能获得公众和企业的支持，既接受政府监管也接受公众监督。社会组织只有在社会环境当中自然竞争资源，才能像企业竞争那样产生联合或淘汰，其专业性和诚信制度才可能在此过程中不断加强。虽然在公共服务和社会服务领域政府的监管非常重要，但是如果社会组织完全被政府所规制而拥有很小的自主发展空间，它们必将失去自身的灵活性和创新能力，从而也难以吸引或聚集社会资源，业界也难以凝聚力量并发挥作用，社会服务供给多元化就难以实现。

第四节 政府购买项目与非购买项目比较

政府购买不是社会服务供给增加的唯一来源，社会其实有自主互助的能力。但是，必须认识到，政府购买的重要性在于通过项目实施放松社会组织登记与活动的限制、确认公益慈善的积极作用。没有政府在这方面的支持，民间公益活动无法进行。但是也必须认识到，政府购买不免带有政府的规则和要求，这种规则和要求规定和限制了社会组织的能力。通过政府购买项目和非政府购买项目的对比，能够看到两者的区别。

一、两个社会组织的背景介绍

广东省 Q 市 A 社会工作资源中心是广州市 A 社会服务中心在 Q 市设立的分支机构，2013 年 12 月 10 日经 Q 市民政局批准正式在地注册。该中心经 Q 市民政局和社会组织评审专家评审鉴定，于 2016 年 12 月被评为 Q 市最高等级——5A（AAAAA）级社会组织，是 Q 市首家荣获 5A 级的社工机构。作为一家运营三年多的机构，能够获得社会组织最高等级的荣誉，离不开机构总部的背景支持。在 A 机构成立的第二年即 2014 年，它在 Q 市 Q 区举行的五个社区综合服务中心项目招投标中脱颖而出，成功获得一家购买经费额度最大的社区综合服务中心的运营权。服务范围是 FC 街道下辖的 27 个社区居委会和 27 个社区服务中心，服务面积达 23.45 平方千米，三年总金额为 360 万元。

B 机构是 2009 年 8 月 12 日在 Q 市 Q 区注册的一家社会组织，其业务指导单位为 Q 区教育局，其组织起源于香港及本地。20 世纪 90 年代，一群"香港文化交流服务中心"（后简称为"中心"）的香港义工及本地不同专业背景的热心人士聚于粤北地区，在区政府、民政、教育及卫生等部门的指导下，开展"扶贫先扶智"的服务，服务经费七成来自香港总部在香港的募捐，二至三成来自机构培训、服务收费；服务范围以镇为中心，覆盖 Q 区 8 个乡镇，其中区政府驻地镇下辖 11 个村委会、131 个自然村。中心最初只是回应接受捐赠学校的要求，为学生提供各类成长和支持服务。在此过程中，工作人员发现健康问题困扰很多家庭。针对不良饮食习惯引发的各类健康问题，中心开始尝试引入一些医疗方面的资源，做健康教育，引导社区居民建立健康的生活方式。在此基础上，中心逐渐发展出"健康校园""健康社区""健康经济"及"健康文化"四项服务内容，并以四项服务内容为支柱来回应当地社区发展的需要，成为当地社区发展的协助者、支持者，逐渐形成"以健康的钱，办健康的事"的服务宗旨。

表 5-4　两个社会组织个案基本情况对比表

机构名称	A 机构	B 机构
支持机构	广州市 A 总部	香港总部
机构起源	2013 年底总部 A 在 Q 市设分支机构，2014 年 8 月正式承接 Q 市 FC 街道社区综合服务中心的服务并运营	香港总部主管与义工于 1997 年开始进入 Q 县（后 Q 县改市）服务，2009 年正式注册 B 机构

(续表)

机构名称	A 机构	B 机构
运营时长	3 年半	9 年
机构宗旨	提供优质服务，促进社会融合，创建和谐社区，缔造幸福家庭	优质的生命，优质的服务，追求人人全方位健康的人生
机构资质评价	2016 年被评为 Q 市 5A 级社会组织，是该市首家 5A 级社会组织	2016 年中心被评为 Q 市 4A 级社会组织
人员配备	原配工作人员 11 名，中心主任 1 名，副主任 1 名，专业社工 3 名，社工助理 2 名，活动助理 1 名，宣传员 1 名，行政人员 1 名，会计 1 名	工作人员共 16 名（包括后勤人员），中心主任 1 名，服务发展主任 1 名，服务发展副主任 1 名，项目主管 4 名（分管校园、经济、文化、社区），4 名社工（其中 2 名兼任行政工作）
人员持证情况	截至 2016 年年中，有会计资格证 1 人，社工师 1 人，助理社工师 2 人，其他相关证书 1 人，其中社工本科 3 人，社工专科 2 人，其他中职、大专以上专业 6 人	截至 2016 年有 8 名社工拥有初级社工师或以上证书，4 名助理社工师，其中社工专业本科毕业的一共 2 名
人员流动性情况	项目中期，即 2015 年 8—9 月到年底流动性较大，数位主要领导离职，2017 年 5 月 3 个社工去街道任职，离职 1 个，机构目前加新入职的一共 4 名工作人员	一直处于正常流动，总人数稳定，且有四五名社工作为核心人员从开始一直坚守在机构
场地	基层政府免费提供 1500 平方米的（二楼）活动场地，设有 14 个功能舱室	香港总部提供了 885 平方米的场地
运营经费/年	一百多万（家庭综合服务中心 120 万元/年，创文工作 19 万元，以及其他的小型专项经费）	一百多万
服务领域	青少年、家庭、义工、社会组织培育与孵化服务、社区居民自治服务	校园、社区（医疗）、经济、文化

(续表)

机构名称	A 机构	B 机构
服务区域	FC街道总面积23.45平方千米，包括27个社区居委会，和27个社区服务，旁边有退休职工和外来工中心、居民小区、学校、少年宫等	Q区下辖8个镇，其中政府驻地太和镇，下辖11个村委会，131条自然村，5个社区居委会，常住人口6.9万人，流动人口约7万，中心周边多居民小区和学校
服务角色	依照政府购买合同承担社区服务提供者	服务提供者、陪伴者、协同探索者
业务范围界定	政府购买服务项目（社区服务、创文）	根据所在社区需要扩展领域，与不同团体合作等
资金来源	政府购买服务的经费：区和街道各出50%街道委托服务的经费	七八成来自香港支持和捐款，两三成来自机构培训、服务收费
督导与培训	项目进行过程中，香港督导和内地督导相互配合定期开展个督、团督等，基本满足社工需要	前期督导依赖香港，现在内地也多了，陆续邀请过大学社工老师等来做培训
与周边机构的联系	机构之间会有一些联系，如案主转介等可以流畅进行，和社联等都有一些交流	经常与周边机构联系，沟通较为顺畅，如医疗卫生的疾控部门等
需求调研	项目申请时有一次调研，申请成功后有一次更详细的调研，但是结果不是很符合大众需要和需求变化	跟踪社区居民需要以及合作单位意向，提供服务并随时灵活调整
成效表现	最近有青少年家长主动到中心求助亲子关系及教育问题，协助成立了居民自治组织，中心有常规服务，受到儿童、青少年（有趣的活动吸引）以及中老年人（娱乐场所及人际吸引）的喜爱 社区组织孵化与发展，如和社区舞蹈团相互合作，一方提供场地和平台，一方提供义演	亲子关系教育起到一定成效，获得肯定。学校社会工作的开展对部分学生产生正面的影响，受惠学生也加入志愿服务，传递爱心，甚至加入机构成为骨干 受惠群体推荐，有一些家长等主动求助亲子问题、青春期问题；地区远的孩子也被吸引过来，主动要求参加活动

(续表)

机构名称	A 机构	B 机构
机构亮点	社工受过相对良好的教育； 较为充足的专业督导的督导和培训； 有 A 总机构进行经验、人才、方向、资源等的支持； 政府购买服务项目，资金来源相对稳定； 机构人性化管理制度，如儿童节可以放半天假	社工有心理咨询背景，灵活处理个案，在分化目标，延长跟踪时间，建立专业关系和陪伴的过程中实现治疗； 本土化发展较为成熟，根基扎实，本地工作经验多，紧跟社区需要提供服务； 总部有理念、资金、督导等的支持； 不依赖政府、自负盈亏； 机构文化理念等传承性好，有四五个骨干一直坚持在岗
机构不足	流动率大，尤其是高层领导的流动对服务带来较大影响； 由流动性大、资金不足、人手不足等带来的覆盖面不广，成效不佳问题； 经费大部分用于社工工资，用于服务的资金不足，服务质量不能保证	资源不多，缺乏政府支持； 人才结构和机构设置难以符合政府标准化要求； 缺乏高级社工人才和研究型人才； 机构累积很多经验和特色项目未能总结推广
机构困惑	开展的服务究竟是居民需要的还是政府合约要求的？ 创文的工作不属于社工范畴，体现不出专业性	往往和政府供给的服务有重叠，由于政府方面身份资源方面的优势，一旦出现重叠机构只能放弃原有的基础，另开拓新领域； 草根机构各项条件与制度化标准有差距，在政府各种招投标或者申请资金时总是处于劣势

A 机构和 B 机构都是以社工为主力、以从事社区服务为主要任务的公益组织，全部或者部分承接政府购买项目。两个组织的资金投入总额相近，都是 100 万元左右。但是，两个机构的荣誉和声望却存在较大差别。A 机构是 Q 市首家市级 5A 级社工机构，具有界内龙头地位，但服务区域内的基层干部和居民对 A 机构的评价却是服务不到位、没有特色和成效。B 机

构在组织评估方面尽管只是4A级,但在服务区域当中声誉颇高,以特色强、服务好见称,机构员工分别被评为省、市优秀社工,但组织难以扩展、地位难以提升,难以和大型组织竞争。

二、两个社会组织的差别分析

A、B两个机构的差别显而易见,由于资源来源不同导致组织结构和组织行为差异,也导致了两个机构具有不同的优势与劣势和运作绩效。

(一)机构起源不同:既定目标与自定目标

机构起源的基本区别决定了两个个案其它方面的差异。A机构与其母机构广州市A社会工作服务中心一样,都是为了承接政府购买社会服务项目而成立的。它具备政府购买服务项目对社工机构要求的全部要素,足以满足政府各种评估要求,但在同类机构中并无自身的优势和特色。A机构的服务目标延续了总部在广州市社区家庭综合服务中心项目的基本目标,如"和谐社区、幸福家庭",含义非常宽泛,可以在此目标下填充各种类别不同的项目,使机构适应各种要求。B机构是由香港非营利组织自筹资源在本地注册的机构,由于自筹资源,B机构可以根据组织能力的优势来设定自己的服务目标和服务项目,无须应对政府的评估指标。B机构的服务目标具体而有针对性,如"健康人生"——透过社区教育与社区医疗的长期跟踪服务协助弱势群体。这种机构难以应对政府的总体性评估或者从中获得高评价,但是却能够积累和巩固优势,特色明显。

(二)服务定位不同:"大而全"与"小而美"

A机构承接政府购买项目,必须首先完成政府协议指定的服务项目和评估指标,完成这些项目和指标已经占用了机构的大部分人力资源,机构能够自主开展的服务项目就非常有限。同时,政府购买协议所指定的服务领域与街道、居委的工作存在较多重叠之处,如社区自治、"创文"、孵化社会组织等也是街居工作的一般目标或内容,这种"大而全"的机构服务与街居存在太多重叠，机构的工作实际上很难有特色，从外部亦难以看出机构的能力所长。B机构的服务范围主要集中于社区教育和学校的学生辅导、亲子关系。从其服务领域和范围来看，B机构只选择机构所擅长的服务项目，而且，在服务领域和服务范围方面刻意避免与政府项目和机构服务重复，主动选择居民所需而又没有供给的项目和地区，例如，在小学中开展社工服务，把服务从城区扩展到城郊乡村。这种"小而美"服务模式因其与政府、机构重叠少，特色鲜明，在最需要的地方开展，通常具有更好的影响。

（三）机构运作方式不同：按部就班与自主安排

A机构承接政府购买项目，则必须按照政府协议中指定的人力资源结构来配备团队。同时，由于机构是为了承接政府项目而注册成立的，资金来源单一依靠政府项目，因此，整个团队一般都会按政府协议的预算和薪酬指引来受薪。这样，按照协议的预算，近九成购买资金用于社工工资尚有不足，活动经费被进一步压缩。B机构的年度开支预算与A机构相仿，但由于机构由香港的义工发起，而且可以自主安排人力资源，因此机构总工作人数（16人）比A机构多（11人），常驻社工更多（A机构3人，B机构8人）。也就是说，B机构的专业力量比A机构强得多。而且，B机构的服务区域比A机构小，人均服务密度低，专业力量显得更强。即使常驻员工更多，B机构员工的月薪自称比政府薪酬指引更高。达到这种人力资源配备的唯一可能性就是：有些非常驻的员工是义工或者只领取象征性报酬，说明机构背后的母机构除资金之外也有人力资源输入。两个机构的人力资源配备还有进一步的差别。除行政主管和社工之外，A机构设专职行政、会计、宣传员各一个岗位；B机构设项目主任4个岗位，项目主任的工作是设计、统筹、跟踪和审计项目全过程。显然，A机构岗位设置的意图是为了应付各种机构自己不能确定的各种行政或评估工作，B机构的岗位设置是为了跟踪和推进机构自己确定的项目。社会工作的范畴广泛，社会工作者既是通才，又要在专业学习和实际工作中培养出不同专业所长，例如戒毒社会工作、青少年社会工作、老年社会工作等。从人力的岗位配置来看，两个机构的工作成果方面的差距几乎是必然的。A 机构的岗位配置以应付政府任务和评估为目标，当然不会有显著的服务效果，B 机构的岗位配置则以跟踪服务对象为目标，而且专攻学校教育和社区教育，服务效果自然显而易见。

（四）机构的自我要求不同：完成任务与自主创新

A 机构完全是一家从广州市引入、因应政府推行购买社区综合服务而成立的机构，基本上可算是政府雇佣的社工机构，是政府的"伙计"，因此，A 机构从组织架构到运作方式都是以完成政府任务为组织宗旨。例如，所承担的服务范围很大，基本上不可能做到服务全覆盖；购买方提供很大的活动场地，同时要求机构"有人气"；街道要求机构做各种消防宣传、创文宣传等。这些工作既不属于社工服务范畴，也非社工专业所长，A 机构员工在从事这些工作时不需要形成稳定的团队合作，肯定不会有创新工作方法的动机，也不会有职业成就感。再加上薪酬变动由政府限定，故而员工流失率很高。而 B 机构是在本地已经从事社工服务多年的机构，自己有筹资能力，若与政府合作的话也只是政府的"伙伴"。机构的长期服务使服务受众也成长为服务施予者，长期追踪项目的工作方式使团队合作稳定、产生服务成果，员工就容易产生职业成就感和团队归属感，换句话说，B 机构的团队不是招聘而来，而是培育出来的，因此，B 机构员工即使薪酬并不高于 A 机构，但员工却比较稳定，工作积极性也相对更高。

三、政府购买服务背景下社会服务组织（社工机构）的发展问题

经过生存方式、运作方式不同的两个社工机构个案比较，能够进一步探讨从事社会服务的非营利组织的发展问题。

（一）社会服务组织发展需要政府购买服务项目的支持

国家需要非营利组织发展并由组织提供社会服务，其内在原因是由于

信息不足而导致社会服务供给效率不高（"政府失灵"说）；但另一方面，国家也需要通过政府购买方式资助非营利组织的社会服务供给，其内在原因是社会服务需求的多样性和特殊性导致其供给不足（"慈善不足"说）。依据这两个逻辑，政府购买社会服务既能直接增加社会服务供给，同时也能刺激更多非营利组织发展，政府购买服务的必要性是毫无疑问的。反过来，非营利组织借助政府项目资金，能够探索和开展多元化服务，凝聚更多社工，使组织成长壮大，非营利组织发展需要政府购买服务也是毫无疑问的。从 A、B 两个机构的比较来看，虽然 B 机构在发展初期并未借助于任何政府资助，但组织规模数年来亦一直未变，2016 年以后开始承接政府购买专项服务（小型项目），组织就开始壮大，服务也开始多元化。当前全球非营利组织研究也有相似结论，政府购买项目的外溢效应是推动了非营利组织成长。

（二）非营利组织的发展应把政府购买项目作为助力而不是目标

非营利组织不是公营部门，而是独立法人，应该有自己的宗旨、资源和团队。如果组织没有独立生长的愿望和能力，则不能称为组织。以这种尺度来衡量，A 机构不能算作合资格的社会组织，只能视为一个大型组织为了承接其它城市的政府购买项目而成立的分支机构。由于没有自己的目标、支持者和团队，A 机构承办政府购买项目时，需要临时雇佣员工以建立团队，临时按照政府项目的要求来设置人力、机构的主管，对组织长远发展没有规划，对各种项目没有选择性和统筹安排，对员工没有支持和激励。对于这种机构来说，如果母机构或者总部组织未能给予充分支持，是很难把政府购买项目承办好的，而且，一旦没有政府项目，机构就会消散。B 机构则是一个具有独立生长愿望和能力的社会组织，因此，一直有自己的目标、清晰的组织结构和运作方式、稳定的团队和服务专攻领域。具备这些技术条件，才能提供高素质的社会服务。由此可见，政府在选择项目承接组织时，不能仅仅按照标准量化指标来衡量组织的素质，还要结合组织在本地注册时间长短、服务历史和社会声望等来判断。

(三) 培育团队是社会服务组织最重要的任务

对于社会服务组织来说，能够健康发展壮大、提供优质服务的根本条件是专业团队。如果团队不稳定、成员没有长期形成的协作、支持关系，则不可能为社会提供优质服务。社会工作是关于人心的工作，其复杂性要求社工具有贡献精神、工作耐心和博爱情怀，这些素质不能通过技能训练培养，需要通过能够互相支持的团队来培养。换句话来说，社工的职业认同是集体营造出来的。上述个案中，B 机构的服务成果比较 A 机构显得出色，根本原因在于团队。社工的专业性不一定体现在职级，更多体现在实际服务能力和服务热情上，而这种专业能力是需要依靠长时间稳定的团队支持才能培养起来的。B 机构通过长期服务来培养和凝聚出自己的团队；机构中的几位社工骨干，是从过去的服务受众成长为服务施予者，对组织的归属感、对社会工作的认同感和成就感很高，有了团队的支持，机构和社工的专业服务能力也更强。

(四) 政府购买项目和评估具有不同影响

对于社会服务供给来说，综合服务和特色服务（即"大而全"和"小而美"）都是社会需要的，但属于不同范畴，除非资金使用有较大灵活性，否则同一个机构不可能同时供给两种服务。综合服务回应社区的基本需要，需要大团队、大资金支持，在中国当前的公益发展环境下，如果没有政府财政支持，综合服务供给基本上不可能出现。政府购买服务肯定是综合社会服务供给的最基本路径。由于城市的基层政府原本就承担了全部综合服务，广州市之所以发展大型家庭综合服务中心，是在政府职能转移时把综合服务从基层政府处切割出来、由社工运作的家庭综合服务中心来承接。如果基层政府没有进行职能转移，同时又引入社工运作社区服务中心，则一定会出现两者功能重叠的情况，而且社工作为新来者，其工作能力和效果一定比不上长期扎根的基层干部。因此，政府在开展购买社工服务时，首先需要考虑清楚购买的目的和范畴。

特色服务在服务规模、资金需求上都具有灵活性，针对性强，回应社会的特殊需求，因此，自筹资金的社会组织通常都提供特色服务。通过政府购买、或者组织自筹两种资金路径都可能实现特色服务供给。一般来说，由于筹资不易，自筹资金的机构会更重视需求调研、找准服务项目。而政府购买特色服务时，若要求购买资金使用效率达到自筹资金的水平，则需要注意实施方式：第一，有必要对社会需求多加考虑和衡量；第二，要实行专业化的项目管理，而不能实行标准化的第三方评估；第三，对服务组织的选择首要考虑"专业性"而不是"上档次"。同时，也需要注意，指定服务和创新服务存在相互消长的关系，对于社会组织和承接项目的机构来说，政府制定的服务越多，组织的创新动机越弱。

四、小结

从社会服务的效果来讲，"大而美"和"小而全"各有优势，都是社会民众所需，大型组织和小型组织在服务的稳定性、专业性、灵活性等方面也是各有优势，政府购买服务、组织自筹资金提供服务也是各有优势，不应该简单否定任何一类组织、任何一类方式。从上述各城市实践模式比较可以看出，广州、深圳、东莞、厦门等城市的政府购买服务和社会组织发展实践各有所长，广州市选择大项目运作，能够在较短时间内培养出优质的多种社会服务团队，社会工作专业性也能够得到持续提升。东莞市选择岗位购买和小项目运作，优点在于能够在节省政府资源的前提下，把社会工作专业服务融合到政府的公共服务当中，即使这种方式在推行社会公众当中产生的效果和影响相对较小。厦门市思明区选择的方式是放权街道和社区，由基层政府和居委会发挥自己的积极性，其优点是不会存在社会组织和基层政府难以合作的问题，而这个问题在广州市却常有发生。东莞和厦门模式的共同弱点是小项目购买和基层政府主导分解了社会工作者的力量，社工难以借助团队成长，这种条件下社会服务团队难以成长，社工专业能力也难以持续提升。

内地城市的政府购买社会服务是在学习香港、台湾等地区以及新加坡等国家实践经验的基础上发展的，而港台与内地的基本差异是社会组织成长与成熟先于政府购买服务展开，社会服务已经形成专业界别和专业规范尺度，社会组织的能力强大，而在内地，培育社会组织和社工专业性都刚刚开始成为主题并只能合并到政府购买服务的众多目标中。社会组织的发展和社会服务多元化需要一个稳定的、宽松的环境。既然政府购买服务包含多个目标，则应该首先创造一个适切的制度空间使各类社会组织都能培养自己活力。然后，政府向哪一类组织购买服务，则需要仔细考虑主要意图是什么，需要综合服务供给还是专项服务供给。客观地说，由于中国的基层政权组织非常健全而且有能力，所以社区通常来说并不需要综合服务，即不需要大型综合服务中心。社工服务应该聚焦于那些基层组织关注不到的弱势群体，即专项服务更重要。但是必须注意到，不需要大型服务中心不等于不需要大型项目，大型项目对社会服务组织成长和社工专业团队成长相当重要，而政府购买服务也包含这个目标。政府购买服务如果需要追求绩效，则应该充分考虑服务产出有别于商品产出，需要在"过程"中进行，而不是对结果进行管理和评估。香港社会服务发展经验的可借鉴之处正在于此。

第六章 结论与讨论

自党的十七大提出"加快推进以改善民生为重点的社会建设"和"完善社会管理"的任务以来,国家民政部出台了一系列改进政府提供社会服务方式、推动社会组织发展的政策措施,几个主要大城市如北京、上海、广州等都先后制订方案试行不同模式的创新改革,北京发展枢纽型社会组织、广州发展政府购买社区服务、上海两者兼有,不同模式发展出不同的制度,生成不同的政府与社会互动关系。十九大报告指出,要"加强社区治理体系建设,推动社会治理重心向基层下移,发挥社会组织作用,实现政府治理和社会调节、居民自治良性互动。"总结比较不同模式,寻找新时代民生需求和十九大精神的社会治理方式正当其时。在当今国际社会服务发展良好的城市,政府购买社会服务都是推动社会组织转向规范、健康发展的有力机制,在适当的制度配合下,这种社会服务的政府—社会组织联合供给模式还能够产生独特的外溢效应,政府、私人部门、志愿组织和公众参与共同构成互相支持的福利服务传递体系。

近十年来国内各城市的政府购买服务和社会组织发展实践是在这种思路中展开的。本研究通过对多个城市政府购买服务实践模式的比较分析,得出以下几个结论:

第一,社会政策视角下,政府购买社会服务作为一种国家社会管理方式,引导社会组织加入国家福利服务体系,在新时代国家解决"发展不平衡、不充分"问题的施政目标下,使具有刚性的公共福利制度能够适应多元、多变的社会公众需求。

第二，政府向社会组织购买社区服务在国内是一项全新的社会政策实践，它包含多个政策目标：通过治理重心向社区下移强化社会治理，通过引入社工专业服务提升社区福利服务的专业性，推动社会组织发展并发挥其第三部门的作用，培育社会工作专业和人才队伍。各个目标相连，相关制度、机制、组织结构和功能互相催生，因此它也是一项综合作用显著（即使单向作用可能未如理想），兼具生成结构性和调整灵活性的社会新政实验，影响意义深远。

第三，政府购买服务对国内社会组织的发展具有根本性影响。在各城市实施政府购买服务之前，国家公共福利体系与社会自组织完全分离，社会组织、基金会等民间组织机构登记成立非常困难，社会自组织几乎没有合法化路径。实施政府购买服务之后，国家体制中各级政府、公营部门及至全社会开始认识和重视社会组织、社会工作在国家福利传递体系中的重要角色和积极作用，社会组织因此而获得存在合法性、发展空间和多元化资源支持，社会工作也因此获得专业发展的组织载体。基于竞争政府购买服务项目，社会组织快速生成，并在组织结构、人力资源、组织发展思路、工作方法等方面努力贴近政府要求，成为政府基层工作的得力助手。

第四，政府购买服务探索了一条政府资源支持非公营部门（民办非企业）提供基层福利服务、并与公营部门共同构成国家福利服务传递体系的有效路径，这条路径是遵从国家行政管理问责、绩效的原则，通过合约管理和评估管理两种方法来约束承接项目的社会组织行为。

第五，不同层级政府因为关注的重点目标不同而制定出不同的服务合约规则，会影响社会组织的运作以及长远发展。但省、市政府运用管理权在不同时期上下浮动的机制来化解这个问题，由于合约和评估的主要管理权在不同层级之间浮动，这种浮动机制使各种目标在长时间的实践过程中都大致能够达成。

第六，在社会组织成长的初始阶段，政府规制起调节机制的作用，特别是对于提供承接政府项目提供社区服务的组织，政府的合约要求和评估要求就是组织运作的基本依据。由于政府购买服务的总体目标是强化基层管治和改善整体治理效果，在体现这个目标要求的政府合约约束下，社会组织形成的内部权力结构、工作范畴、工作安排、工作作风与公营部门相似度较大，社会组织之间差异性较小。用社工界的话来说，社会组织长成政府的"伙计"，而不是服务发展的"伙伴"。

第七，即使完全依靠承接政府项目的社会组织也不会总是被动适应政府要求，而是具有相对自主性。通过各种策略，主动和不同层级政府合作与协商，营造自己的发展空间，进而影响政府行为，甚至影响相关政策制定。组织需要政府项目资源来获得政治合法性，并助长自身发展，但组织也需要努力保持自主性、更接近社会公众来获得社会合法性，因此政府购买服务中政府与社会组织始终处于合作博弈的关系。

第八，服务外包条件下，社会组织能够持续获得政府服务合约从而整合到国家福利服务体系当中的基本条件是：既能够主动配合基层政府的服务要求，也能够不断完善组织的内部管理和服务专业性，发展特色服务以回应社区的特定需求；即承接服务合约的社会组织必须在政府要求、专业要求和居民需求之间找到平衡点，由此产生了多种合法性策略，不同策略有不同的倾向性。合法性策略过程也是组织的博弈过程，可以观察到政府购买服务推行十余年来组织的策略跟随每三年一次的合约重签变化而作出调整。长期来看，虽然社会组织的自主创新能力尚在培育过程中，但已经呈现出差异化发展倾向。

第九，各城市政府购买服务的规制不同，其实际运行绩效及其对社会组织发展的影响也不同。进入21世纪以来，国家的福利服务框架以保障民生、建设社区、重点扶持弱势群体等为主要范畴，在"发挥社会组织作用""推动公众参与"的实施方式指引下，逐步形成政府资源支持、公营部门和社会组织为服务供给主体、社会其它组织（或企业）和居民作为义工参与的服务传递体系。在这个福利服务传递体系内，各城市政府在哪些组织参与、参与什么服务、怎样动员公众等方面探索不同的实施方式，以达成不同治理效果。社会组织发展也呈现非常多元化的生态，有些城市传统群团组织仍然起主导作用，有些城市则民间组织迅速成长，其中广东省基于港澳发展经验，民间组织的积极作用更为突出，民间组织的资助创新能力也更强。

从实践来看，虽然模式不同，各城市政府购买服务和社会组织发展过程都存在几个相似的争论。

其一，购买社会服务值不值？这是关于政策层面的争论。这个论题的核心是当前承接购买项目的社会组织或机构提供的社区服务与城市基层政府的公共服务差别不大。造成相似性的原因前面各章节都有论述，包括：基层政府通过合约管理把自己的工作变成机构的工作指标，机构为延续合约主动配合基层政府要求，机构的服务中心与基层政府的办公空间合一，合约划定服务覆盖的地域范围太大、服务领域太多以至令机构无暇深入，等等。这些问题基本上都是政策推行初期通常产生的情况，可以分为两类问题。一是基层政府和社会服务组织之间的矛盾与磨合，在政策实施头三年表现最突出，到近两年已经逐渐淡化，政府和组织之间互相学习和模仿，可以设想矛盾会越来越小。二是项目设计问题，服务范围过大和选择地点不当是项目合约或者政策实施细则当中的某些条款导致的。项目设计其实取决于购买服务的目的，服务范围广泛便难以专、精、准。因此，如果有价值社会服务指的是有特色的、基层政府不能提供的服务，则政府的合约管理需要给服务机构更大的对于服务领域自主选择的空间，使之集中资源发展特色服务。

其二，社会工作专业服务是什么？这是社会服务专业界别的争论。社工服务领域广泛，不同领域所运用的知识差异也很大，难以确定一套标准来标示或者衡量服务的专业性。国外社会服务专业界对此也有不同看法。当前国内关于这个问题的争论是由第三方评估指标的合理性引起的，因此问题的关键不在于专业服务难以表现，而在于由谁解释。近十年各城市的社工协会陆续成立，社工协会在第三方评估工作以及制定本市的政府购买项目评估标准方面都担当起重要角色，但是，社工协会的公信力仍然经常受到社会服务组织的质疑。2016年10月民政部、中央综治办等12部门联合印发《关于加强社会工作专业岗位开发与人才激励保障的意见》，文件指出了社会工作的职业范畴以及应该设立社工工作岗位的部门。由国家制度保障社会工作人员的地位和社会服务发展固然是好事，但是这种保障方式实际上是政府吸纳社工人员，不一定能够促进社会组织和社会工作专业发展。成熟而有公信力的社工专业界别的成长才是社会服务和社会工作健康发展的重要依靠。

其三，社会组织走向何方？政府购买服务不仅为社会服务组织发展开创了发展机会，作为其外溢效应也为各种类型的社会组织发展提供了空间。然而，倘若社会组织完全依靠政府资源生存并因此完全依照政府要求来运行，组织必然失去主动性和创新能力，变成另一种公营部门。社会组织发展需要宽松的制度环境和多元化的组织生态，通过对公益资源的竞争和同行间学习与约束而成长、成熟。有能力的社会组织不需要政府购买项目支持也能够动员社会资源支持公益活动和非营利运作，或者基于居民的实际要求发展出特色更加鲜明的社会服务。因此今后十年社会组织的发展将取决于一个双方的选择：社会组织不急于嵌入政府体系，政府体系也不急于吸纳社会组织。促使社会组织更接近社会，而政府通过购买服务的资源来制约它们，社会组织才能真正发挥出政府所不能发挥的"第三部门"的作用。

政府购买服务和社会治理都是现代发达国家普遍采用的理念和实践模式。从我国香港的实践模式可以看到，政府购买服务实际上是内置于社会政策框架、作为社会福利的构成来实施的。社会福利责任的基本承担者包括：国家（公共福利）、企业（劳工福利）、志愿部门（志愿组织或非营利组织服务）和社会网络（家庭、社区、非正式团体的社会支持）。从事社会服务或者承接政府购买服务项目的非营利组织属于志愿部门，以其社会工作的专业能力和国家—社会之间的连接体的角色补充国家、企业和社会网络服务供给的不足，着眼于那些被政府和市场的福利供给所遗漏的弱势群体或者自我隔离于社会的个人或家庭，并使之得到照顾。

虽然内置于治理框架，当前各类社会组织已经借助国内城市近十年来政府购买服务的机会初步发展起来，社会工作方法也成功影响政府而被越来越多部门采用为柔性工作方法，社会工作的特点和价值也得到越来越广泛的社会认同。公益性非营利组织能够成为并实际上已经成为社会福利体系的构成部门。民政部联合中央12部门印发的《关于加强社会工作专业岗位开发与人才激励保障的意见》实际上已经把社会服务与行政单位和事业单位的公共服务分开，今后社会组织的活动空间将主要集中于社会服务领域。这样，社会组织也自然从国家治理的体系转移到社会政策和社会福利体系，成为福利传递体系的一个组成部分，承担起照顾边缘弱势群体的责任，解决政府所不能解决的问题。

进一步来说，从政府购买服务与社会组织发展的互动过程中可以总结出几个理论化的结论。

其一，在社会政策不变的条件下，政府仍然可以采取演进式管理的方式来约束社会组织的行为，把治理意图内置于公共服务。从实践来看，政府购买服务的制度经历了多阶段的制度调整。主导这一改革的省、市主管部门担当最重要的决策角色。在规则上，政府依据实践中出现的问题不断出台新的政策文本，改变原有的合约规则和服务评核标准。在监管权力上，即便是针对同一类的组织，政府也会依据政策目标和风险控制通过不同时期合约管理权的不同要素在层级政府之间的分配对社会组织进行"浮动管理"。即政府通过不断调整购买服务所涉及各方的权责格局，使区、（镇）街、（村）居的不同意图也能够通过省市赋予的管理权在项目中实现，由此，演进式管理权路径能够整合和协调不同层级的不同目标。这是在国家社会政策不变条件下，地方政府把不同施政意图整合到同类项目的创新策略。国家行政体系并非如理论设想那样是一个完全整齐划一的体系，在政绩比较和竞赛的背景下，层级政府对项目管理权的分配和调整是行政系统整合不同目标和自我纠错的机制。在这个意义上，国家治理的目标得以贯彻。

其二，社会组织的建构能力在制度学习中增长。社会组织面对的制度环境是变化而且不确定的，不但需要应付频繁的评估视察和经常更新的合约规则和服务标准指标，还需要应付基层政府加派的临时性政治和行政辅助工作。组织在此过程中探索出积极的适应策略，充分运用自己反诉的能力和层级政府的权力空间，针对政府各层级在不同时期的管理权格局进行"分层嵌入"，即对不同层级的要求采取不同应对策略。社会组织可以利用的策略资源不仅是自己的服务专业性，还可以利用其社会动员力——居民的实际需求和组织的服务效果。通过与不同层级政府和居民建立不同关系，社会组织从中建构出组织自己的发展空间，社会组织和政府始终处于"合作博弈"的关系。

其三，政府购买服务具有外溢效应。政府购买社会服务的主要目标是增加切合居民需求的福利性服务，同时也提升福利服务的专业性。它具有很多外溢效应，包括促进社会组织发展，大幅增加职业社工的就业机会，推动社会工作专业成长，改善基层政府管治方式，构建基层治理，促进公益互助社区氛围的形成，等等。由于政府向社会组织购买服务，推动了社会组织登记注册制度改革和简化，社会组织才真正获得了合法化的空间。公共资源投入社会领域，大大刺激了各类社会组织，尤其是社工和公益组织创生，而政府购买服务制度包括对承接项目社会组织的资格、内部结构、运作模式、服务素质以及与行业协会、基层政府和社区居民各方面的关系与工作责任，对规范社会组织发展具有重要指引作用。从社会组织的角度来看，政府购买规制则有双重效果，政府资源是组织的重要生命线，但组织却可能容易习惯于依靠政府生存；各级政府要求构成考核基层社工组织的服务成效指标，但组织也可能只应付服务指标而忽略居民的真正需求；也就是说，如果政府购买服务合约过细过多，不合理规制太多，社会组织又过于重视项目获得而按照政府要求型塑自己时，组织就不能也缺乏动机培养自己的发展能力，以致失落了社工的专业能力和专业使命，使基层社工服务形同基层政府原有服务。

其四，不同国家应有不同的福利供给模式与社工本土化模式。政府购买社会服务和社会工作专业介入社会福利体系是国外实行多年的福利实践方式。本书对我国多个城市不同的实践模式比较表明，这种实践方式在与中国的行政制度和城市社区相互结合时，会受到地方行政"惯习"和社区"民情"的影响而变形，生成多种多样的实践模式，由于社会服务是为社区居民多样化的福利需求而提供，因此多样化的实践模式是必需的，只要政府购买效率、社工专业服务和居民需求之间找到动态平衡点，这些实践模式都是有益、可行的。统一模式或统一规制反而不利于社会组织调整服务供给，不能切合居民多元化需要。

其五，要发展中国特色的社会政策。我国各地城乡差异很大，福利国家式的全国统一社会福利制度实际上难以实施。政府购买服务是一种可加可减、随时调整的方式，把它作为一项社会政策，在福利传递过程中根据地方特点来调整服务，使目标一致而水平差异较大的城市都能完善社会福利体系，是一项效率更高而且能够发挥民间创新力的方式。从先行先试的城市实践成效来看，这种通过政府购买服务来完善福利服务供给可以成为行之有效的中国发展道路。

在理论上，西方学界关于管治的传统理论把国家和社会二分对立，新公民社会理论基于20世纪末各国公私伙伴关系的迅速发展，主张政府和社会组织形成共治格局。由于国情不同，各国的公私伙伴关系和共治模式差异颇大。在中国的国情下，国家和社会的结构关系不是简单的分离或者合一，权力关系也不是简单的控制或者对抗，其特点是"嵌入"——在合作的前提下博弈，国家和社会的关系强度更大，形成一种内在张力很强但表面又紧密结合的中国式国家与社会关系特色。

组织社会学理论指出，西方国家的制度环境下，非营利组织由于合法性机制而呈现同型化。同理，在中国的政府购买服务制度规范之下的社会组织，尤其是承接政府购买项目的社工组织"天生同形"。然而，中国的服务外包制度具有特殊性，它通过各地制度设计的差异和监管管理权在不同时点的差异来实现制度的自我纠偏，使"天生同型"的社工组织在采取不同的适应性策略过程中实现差异化发展。中国的非营利组织发展证明组织同形的原理并非唯一，不同的机制会产生不同的组织塑形力。进一步来说，中国的政府购买社会服务与美国等西方国家政府购买社会服务具有完全不同的效果，在后者的情境中政府和组织的关系始终依循合约及平等伙伴原则，而中国的政府和组织关系更多是合约之外的浮动管理与分层嵌入机制调整下的政社关系，从而导致层级政府角色和管理权不同、社会组织采取的策略不同，社会服务供给的方式与成效也不同，这也从政社关系的角度在一定程度上解释了中国社会工作组织的发展及社会服务的成效问题。

参考文献

［美］安瓦·沙：《公共服务提供》，清华大学出版社2009年版。

［英］肯·布莱克默：《社会政策导论》，王宏亮、朱红梅、张敏译，中国人民大学出版社2009年版。

蔡屹、何雪松：《社会工作人才的三维能力模型——基于社工机构的质性研究》，载《华东理工大学学报（社会科学版）》，2012年第4期。

曾家达、殷妙仲、郭红星：《社会工作在中国急剧转变时期的定位》，载《社会学研究》，2001年第2期。

陈涛：《社会工作专业使命的探讨》，载《社会学研究》，2011年第6期。

［美］戴维·A.哈德凯瑟等：《社区工作理论与实务》，夏建中等译，中国人民大学出版社2008年版。

郸啸：《社会工作专业能力培养的CDIO工程教育模式探析》，载《现代教育科学》，2011年第03期。

顾东辉、王承思、高建秀：《社会工作：一体多面的专业》，上海社会科学院出版社2009年版。

管兵：《竞争性与反向嵌入性：政府购买服务与社会组织发展》，载《公共管理学报》，2015年第3期。

管兵、夏瑛：《政府购买服务的制度选择及治理效果：项目制、单位制、混合制》，载《管理世界》，2016年第8期。

郭伟和：《街道公共体制改革和国家意志的柔性控制——对黄宗智"国

家和社会的第三领域"理论的扩展》，载《开放时代》，2010年第2期。

郭伟和：《后专业化时代的社会工作及其借鉴意义》，载《社会学研究》，2014第5期。

［英］哈特利·迪安：《社会政策学十讲》，岳经纶、温卓毅、庄文嘉译，格致出版社2009年版。

韩克庆：《社会质量理论与中国问题：议题、背景和福利改革》，见彭华民、［日］平野隆之主编：《福利社会：理论、制度和实践》，中国社会科学出版社2016年版。

胡薇：《国家回归：社会福利责任结构的再平衡》，知识产权出版社2012年版。

黄晨熹："中国福利体制的特点、模式及未来走向"，见彭华民、［日］平野隆之主编：《福利社会：理论、制度和实践》，中国社会科学出版社2016年版。

黄晓星、杨杰：《社区治理体系重构与社区工作的行动策略——以广州C街道社区建设为研究对象》，载《学术研究》2014年第7期。

黄晓星、杨杰：《社会服务组织的边界生产——基于Z市家庭综合服务中心的研究》，载《社会学研究》2015年第6期。

金家厚、吴新叶：《社区治理；对"社区失灵"的理论与实践的思考》，载《广东社会科学》，2002年第5期。

景天魁、毕天云：《从小福利迈向大福利：中国特色福利制度的新阶段》，见彭华民、平野隆之主编：《福利社会：理论、制度和实践》，中国社会科学出版社2016年版。

李健正等：《新社会政策》，香港中文大学出版社1999年版。

［美］莱斯特·M.萨拉蒙：《公共服务中的伙伴——现代福利国家中政府与非营利组织的关系》，商务印书馆2008年版。

雷杰：《专业化，还是去专业化？——论我国社会工作发展的两种话语论述》，见王思斌主编：《中国社会工作研究（第十一辑）》，社会科学文献出版社2014年版。

雷杰、黄婉怡：《实用专业主义：广州市家庭综合服务中心社会工作者

"专业能力"的界定》，载《社会》，2017 年第 1 期。

李慧凤：《社区治理与社会管理体制创新——基于宁波市社区案例研究》，载《公共管理学报》，2010 年第 1 期。

廖慧卿、岳经纶：《合作、控制与共生：街道体制下的社会服务递送》，见朱亚鹏、岳经纶主编：《中国公共政策评论》，格致出版社 2015 年版。

林诚彦、卓彩琴：《对社会工作专业本科教育核心能力本土化的实证探索——兼对社会工作专业核心主干课程体系的反思》，载《社会工作》，2012 年第 7 期。

吕纳：《公共服务购买中的政府与社会组织互动关系研究》，上海大学博士论文，2013 年。

[英] 马尔科姆·派恩：《现代社会工作理论（第三版）》，冯亚丽、叶鹏飞译，中国人民大学出版社 2008 年版。

彭华民：《论中国社会福利转型：迈向基于需求的组合式普惠》，见彭华民、[日] 平野隆之主编：《福利社会：理论、制度和实践》，中国社会科学出版社 2016 年版。

童敏：《社会工作本质的百年探寻与实践》，载《厦门大学学报（哲学社会科学版）》，2009 年版第 5 期。

王浦劬、[美] 莱斯特·M. 萨拉蒙：《政府向社会组织购买公共服务研究——中国与全球经验分析》，北京大学出版社 2010 年版。

王燊成、岳经纶：《社会起源理论视角下的社会组织与社会服务递送——以广州市家庭综合服务中心为例》，载《社会建设》，2017 年第 1 期。

王思斌：《试论我国社会工作的本土化》，载《中国社会导刊》，2007 年第 12 期。

王思斌：《中国社会工作的嵌入性发展》，载《社会科学战线》，2011 年第 2 期。

王思斌、阮曾媛琪：《和谐社会建设背景下中国社会工作的发展》，载《中国社会科学》，2009 年第 5 期。

徐盈艳、黄晓星：《促成与约制：制度嵌入性视角下的社会组织发展——基于广东五市政府购买社会工作服务的实践》,载《新视野》,2015年第5期。

杨锃龙、许利平、帅学:《政府与非营利组织合作的新模式——从制度化协同走向联动嵌入模式》,载《国家行政学院学报》,2010年第3期。

殷妙仲:《专业、科学、本土化:中国社会工作十年的三个迷思》,载《社会科学》2011年第1期。

岳经纶、郭英慧:《社会服务购买中政府与NGO关系研究——福利多元主义视角》,载《东岳论丛》,2013年第7期。

张宇莲:《"专业性"社会工作的本土实践反思以灾后重建为例》,载《社会》,2009年第3期。

朱健刚、陈安娜:《嵌入中的专业社会工作与街区权力关系——对一个政府购买服务项目的个案分析》,载《社会学研究》,2013年第1期。

朱静君、阎安:《对"社会工作"专业课程设置特色的思考》,载《广东工业大学学报(社会科学版)》,2005年第S1期。

朱亚鹏:《政策过程中的政策企业家:发展与评述》,载《中山大学学报(社会科学版)》,2012年第2期。

朱亚鹏、刘云香:《制度环境,自由裁量权与中国社会政策执行》,载《中山大学学报(社会科学版)》,2014年第6期。

[英] Lena Dominelli:《社会工作社会学》,刘梦、焦开山、廖敏利、赵茜译,中国人民大学出版社2008年版。

[英] Nigel Parton,Patrick O'Byrne:《建构性社会工作:迈向一个新的实践》,梁昆译,华东理工大学出版社2013年版。

[美] McInnis-Dittrich Kathleen:《整合社会福利政策与社会工作实务》,胡惠莹译,台北:扬智文化事业股份有限公司1997年版。

[英] Richard Titmuss,《蒂特马斯社会政策十讲》,江绍康译,吉林出版集团有限责任公司2011年版。

Alean Al-Krenawi & John R. Graham, "The Cultural Mediator: Bridging the Gap Between a Non-Western Community and Professional Social Work Practice", *The British Journal of Social Work*, No. 5, 2001.

Helmut K. Anheier, "What Kind of Nonprofit Sector, What Kind of Society: Comparative Policy Reflections", *American Behaviro Scientist*, No. 7, 2009.

Amanda Smith Barusch, *Foundations of Social Policy*, Belmont: Brooks/Cole, Cengage Learning, 2009.

Carol S. Cohen & Michael H. Phillips, "Building Community: Principles for Social Work Practice in Housing Settings", *Social Work*, No. 5, 1997.

Richard Common, *Public Management and Policy Transfer in Southeast Asia*, Aldershot: Ashgate Publishing Limited, 2001.

R. A. Drfman, *Clinic Social Work: Definition, Practice and Vision*, New York: Brunner/Mazel, 1996.

Ewen Ferlie & Perter Steane, "Changing Developments in NPM", *International Journal of Public Administration*, No. 12, 2002.

Margaret Gibelman, "The search for identity: Defining social work—past, present, future", *Social Work*, No. 4, 1999.

Nelson C. Jackson, "Building Community Understanding of Racial Problems", *Social Work*, No. 3, 1957.

Arthur J. Naparstek & Dennis Dooley, "Countering Urban Disinvestment through Community-Building Initiatives", *Social Work*, No. 5, 1997.

Stephen Osborne & Kate Mclaughlin, "The New Public Management in Context", in Kate Mclaughlin, Stephen Osborne & Ewen Ferlie (eds.), *New Public Management: Current Trends and Future Prospects*, London and New York: Routledge, 2002.

Malcolm Payne, *What is professional social work*, British: The policy press University of British, 2006.

Malcolm Payne, *Modern social work theory*, Oxford: Oxford University Press, 2015.

Michael Reisch & Stanley Wenocur, "The Future of Community Organization in Social Work: Social Activism and the Politics of Profession Building", *Social Service Review*, No. 1, 1986.

Paul Spicke, *Social Policy Themes and approaches*, University of Bristal: The Policy Press, 2008.

Ron Walton, "Social Work as a Social Institution", *The British Journal of Social Work*, No. 5, 2005.

Marie O. Weil, "Community Building: Building Community Practice", *Social Work*, No. 5, 1996.

Jack Rothman & J. E. Tropman, "Models of Community Organization and Macro Practices Perspectives: Their Mixing and Phasing", In Strategies of Community Organization, Edited by F. M. Cox et al., Illinois: F. E. Peacock, 1987.

附　录

附录一　访谈对象列表

访谈资料编码	访谈组织	受访者	访谈日期
1	GZ-MZJ	Y领导	2017-06-15
2	GZ-Y区-MZJ	Z领导	2017-09-09
3	GZ-QC	B街社区综合服务中心主任	2011-07-13
4	GZ-QC	J街社区综合服务中心主任	2011-06-29
5	GZ-H区-MZJ	社区服务中心主任	2017-06-19
6	GZ-T区-MZJ	社区服务中心主任	2017-07-06
7	GZ-LWHF	社区综合服务中心主任	2014-04-23
8	GZ-ZD	理事长	2017-06-09
9	GZ-Y区-B街	街道领导座谈会	2015-12-07
10	GZ-SX	副总干事	2017-05-20
11	GZ-HF	X街社区综合服务中心主任	2014-05-14
12	GZ-B区	S街街道办主任	2015-12-26
13	GZ-Y区-MZJ	领导	2017-12-15
14	GZ-BDX	总干事	2017-07-04
15	GZ-ZD	总干事	2017-06-12
16	GZ	评估专家W	2017-05-09
17	GZ-H区-H街	村委主任	2017-06-19

(续表)

访谈资料编码	访谈组织	受访者	访谈日期
18	GZ-YG	RM街社区综合服务中心主任	2015-11-19
19	GZ-BDX	H街资深社工	2017-05-04
20	GZ-HY	理事长	2017-05-16
21	GZ-CKY	助理社工	2015-12-31
22	DG-ZJ	居民	2015-05-18
23	GZ-ZZR	居民	2015-11-17
24	GZ-DHB	理事长	2015-01-15
25	GZ-YWW	居民	2015-02-05
26	GZ-LXH	酒店经理	2016-01-14
27	GZ-YHQ	中心主任	2014-11-15
28	DG-RR	副总干事	2015-05-14
29	GZ-HZR	中心主任	2015-01-15
30	GZ-HNS	中心主任	2015-01-30
31	DG-LJ	服务部主任	2015-05-07
32	GZ-YA	副教授	2014-11-17
33	GZ-ZYT	居民	2015-02-05
34	DG-WHJ	副总干事	2015-05-14
35	XM-WJX	社工	2015-04-15
36	GZ-LY	居民	2015-01-15
37	DG-DDY	居民	2015-04-29
38	XM-LY	助理社工	2015-04-16
39	GZ-ZS	物管	2014-11-15
40	DG-MY	居民	2015-05-07
41	DG-HDY	居民	2015-05-18
42	GZ-YSQ	居民	2015-08-17
43	GZ-OP	居民	2015-01-15
44	GZ-HY	居民	2015-02-05
45	DG-PXR	机构服务部主任	2015-05-15
46	XM-LNS	社工	2015-04-14

(续表)

访谈资料编码	访谈组织	受访者	访谈日期
47	GZ – ZY	中心主任	2015 – 02 – 06
48	DG – WRX	见习督导兼社工	2015 – 05 – 18
49	GZ – GYL	社工	2015 – 02 – 05

附录二 广东省政府购买社会服务的制度、问题与对策[*]

自 2009 年起广州、深圳、珠海、佛山等主要城市试点推行政府职能转移、向社会组织购买社会服务，作为广东省社会管理创新的一项重要内容。四年来，广东省政府购买服务初见成效，社会组织蓬勃发展。根据广东省社工委资料，截至 2011 年底，广东省依法登记的社会组织数量达 30535 家，从业人员 42 万多人。其中有 11% 的社会组织承接了政府转移的职能，9% 的社会组织有政府购买的服务。2011 年，全省性社会团体共承担政府委托、转移的职能 394 项，获得政府补助 12489 万元[①]。在培育发展社会组织的同时，广东不断加大社工人才队伍建设力度。广东民政厅和部分市成立了社会工作专业人才管理机构和社工师协会。借助高校和香港的力量，建立社会工作督导制度，提升专业服务水平。目前广东已有 8178 人考取了社工师或助理社工师资格；改革创新的成就是显著的，值得充分肯定。由于各城市在实施试点工作时实际上采用了不同的购买方式，在政府购买社会服务的制度、趋向和问题等方面，各城市也有所不同。本文在对广州、深圳、东莞和佛山市政府的试点工作和承办机构进行深入调查的基础上，从理念、制度设计和实施效果几方面分析当前政府购买社会服务和社工服务

---

[*] 本文为笔者参与 2013 年广东省社会工作委员会主办的"广东省社会建设征文活动"二等奖作品。

[①] 数据来源于中国社会组织网。

的发展状况与问题,并结合广东省社工委的征文要求,提出进一步完善制度和机制的政策建议。

一、公私伙伴关系与政府购买社会服务

社会服务的本质是提供公共福利产品。经济学理论认为,市场可以调节产品的供求,但公共品有别于一般的私人品,公共品消费可能存在大量"搭便车"行为,即有些人不付出成本也可以消费公共产品,导致公共品投资与回报不成比例,因此私人市场就缺乏供给公共品的动力。所以单由市场提供公共品,会存在总是短缺的问题。但是如果公共服务完全由政府提供,也会存在问题。由于政府部门不具备市场组织的灵活性,因此运作效率和需求适应能力方面总是相对低下。以互助为基础形成的非营利组织(又称为第三部门)一直是公益慈善的主要提供者,但是非营利组织无法产生充足的、可靠的资源,来处理发达工业社会中的社会服务问题;非营利组织及其捐助人通常集中关注人口中的特殊亚群体,这种慈善的特殊主义难以产生惠及全体公众的福利。[1] 因此,在理论逻辑和国家实践两方面来看,具有公益性质的社会服务供给,应该由政府和非营利组织、或者社会企业所结成的公私伙伴关系来承担。

公共部门和私营部门合作伙伴关系(PPPs),指的是通过政府和私营部门的一个或多个私人公司合作投资或者运行的公共服务或社会服务项目。其操作形式通常是一个公共部门和一个私人组织签订服务合约,在这个合约里政府承担全部或者部分运作所需资金,私人组织提供公营部门指定的公共服务项目并且必须符合政府规定的服务素质要求。同时,政府作为资助者,必须有效监管私人部门的实际运作,促使其善用资源,以向公众交代。

对非收费的公共服务和社会服务项目采用政府和非营利组织的伙伴关系来运作,考虑的重点不是效率而是回应公众需求。(1)信息充分性。

---

[1] [美]莱斯特·M. 萨拉蒙:《公共服务中的伙伴——现代福利国家中政府与非营利组织的关系》,商务印书馆2008年版。

社会需求经常变化,政府固定的供给和投资容易造成资源浪费。非营利组织以社会公众为服务对象,对社会需求、尤其是突然出现的社会需求会比政府部门更快而且准确。(2) 反应迅速。非营利组织规模小、无须受很多法规和程序约束,对社会需求的反应或者其行动能力能够比政府更为迅速。(3) 资源动员能力强、凝聚社会资本。非营利组织由于不同的公益目标而建立,其成员来自不同社会领域并对公益目标怀抱热诚,能够更快动员民间的力量,并能够透过公益活动联结更多个人或组织,这种社会资本的凝聚是社会整合的基础,社会资本和社会整合是相辅相生的。

美国纽约"9·11"危机处理提供了这样一个实际案例。根据纽约时报和联邦突发事件管理局的报告,当9·11袭击事件发生数小时后,就有456家机构投入到了危机事件的处理中(其中包括229个国际公共组织,67个非营利组织,160个私营组织含国际性的私营组织),迅速建立了一个由数百家组织组成、以联邦突发事件管理局和纽约市政府及市长为中心的协作回应系统。由于很多参与灾难恢复工作的组织以前彼此就交换过信息和资源,可以很容易地利用通信线路、信息资源,形成一个互通信息、合作伙伴的社会协作网络,尤其是在此事件中,一些与危机处理无关的非营利组织履行了危机处理的任务,组建了一支令人吃惊的队伍协助和补充了正式灾难回应机构的活动。9·11事件应急处理过程表明,在城市危机事件中,没有标准程序可遵循,也不可能有某个组织能够单独作出回应,这就要求建立一个能适应无法估计且迅速变化的环境的多组织动态协调系统,组织之间拥有畅通的信息技术和设施,并能进行跨组织边界的信息沟通与反馈,形成无边界网络的合作伙伴关系。[①] 有效处理城市危机或极端事件,也是体现一个城市治理水平的重要方面。

香港政府早在20世纪初已经开始资助非营利组织的公益慈善服务项目,以代替政府直接供给社会福利,非营利组织由此逐渐发展为一个运作成熟的社会福利界别。到20世纪60年代,港府意识到单凭非营利组织的

---

① 陶希东:《公私合作伙伴:城市治理的新模式》,载《城市发展研究》,2005年第5期。

力量不足以应付人口庞大且多元化的社会所提出的福利要求，于是在其后30年间逐步建立起医疗、住房、教育和救济等全港性公共福利体系，同时对非营利组织的资助制度也不断完善，20世纪80—90年代港府确定以购买服务为辅助福利体系的发展路向，使非营利组织承担超过九成的社会服务。由非营利组织承担社会服务并实现有效率运作，需要一系列互相协调的制度配合。政府是资助者和监察者，接受资助的非营利组织的运作需要遵循政府的规制。例如政府要求组织要实施机构管治，设董事会制度和内部监察制度，组织董事不受薪但有筹款的责任，政府在大型机构董事会中设有固定席位以便监察，其它董事席位都是流动的，贡献突出的董事，通过组织和社会服务联会的推荐可能成为联会奖励、政府奖励或授勋的候选人，被政府吸纳为官员、顾问或咨询委员会成员。由此可见，香港的政治领袖选拔制度和政府及社会对非营利组织的期望是一致的，这种制度的连贯性和统筹性有助于激励非营利组织自律，激励社会成员从事公益活动。这种制度也使非营利组织成为公民参与公共事务的平台或途径、政府和公民对相关公共政策进行沟通讨论的平台。

二、广东省各城市政府购买社会服务的进展与特点

自广东省的政府购买社会服务试点工作开展以来，各市政府都在大力推动社会管理创新、开展政府购买服务、推动社会组织发展方面做出了很大的努力，并形成了各自不同的特色。

（一）主要城市政府购买服务发展状况

广州市政府购买服务的方式以开办家庭综合服务中心为主，三年来全市一百多个街道都成立了家庭综合服务中心。政府购买家庭综合服务项目采用类似香港的"一笔过"拨款模式，每个服务中心年度定额拨款200万元。通过公开招标来选择公益性社会组织提供不少于五项社会服务。承办机构需符合广州市民政局和财政局制定的家庭综合服务中心机构组成标准、雇员薪酬标准、服务素质评估标准、财务核算标准等项目要求，市区两级

政府相关部门共同监管项目运作。此外，广州市还设立了社会服务专项项目购买，例如外来工子女服务和社区矫正等，同样是通过定额资助、专项投标方式由非营利组织承办。总预算投入每年约2亿—3亿元。

东莞市主要是采取了购买社工岗位的模式，由服务需求单位上报政府购买服务目录，主管部门参考广东省财政厅购买服务暂行办法，根据实际情况对购买服务状况进行审核，最终确定购买岗位的数量，向社工机构购买社工服务，至2012年末全市购买社工岗位646个。东莞市也设立约30个年度专项服务项目，采用定额资助、社工机构招投标的形式实施，总预算投入每年约1.5亿元。

深圳市根据深圳的发展状况主要采取了购买社工岗位与社区服务中心并行的形式。学校、医院原则上按"一校一社工""一院一社工"配备，这种社工服务设计与香港很相似。社区按服务对象的一定比例设置社工岗位，由政府制定社工薪酬标准和服务标准。社区服务中心承担社工薪酬外的运作费用。目前深圳市共有专职社工1800多名，2012年底建成社区服务中心超过200家，年度预算投入约3亿元。

珠海市主要是采取购买单项服务的项目形式进行，由各个社工机构根据发展状况，向民政局慈善基金申请资助。

佛山市主要在南海与顺德两地开展政府购买服务，以项目管理或委托协议的方式推进，由市妇联牵头，镇街统筹选点，以小组工作的方式推进家庭综合服务中心的建设。2012年建立家庭服务中心20个。

各城市重点发展的项目及其特色简要总结为表1。

表1　珠三角政府购买服务模式特色与运行机制

地区	广州	深圳	珠海	东莞	佛山
项目特色	综合服务项目与单项服务项目并行，综合项目为主	购买社工岗位与社区综合服务项目并行	单项服务项目	购买社工岗位	单项服务项目与综合服务项目并行，以单项项目为主

（续表）

地区	广州	深圳	珠海	东莞	佛山
项目获得形式	招投标	招投标	向民政局申请项目	招投标	招投标/项目申请，由镇街进行统筹
服务内容	综合项目：老年、青少年、家庭三项基本服务+社区矫正、义工培训、社区康复等两项自选项目	青少年、老人、家庭、特殊人群与社区融合、社区慈善、邻里互助服务、社区志愿者队伍建设等	青少年服务、居家养老服务	民政范围内全部领域	以小组工作的形式推进以妇女为中心的家庭综合服务中心项目
至2012年底发展状况	132条街道全部成立一个家庭综合服务中心	1800多名专职社工，200多家社区服务中心	—	646个社工岗位	20个镇街家庭综合服务中心，2013年预计30个，在未来三年内全面铺开
主管部门	民政局统筹、团市委等参与	民政局统筹，市妇联、团市委、市禁毒办、市福利中心主导	民政局统筹，团市委、市妇联牵头	社会组织管理局统筹，各级政府部门参与	民政局统筹，市妇联主导
项目评估形式	暂委托本市社会工作者协会组建专家队伍进行评估	民政局委托本市现代公益组织研究与评估中心组建专家队伍进行评估	机构内评估	民政局委托本市现代社会组织评估中心组建专家队伍进行评估	由市妇联评估/聘请外市的社工机构对购买服务项目进行评估

注：本表根据笔者调查资料整理。

（二）各市发展的共同性

各市发展的共同点可以总结为以下几点：

1. 各市都同时采用多种政府购买公共服务方式，包括政府购买综合服务、购买专项服务项目、购买社工岗位服务和公益创投四种方式，根据本地不同条件选择不同的重点发展方向，其中公益创投是近年西方公益慈善发展的新概念，即政府和企业就具体公益项目进行合作配套投资，培育公益慈善的公民责任和企业责任。各市的公益创投是在政府购买专项服务的基础上发展起来的，在专项服务投标中要求设定项目自筹资金加分值，以吸引社会资金参与公益服务。

2. 各市都认识到培育社会组织的重要性，通过各自不同的政府购买服务规制或实践方式来扶持公益性社会组织成长。

3. 无论开展的总体规模大或小，各城市都高度重视了项目的经费支持，通过市级财政来承担或统筹购买经费。

4. 各市政府高度重视购买服务的问责性，制定了多项相关执行规则文件（通常都有六个以上），对项目的人员配置、专业性、服务素质评估、财务审查、项目招投标程序、社工的使用与管理和各区、街道的管理权责等方面都作出了详细规定，其认真细致的态度和公开性在政府体制改革中相当罕见、难能可贵。

5. 虽然社工作为一种专业工作方式和专业群体对许多人来说仍然是新鲜事物，但各城市政府对社工的职业性质都给予了基本尊重，特别制定了各种级别的社工以及相关人员的月薪水平（相当于最低薪酬），保证具备本科学历或同等学力的社工薪酬不低于其他专业本科生的一般薪酬水平。

（三）各市的发展模式及其差异性

整体来说，各市政府在借鉴香港经验、开展政府购买公共服务方面都做出了程度不同的尝试，各市都推行购买综合项目、购买专项项目和购买岗位三种方式，但因发展重点不同而形成了自己的特色，也因此具有各自不同的优势和问题。以下分析三种主要模式。

1. 广州模式

广州市以各街道的家庭综合服务中心为发展重点,即政府购买综合服务项目。基本上采取"3+2"的模式,老年人服务、青少年服务、家庭服务三项是购买合约中指定每一个综合项目必须包含的服务类别,同时,社区综合服务中心按照社区实际情况自选两个或以上其他项目,包括社区康复服务、社区矫正、外来工服务、就业指导服务、义工培育与发展服务等。综合服务项目要求的服务类别较多,购买服务拨款额也较大,一个服务中心每年200万元,项目合约也规定,原则上每10万元购买服务经费须配备一名工作人员,工作人员总数的2/3以上为社会服务领域相关专业人员、1/2以上为社会工作专业人员。即每个家庭综合服务中心应该配备20名工作人员,其中专业社工不少于10人。

广州市政府购买综合服务的特点是单个项目资助数额大,大额资助与人员配备的规定使每一个社区家庭综合服务中心都具有一定的规模,特别是使每一个服务项目或服务中心能够保持10位以上全日制工作的专业社工。从专业角度来讲,由于社会工作的实质不仅是帮助服务受众解决问题,还是通过帮助来影响或改变服务受众的观念、心态或行为方式,这种工作对社工本身的智力和心理素质具有特别要求,而这种素质职能应在社工的实际工作中培养出来。因此无论从社工的工作成效或者从社工的成长速度来计算,以合作的方式工作比以单独的方式工作效果都大得多,即社工具有"1+1>2"工作特点。广州模式的突出优点就是项目的长期发展具有在实践中培育社工、促进非营利组织自我完善的功能。

但是,广州模式的问题也由此产生。其一,由于每个项目的拨款稳定、服务内容固定,在社工界别的专业性和非营利组织的自律性尚未形成之时,家庭服务中心和承办项目的非营利组织容易产生机构化(或可称为"行政部门化")的动机,非营利组织和社工都逐渐失去关注社会需求、扩展服务项目、创新工作方法的积极性,服务中心朝九至晚五开门,变成一种"准公营部门",与街道办和居委会原来的居民服务部门差别不大。其二,服务中心和承办组织与街道办可能形成紧张关系或扭曲关系。服务中心的投标、评估、场地供给等过程所在地街道办都直接参与，即服务中心的工作成效实际上需要街道办积极配合才可能实现。倘若承办组织和街道办在资源共享、共同发展方面不能达成共识，反而把项目理解为利益分享、资源竞争的话，服务中心及承办组织就难以开展工作，或者变成街道办的附属机构，或变成某种私相授受、滥用财政拨款的渠道。

2. 东莞模式

与广州模式典型相对的是东莞模式。东莞模式以政府购买社工岗位服务为主，政府购买的服务包括公共服务和社会服务两个不同领域。公共服务类包括基本公共服务事项、社会事务服务事项、行业管理与协调事项、技术服务事项以及机关、事业单位履行职责需要的服务事项（辅助性和技术性事务）等，社会服务类包括社会福利、社会救助、社会慈善、社区建设、残障康复、优抚安置、劳动就业、司法矫治、卫生服务、老年人服务、青少年服务、婚姻家庭服务等领域。主持购买服务工作的政府部门结合党委、政府工作部署和各级财政能力制定当年政府向社会组织购买服务的目录，由实施政府购买服务单位编制年度购买服务计划按程序申报，经财政部门审核后按规定开展向社会组织购买服务。市所辖各镇街则自行安排资金进行购买服务。2012年东莞市财政预算按每个社工7.2万元/年的标准向社会组织购买302个社工岗位服务。这些社工被分派到各个申报部门工作。

与广州模式相反，东莞采用小型服务项目、社工分散工作的购买方式。这种方式的主要优点是人力和财政拨款浪费的可能性较小，腐败的可能性小，这样政府对实施改革的可控性很高。但是，这种方式却偏离了政府实施购买服务的原意。其一，购买方式混淆了公共服务和社会服务的职能差别，错把具有社会服务能力的社工放置于行政岗位来使用。由于社工分散到各个服部门和公营部门工作，他们实际上担当的角色是政府部门的"临时工作人员"，他们的专业技能不但得不到发挥，而且其岗位的"暂时性"使之难以全身心投入工作，更难适应行政工作的要求。其二，社工自身的专业能力得不到提高，社工分散工作，就不可能进行设计项目、组织活动等社工最擅长的社群教育和社群营造工作，逐渐失去其专业性。其三，公益性社会组织难以发展。以购买岗位为主的实施方式下，社会组织的主要功能实际上是管理和培训社工，指派工作岗位，类似特种劳务中介公司。主管部门的原意也许是通过有限数量发展的策略来培育和保障选定机构的合约，使之逐渐成长为适合政府购买要求、运作成熟的社工组织；然而，在政府强力控制和有限发展空间之下，社会组织在数量上和素质上只能发展为完全迎合政府要求的事物，即"政府的社会组织"。

3. 深圳模式

深圳模式是购买社工服务岗位和购买社区服务中心项目并行。主要实施方式是购买社工服务岗位，但岗位的确定是提供社会服务的公营部门根据其服务受众的数量按比例配备。具体来说，政府购买服务的部门是社会服务部门，包括两类，一类是在市、区、街道的民政、教育、文化、卫生、劳动、信访、人口计生、公安、司法、监所、禁毒、工会、团委、妇联、残联等部门，另一类是针对特定的服务对象的部门如社会福利与社会救助机构、学校、医院、社区等。公营部门的社工配备，学校、医院原则上按"一校一社工""一院一社工"配备。社区和其他服务部门按服务对象数量按比例设置社工岗位，比例设定在政府有关文件中有细致明确的规定。虽然在购买社工岗位方式上深圳市和东莞市类似，但深圳市能够购买社工服务的部门指定为社会服务部门，能够配合社工的专长。

深圳模式兼有广州、东莞两种模式的某些特点。其主要优点是政府资源流向清楚，人员配置清楚，具有较高的透明度、较强的可控性和可操作性；政府购买社会服务的覆盖面广，不限于社区而是扩展到特殊人群服务，使不同专业能够与社工专业互相学习与支持，有利于社会各部门和公众更快认识政府购买服务的意义和社工的特别功能角色。特别值得肯定的是深圳市在政府购买服务过程中重视了社工培养义工的责任，至少在政府文件中确定了推行"社工＋义工"的模式，加强义务工作者队伍建设。

深圳模式也兼有广州和东莞的部分问题。其一，以机构配备及以服务人口数量按比例确定社工数量的人员配备方法，令每一个社工的日常工作团队都很小，而社工组织内部由于成员的工作领域差异很大，难以通过相互学习切磋来提高技能。其结果是到处有社工，但难见其成效。其二，非营利组织管理着一群工作差异大、极少聚集在一起的社工，其整体服务素质难以评估，团队发展能力也无从培养，不利于培育优质社会组织。其三，社工在用人机构工作，但由社工组织管理、考评，也就是说社工在用人机构是完全的、孤立的"外人"，这种人事关系导致社工无论本人有没有工作热情和责任心，实际上都很难发挥作用。

三、广东省政府购买服务的发展问题

各市发展的共同点和差异点，反映出广东省推行政府购买社会服务存在三个方面问题。

（一）各城市发展速度不一，各级政府对政府购买服务的认知程度和实施力度不同

各城市对于政府购买服务发展的支持力度不一，发展速度不同，原因在于对于政府购买服务的认知存在较大差别。其一，对开展政府购买服务所要达至总体目标的认识不同。有的城市政府认为购买服务只是政府职能转移的一种实现方式，社会组织和社工只是政府公共服务和社会服务的后备军，由此产生了社工的工作由政府部门指派、社工成为"编外行政人员"、社工组织数量和发展规模由政府通过合约控制、政府和社会组织的公私伙伴关系变为社会组织成为政府"伙计"的关系等现象。这种认识完全忽略了政府购买服务并非一种简单的市场化方式，而更重要的是通过与社会组织合作实现社会建设和社会发展的目标，即通过政府购买服务，推动社会组织良性发展，使之发挥凝聚社会成员、变社会冲突为社会和谐的功能。倘若政府购买服务的规制诱使或迫使社会组织沦为社工劳务中介机构或者一个"准行政机构"，社会组织就完全失去其存在的社会价值。更有甚者，有些街道办或村镇政府人员把市、区财政用于购买服务的资金视为意外之财，想方设法截留、分成、要回扣，或者自行成立社工机构私相授受，在公私伙伴关系的建构过程树立坏榜样。

（二）社会服务界别尚未形成，缺乏行业管治和机构内部管治

政府购买社会服务使用财政拨款，那么无论政府或者项目承办组织都需要向公众问责。资金流向、服务素质、组织内部结构和制度等都需要透明、真实、清晰。这种问责要求不仅需要政府监管和规制完善，更需要社会组织自律。社会组织的自律动机来自法治和业界制约。国外发达国家的政府购买服务都是在由从事社会服务的非营利组织组成的专业界别已经相对发展成熟的基础上推行的。广东省政府在实施时却没有这种组织基础，大部分承办项目的非营利组织实际上是因政府购买服务的资源而催生的。于是社会组织的大都致力于对付政府的要求，而忽视组织内部的机构管治、服务素质的提高、建立并巩固和社会公众的关系。由于社会服务专业界别尚未成型，各市的社工协会和社会组织联会或多或少都存在核心团体由少数不熟悉行内业务的人士把持、故意忽视成员组织之间互相监督、协会和联会作为评估机构本身也承办项目（即存在所谓利益冲突）、随意对待购买服务评估等现象。政府购买服务的投标、评估和续约过程逐渐变成拉关系、分利益、私相授受的过程。这种乱象导致自律的社会组织难以成长，善于钻营的社会组织遍地开花，最终难免导致"劣币驱逐良币"的结果。

（三）社工队伍专业性不足，职业前景不明，流失率高

首先，社会工作作为一个来自境外的专业，在我国的发展时间较短，社会认知度低。大部分社工培训和教育机构仓促开办，社会人士甚至社工本身对社工的技能、角色及其社会意义认识不清，社工在从事该行业的过程中需要承受较大的压力。其次，由于政府购买服务刚刚开始实施，前景并未十分清晰，政府出于保护社工的目的而制定的收入标准在实践中反而成为收入上限，社工的个人职业发展前景不明确，许多个人能力较强的社工在从事工作两三年后即转投教师、公务员等职业，社工的流动性与流失率很高。再次，社工个人的职业往往需要依赖团队支持才能获得发展，而目前社会工作人才的竞争激烈，甚至形成一种恶性竞争，导致稳定而互相

支持的社工团队难以形成,部分社工迫于多方面的压力,最终会选择退出该行业。社工队伍不稳定,人才流失严重,大大影响其专业素质进而影响服务素质和社会组织素质。

(四) 相关制度仍有待完善及互相衔接

政府购买公共服务的实施涉及一系列新制度的设立,在当前试行初期,各市的实践过程呈现出不同问题,反映了制度不够完善,各项制度之间未能互相衔接。其一,招投标外部监管仍然存在较多问题,未建立完善的惩罚机制。在实际的操作过程中,对于招投标情况的监管制度的执行仍然存在较多问题,存在"内定""陪标"现象,有些城市未清晰建立对未达到服务标准的惩罚措施,社会组织违规、违法的成本低。其二,存在经费截留问题。目前政府购买服务的经费最终由市区两级财政统筹,拨付到街道,再由街道拨付给家庭综合服务中心,购买经费的拨付过程存在程度不同的"截留"现象。笔者调研发现,两种形式的购买服务中都存在购买经费不能及时到位,造成社会组织运作困难,曾出现发不出工资或者服务难以维持等情况。其三,政府部门的多头管理尚未协调,产生很多制度空隙。各个城市分别由不同的政府部门牵头进行,市区民政局、社会组织民间管理局、市财政局、市、区妇联、团市委等部门都参与其中,有时各级政府、各部门评估标准不一,承办机构疲于应付。在购买项目方式中,社工组织作为服务的承办方,在社区中应与(镇)街建立合作服务关系,但是由于目前财权下放到(镇)街一级,(镇)街也成为实质上的综合服务中心的"上级",致使服务中心在开展服务方面处处受到行政干预。市区财政、民政局、社工组织、社区服务中心之间的关系定位含糊不清。在购买岗位方式中,社工组织、用人单位与社工之间的关系难以准确定位。这都在一定程度上削弱了政府购买服务的效果。

四、进一步完善广东政府购买公共服务的政策建议

基于广东省政府购买公共服务、促进社会组织发展的工作进展和存在

的问题，下一步需要考虑以下几方面完善措施。

（一）制定全省的政府购买公共服务规划，为各市今后的发展提供依据

由于各市各级政府对政府购买服务的概念、范围、速度、力度认识不一，省有关部门应该制定政府购买公共服务的发展规划，在规划中界定相关概念、范畴、短、中、长期目标，计划分阶段达到的规模和项目内容等。全省的总体规划不但能够给各市、各级政府在推行各项工作过程中提供理论和实践依据，也使社会组织对政府购买服务形成一个正确的预期，从而减少短期行为和道德逆向选择。总体规划也能够向社工教育和培训机构一个清楚的发展指引，以便于确定一个与发展速度相适应的、循序渐进的各类社工人才培养规模。总体规划还能够引导社会工作专业人士形成一个比较清晰的职业发展预期，对稳定社工队伍有正面作用。政府购买服务投入资源多、承办组织的服务成效和内部管治难以清楚考察，宜循序渐进，以培养优质组织、完善制度为先，逐步铺开。过去四年的经验反映出，推进过急导致成熟、自律的社会组织不多，未能形成优胜劣汰的机制。

（二）整合资源，建立行政协调机制，在各级社工委设立协调部门

改善政府购买服务运作容易存在"多头管理"，评估标准不一等现象。宜在省市区各级的社工委成立协调部门，专注于整合资源，由省社工委起决策全局的作用，对全省的政府购买服务进行规划并制定主要规制，各市区社工委协调部门对本辖区内的政府购买服务进行管理。社工委协调部门的职责主要体现在三个方面：一是行政立法及立法建议权。根据目前政府购买服务的发展状况，进行行政立法或者对各级人民代表大会就政府购买服务体制机制设计、政策规范等层面提出立法建议，完善政府购买服务的法律制度建设。二是协调政府购买服务各个政府部门与承办方之间的关系，作为协调人理清彼此之间的关系，同时，逐步完善相关制度，使之构成相互协调的体系，引导社会组织良性发展。三是行政仲裁，主要是针对政府购买服务的运作流程，如招投标、评估标准、评估结果等过程中出现争议

或加分，可由各级社工委协调部门对其进行仲裁。

（三）培养社会服务专业界别规范发展，引导社会组织优质化

当前由省民间组织管理局公布的合资格承办政府购买服务的社会组织类别和数量繁多、性质差异大。必须考虑社会服务的特殊之处在于直接服务居民，专业操守和专业技能要求比较高，因此提供社会服务的社会组织应该成为专业界别，成立行业联会，在服务标准、机构监管、资源筹集和整合、教育培训等方面发挥行业公会的作用。各城市的社工协会当前在政府购买社会服务的相关工作中担当了非常重要的功能角色。然而，社工协会在性质上只是社工个人的职业协会，并非承办社会服务项目组织的联会，因而它对组织所能够发挥的作用有限。基于社会组织已经和政府部门建立合约关系，政府也有必要、有责任帮助社会服务组织建立专业界别和组织联会，使之能够以行业公会的方式独立运作。社会服务联会的职能是实施行业内部制约，监管组织自律，帮助社会资源整合和组织筹集资源，引导社会组织优质化发展。

（四）加强社工职业培训，支持社工职业发展，建设多层次、多级别的社会服务队伍

政府购买社会服务使社工需求急剧上升，而当前状态是社工数量不足、专业技能不足。需要设立专业培训基地，由具备社工专业理论和实际工作经历的社工团队设计课堂学习和机构实习系列课程，让在职社工能够不断提高技能。更重要的是，教育培训能够帮助从事社会服务工作多年、具有丰富基层工作经验的非注册社工人员提高技能和专业素质，向专业社工转变，从而建立起多层次、多级别的社会工作人才队伍。可以考虑在现有的基础上，增设助理社会工作员、社会工作员、社工师助理等三个级别，为想从事这个职业同时又暂不具备职业素质的有志之士提供一个准入门槛，在保证社工人才队伍的专业性的同时，能够快速增加社工数量。政府需要支持社工职业化发展，把当前的固定薪酬变为可变薪酬，参照中学教师的薪酬制度和水平来确定社工薪酬指引。社工能够实现职业化发展时，也就可以要求社工具备职业操守（或职业道德操守）和专业技能。

（五）强调"社工＋义工"模式，政府购买社会服务项目化发展

政府购买服务的外溢效应之一是促进公益性非营利组织发展，通过公益组织动员居民，进而把国家与社会联结起来。从这个目标出发，以综合或专项项目的购买方式能够促使组织以团队开展工作，应是政府购买服务的发展方向。动员企业或其他社会力量参与社会服务和公益慈善事业，是树立社会公益风尚的重要手段，因此政府应该鼓励公益创投项目发展，可以参考政府与企业"1∶1"配套投入的香港式激励机制。政府购买社会项目应该强调"社工＋义工"的工作模式，由社工联络、培养、组织义工共同从事公益服务，这样社会组织才不会过于"行政化"。改变当前义工和社工、社会服务组织相对脱离的状况，才能发挥社会组织凝聚社会力量的作用。

（六）财政资助权应当集中到市或区一级部门，加强监管拨款过程，保证资助的稳定性和充分性

由于我国政府购买服务与社会组织发展仍然处于初级阶段，如现阶段将财权放在街道，可能会带来腐败及政府与社会组织难以建立"合作关系"的现象，导致政府购买服务中经费难以及时到位、资源截留、难以保证服务质量等问题的产生。在现阶段不适合将财权下放到街道，应将街道的财权收回，直接由区下拨给服务的承办机构，促使街道与家庭综合服务中心建立相互合作的关系，而非上下级的"伙计"关系。主管部门也需要对购买服务的投标、拨款和续约过程进行监管，提高实施过程的透明度和问责性，同时把政府购买服务经费纳入政府常态化预算。稳定、透明、问责的政府购买服务制度，有助于培育优质的社会组织，保证社会组织承办服务的服务质量。

附录三 厦门思明区政府购买服务的制度创新与绩效项目总报告*

中山大学项目团队

2016年3月

一、思明区的项目背景及发展现状

2014年开始，思明区启动家庭综合服务中心项目试点，以家庭、青少年、长者等群体为重点，面向辖区全体居民提供专业社会工作服务，各个试点项目类型主要分为家庭综合服务项目和特色服务项目。目前综合项目主要为鹭江、厦港、莲前、嘉莲、中华、鼓浪屿六个街道级的家庭综合服务中心，以及开元街道深田社区、中华街道镇海社区、厦港街鸿山社区等几个社区级的家庭综合服务中心。特色服务项目包括前埔南社区关爱中心、筼筜街道莲岳社区乐龄养老服务中心、筼筜社区"One-World境外人士社工服务项目"等。

通过两年的发展，思明区政府购买服务及社会工作服务主要有两种形式。一种是学习广州经验，由街道出资，出资额不等，在街道和社区层面成立家庭综合服务中心的模式，思明区现共有四个家庭综合服务中心，分别为鹭江街道家庭综合服务中心、中华街道家庭综合服务中心、莲前街道家庭综合服务中心、厦港街道家庭综合服务中心和一个社区家庭综合服务中心综合服务中心即中华街道镇海社区家庭综合服务中心。另一种是政府购买专项服务，目前思明区开展的特色项目试点有十多个，主要是由街道、文明办、民政局、工青妇等人民团体向社会组织购买专门针对某类群体的服务项目，这些项目主要以社区为平台，成立社区服务中心，以针对老年

---

* 本文为笔者课题组于2016年受厦门市思明区委托撰写的报告。

人(特别是空巢老人)和失独家庭的服务为主,以针对青少年、其他社区居民的服务为辅。在服务对象上,思明区的各个政府购买服务以老年人服务为主,青少年、残疾人及其他服务为辅。在服务内容和形式上,各个家庭综合服务中心和专项服务都能结合街道社区及机构特色,开展服务的内容和形式不拘一格,呈现多样化、多元化的特点,比较能凸显街道社区的特点。服务经费和供给规模总额不等,鹭江、莲前、夏港家庭综合服务中心服务经费较多,分别为200万元、150万元和100万元每年,其他的街道家庭综合服务中心、社区家庭综合服务中心和单项特色服务的经费总额基本都在30万元以下,服务经费较少。

下面就几个家庭综合服务中心及单项项目的具体发展情况进行简要说明。

(一) 家庭综合服务中心项目

1. 鹭江街道家庭综合服务中心

鹭江街道家庭综合服务中心(以下简称"鹭江家综")从2014年10月开始运营,项目服务经费为200万元/年,主要按照广州家庭综合服务中心的一般模式,将家庭综合服务分为老年人、儿童/青少年、残疾人、义工四大服务板块,由厦门市思明区启福社会工作服务中心负责中心管理和服务提供。中心现配备16名工作人员,其中行政1名、公共宣传1名,承接机构专业化程度较高,由香港及广州有经验的社工人士提供督导服务,服务形式及内容较为多样化和多元,同时中心非常重视信息公开传播工作,每月都能印制工作简报,向社区居民公开,便于街道、社区及居民了解家庭综合服务中心的运作情况。

2. 莲前街道家庭综合服务中心

莲前街道家庭综合服务中心(以下简称"莲前家综")将老人、外来人口、儿童早教和青少年服务分别委托给温馨夕阳咨询服务中心、思明早教、今天教育咨询有限公司开展服务。莲前家综前期由街道负责管理,项目服务经费总共为150万元/年。家庭综合服务中心内设置专门的办公室进行管理和统筹家庭综合服务中心内的 3 个机构及其服务。中心硬件条件较好，除了专门办公室之外，还设置了舞蹈室、图书馆等，为社区居民提供了便利的文体娱乐活动场所。

3. 厦港街道家庭综合服务中心

厦港街家庭综合服务中心（简称"厦港家综"）由街道成立中心理事会负责管理、监督、评估，并向多个机构购买服务，中心主要提供老年人服务、残疾人士服务、青少年服务及社会组织培育等，由"手牵手"社工服务中心主要负责整个中心的统筹及开展对青少年的服务。项目的总服务经费为 100 万元/年，主要采用"1+3"的综合服务管理模式，为特殊人群提供生活照顾、日间照顾、文体娱乐、身体保健、休闲娱乐、咨询服务等六大类服务。

4. 中华街道家庭综合服务中心及镇海社区综合服务中心

中华街道家庭综合服务中心及镇海社区综合服务中心主要是由厦门市善德恒福社会工作服务中心承接服务，其服务经费分别为 25 万元/年，中华街道主要提供 5 项服务，分别为长者服务、青少年服务、社区居民服务、新厦门人服务及社区志愿人员孵化服务，而镇海社区家庭综合服务中心主要以老年人的健康服务为主。

5. 开元街道社会工作服务中心及深田家庭综合服务中心项目

开元街道社会工作服务中心是由厦门市沁心泉社会工作事务中心承接并开展"美丽家园"社工服务项目，包括"增能驿站"支持社区项目、义工队伍的建立与义工培训、"一居一特"服务品牌的打造等，项目服务经费为 29.98 万元。

开元街道深田家庭综合服务中心（以下简称"深田家综"）是开元街道选择深田社区进行社区综合服务购买试点，由厦门市温馨夕阳咨询服务中心承接，项目服务经费为 29.96 万元，现共有 2 名社工、1 名持有社工证的居委专干及一些实习生，主要开展"幸福夕阳长者关爱项目"，以老年人服务为主。

6. 鼓浪屿街道家庭综合服务中心

鼓浪屿家庭综合服务中心主要以拆分单项项目的形式进行，分别为老年人社工服务项目、新鼓浪屿人社工服务项目、社区学堂社工服务项目，共出资 80 万元，由鹭辉社会工作服务中心承接并开展服务。中心的场地和资金情况都比较充足。

7. 嘉莲街道家庭综合服务中心

嘉莲街道家庭综合服务中心主要是由厦门市大同社会工作服务中心承接，项目服务经费为 150 万元/年，共购买了 13 名工作人员开展服务，其中 7 名为社工，6 名为场地管理员。中心场地规模较大，一楼为老年人服务区、二楼为青少年服务区、负一楼为年轻人的健康区，设施设备较为齐全，为社区居民提供了较好的活动场所。

（二）特色试点项目

1. 莲前街道前埔南社区关爱中心

莲前街道前埔南社区关爱中心（以下简称"前埔南关爱中心"）由厦门市"温馨夕阳"咨询服务中心承接开展服务，项目服务经费为 30 万元，现共有 2 名社工及 2 名持证的社区居委工作人员，关爱中心主要针对老年人提供服务，也针对特殊家庭，如失独家庭、伤残家庭提供服务，兼有青少年的辅导。

2. 演武之家社区服务中心

该中心主要是由滨海街道向社工机构购买服务，针对社区内（主要是厦门大学内）的空巢老人的精神养护，由单个社工机构独立运行的社区服务中心，但街道的购买意图并不十分明确，项目的设计未必切合社区的迫切需求。

3. 鸿山社区社会服务中心

该中心主要是由夏港街道向厦门市手牵手社工机构购买 6 名社工于 2015 年 3 月开始入住开展服务，其中 3 名为服务社工，3 名为行政人员，6

名社工同时需承担网格员的工作任务，配合社区开展"行政提效、服务下沉"创新模式探索，同时也要开展一些社会服务。

4. 筼筜街道官任社区"One-World"服务项目

筼筜街道官任社区"One-World"服务项目是筼筜街道办出资，每年服务经费为14万元，由厦门市博爱社会工作服务中心承办，主要面向社区里和周边居住的外国人提供一些社区融入、社区适应的服务。项目主要是按照计划开展系列活动主要有"跳蚤市场"、联谊会等活动。居委会有1名工作人员跟进此项目，但只负责在承接方开展活动时跟进服务。

5. 思明区未成年人心理健康辅导站

思明区未成年心理健康辅导站项目是由思明区文明办出资购买的面对全区青少年开展服务的项目，目前由厦门市曙光社会工作服务中心承办，项目经费为28.8万元/年，主要是运用心理咨询的方法为青少年开展心理教育。

6. 筼筜街道老年人服务中心

筼筜街道老年人服务中心由筼筜街道出资20万元向社工机构购买单项服务，为老年人提供中心服务和上门服务。残弱老人的护理和基本医疗服务，采用"老人服务中心＋养老院＋家庭"的组织模式和"社工＋医生"的上门服务模式。

7. 筼筜街道莲岳社区乐龄养老服务中心

筼筜街道莲岳社区乐龄养老中心由筼筜街道出资28万元向孝善社会服务中心购买3名社工开展服务，主要是为老年人提供居家养老服务，服务点设在莲岳社区。

8. "和合之家"思明区反家暴服务中心

"和合之家"思明区反家暴中心主要是由思明区妇联出资25万元于2015年3月出资向曙光社会工作服务中心购买了3名工作人员（主要为心理咨询师）提供反家暴服务，主要提供援助热线、婚姻课程、强制隔离、临时安置、婚姻测评等十项服务，侧重于心理健康方面。

二、思明区政府购买服务项目的发展特点、成效与问题

中山大学项目团队在 2015 年 1 月至 2016 年 1 月期间，主要通过实地考察走访，与街道、社区及社工等人员座谈，与街道官员、项目负责人、社工、义工、居委干部等进行个人访谈，同时也通过对居民及街道干部进行满意度问卷调查等形式开展对思明区政府购买服务的制度创新与绩效的评估。

（一）思明区政府购买服务项目的发展特点

厦门市思明区政府购买服务项目仍处于试点阶段，主要呈现百花齐放、百鸟争鸣的特点：

1. 购买主体与承接主体的多样化

在政府购买社会组织服务试点过程中，思明区主要以街道为主体进行购买，并且赋予街道很大的自主权限。街道根据自身特点，探索不同的购买方式和运作模式。除街道之外，还有区委文明办、区民政局、区计生协会、区妇联、区残联等部门，也在积极参与政府购买服务，成为社会工作服务的购买方。思明区政府向社会组织购买服务，主要是向本地或者外来的社工机构购买，在走访中调研团队观察到，家庭综合服务中心以及社区服务中心的管理和服务、特色专项项目的运作，绝大多数是由社工机构作为承接方。另外，也有诸如今天科技、思明早教和老人院等非社工机构承接服务。

2. 购买方式多样化

思明区政府购买服务试点主要向广州、深圳等城市学习，但是却没有形成像广州、深圳那样的统一购买的标准化模式，而是由各个街道根据自身特点，尝试探索不同的购买方式，在家庭综合服务中心项目试点中就有整体向一个组织购买、拆分项目向多个组织购买、街道成立中心理事会直接运作三种方式。思明区的政府购买服务项目经费多样化，家庭综合服务中心有 200 万元、150 万元、100 万元这样较大额度的投入，同时也有 30

万元左右等较小额度的投入,也有将家庭综合服务中心的资金拆散成小项目由社会组织承接的方式。

3. 服务供给多样化

服务供给也各有不同内容和重点。思明区的购买项目是承接机构和街道主管部门协商确定,因此内容多种多样。既有家庭综合服务中心的项目,也有单项特色项目,虽以老年人服务为主,但老年人的服务方式与服务群体也比较多样,有注重心理健康、也有注重空巢老人的服务等,辅以青少年的服务、家庭服务及妇女服务。整体来看,思明区的政府购买的服务比广东省已经开展的服务类别更多,甚至有服务于街居干部和社工本身的项目。

(二) 思明区政府购买服务项目的成效

从调研团队走访和工作坊的反馈来看,思明区政府购买社会组织服务项目试点成效在整体上主要表现在以下几个方面:

第一,服务的整体总量增加了,覆盖群体大大拓展。政府购买服务是一项增量改革,通过引入社会组织提供服务,既盘活了社区内现有资源,又增加了多种社区服务。街道、社区干部觉得引入社会组织提供服务,可以使社区工作人员的行政管理和社区服务剥离开来,由社工等专业人员专门提供服务。社区居民也认为家庭综合服务中心、社区服务中心为他们带来了更多的服务活动。

第二,优化了现有社区治理结构,提升了社区治理能力。传统的社区治理主要由社区居委会工作人员负责,而社区居委会人员主要忙于应对各种行政事务,无暇顾及对社区居民提供专业化的社会服务。通过购买服务引入社会组织提供专业化的社会服务,一方面改善了社区现有治理结构,另一方面也提升了社区治理能力。

第三,整合并盘活了社区内外的资源,形成共同治理局面。政府购买社会组织服务,而社会组织的一个重要功能就是链接和整合社会资源,在各个试点项目中,负责家庭综合服务中心和社区服务中心的组织,都有意识地发动社区和社会资源，协助成立社区志愿服务队伍，同时链接街道和社区外部的义工队伍及专业服务队伍服务辖区居民，形成多元共治的局面。

第四，培育了一批公益服务类社会组织。政府购买服务首先是放开了公益服务类社会组织的登记，并且为社会组织提供资金支持，很多公益服务类社会组织开始成长起来，这其中包括厦门市"温馨夕阳"咨询服务中心、厦门市沁心泉社会工作服务中心等一批社工机构，以及从广州、深圳到厦门注册的社工机构。

第五，减轻了街道、社区的负担，初步形成共同缔造的局面。政府购买服务目的是推动基层社区治理创新，而其中一个重要方面就是探索基层行政与服务的分离。街道在引入社会组织提供家庭综合服务中心服务及特色项目服务的同时，弥补了街道、社区对辖区内居民特别是弱势群体（孤寡老人、失独家庭、残障人士等）服务不足的问题，减轻了街道、社区的服务压力。社会组织借助政府购买服务进入社区提供服务，在服务过程中盘活了社区公共服务资源、孵化了社区社会组织、培育社区居民的参与精神，在社区层面实现了社区、社会组织、社工的"三社联动"，并且带动了社区内其他群团组织、事业单位及企业组织、志愿者参与社区服务，形成了一种共同缔造的局面。

从具体层面来看，其成效主要体现在两个方面，一是街道、居委干部对于政府购买服务项目的评价，二是社区居民对于家庭综合服务中心的评价。

1. 街道、居委干部的评价

本部分主要是通过与街道、居委干部访谈的形式对家庭综合服务中心所开展的服务进行成效及满意度的评估，本部分主要通过访谈的形式进行，在2015年1月至2016年1月期间，项目组一共对思明区39位街道、社区工作者进行访谈，并运用Nvivo软件对访谈逐字稿进行分析，得出街道、居委干部对家庭综合服务中心的评价主要体现在以下几个方面：

（1）整合了社区资源，扩大了活动场所。很多家庭综合服务中心都给社区服务对象提供了固定的场所与一部分固定的服务，使得社区居民在闲暇时间可以到中心开展活动，正如居委所评价的，"有一个活动场所，居民很愿意过去"。

（2）家庭综合服务中心的服务体现了社会工作的专业性，对服务所体现的专业性较为满意，更加注重服务的成效。在访谈过程中，街道及居委的干部分别表示，"对心理方面的体现，如情绪缓解方面做得比较好"，"社工在开展活动的时候会更注重成效，包括给老人建档，组织老人兴趣小组，包括一些个别老人的个案的介入……居委是没有这么多时间经历做专业服务的"，"说会引导孩子，不是说叫孩子去强制地接受这些课，而是慢慢地引导他们，让他们主动地发挥他们的动手能力和想法。不是说很被动的，所以说这个活动，效果就肯定很明显"。

（3）对居委工作人员工作方式培训和帮扶的服务较好，"（给居委提出的建议的作用）我们自己可能没想到，但他们会提醒，起码对于我们的想法方面还是会有改善的"。

（4）街道、居委认为居民对于社工服务的满意度较高。服务的形式也比较多样化，"最起码说我们过去看到这些居民包括老人家在那边开开心心的，然后可以做一些手工"。

（5）街道、居委对于政府购买服务的总体成效不太满意，认为项目成效仍有待进一步完善与提高。

2. 社区居民的满意度评价

中山大学项目团队采用居民满意度问卷调查的形式就社区居民对家庭综合服务中心的了解及满意度情况进行问卷调查，本次问卷调查主要在中华街道和鹭江街道两个街道进行，共发放问卷200份，其中有效回收问卷167份，其中鹭江街道有效问卷100份，中华街道有效问卷67份。

（1）居民对家庭综合服务中心的了解情况

从下图可知，在所有被调查对象中，知晓家庭综合服务中心的达到88.2%，两个家庭综合服务中心的居民知晓度都比较高。

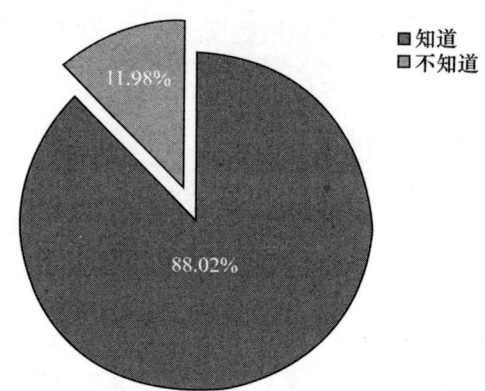

图1 居民对家庭综合服务中心的知晓度

(2) 居民知道家庭综合服务中心的方式

表1 了解家庭综合服务中心的方式

知道家庭综合服务中心的方式	应答数		个案百分比
	个数	百分比	
电视	12	5.1%	7.9%
报纸	10	4.2%	6.6%
网络	10	4.2%	6.6%
街上派发的传单	13	5.5%	8.6%
街坊主动介绍	23	9.7%	15.1%
自己打听的	19	8.1%	12.5%
工作人员上门宣传或电话	48	20.3%	31.6%
无意路过发现的	23	9.7%	15.1%
街道或社区居委工作人员介绍的	53	22.5%	34.9%
其他	25	10.6%	16.4%
总数	236	100.0%	155.3%

从上表中可以看出，居民主要是通过工作人员上门宣传或电话、街道和社居委工作人员介绍知道家庭综合服务中心的情况较多，分别占到了应答数的20.3%和22.2%，通过报纸、网络等渠道知道的比例较低，由此可见，家庭综合服务中心工作人员与街道、社区工作人员对家庭综合服务中心的宣传工作做的比较到位，但网络、电视、报纸等媒体的宣传力度还有

进一步提高的空间。

（3）居民知道家庭综合服务中心的时间分布

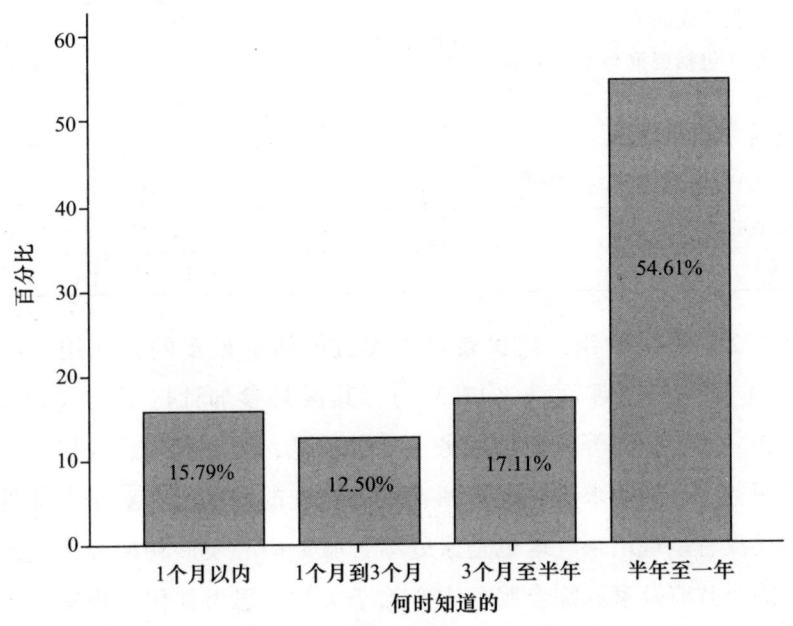

图2 居民最开始知道家庭综合服务中心的时间

由上图可以看出，家庭综合服务中心的知晓度在社区居民中不断扩大，每个阶段都有一定比例的居民了解到家庭综合服务中心的服务。

（4）居民曾经参加过的活动

表2 居民曾经参加过的活动

曾经参加过的活动	应答数		个案百分比
	个数	百分比	
工作人员上门探访	38	9.1%	25.2%
咨询政策、服务等信息	26	6.2%	17.2%
使用中心设施（比如看图书报纸、下棋、看电视、使用电脑或其他器材）	72	17.3%	47.7%
参加兴趣活动（比如手工艺、曲艺、厨艺、歌唱、舞蹈等）	72	17.3%	47.7%

(续表)

曾经参加过的活动	应答数		个案百分比
	个数	百分比	
参加义工服务或训练	43	10.3%	28.5%
个案工作（包括咨询与专业个案）	15	3.6%	9.9%
小组服务	24	5.8%	15.9%
社区活动	59	14.1%	39.1%
探访（入户/电话）	35	8.4%	23.2%
参加其他的活动或服务	33	7.9%	21.9%
总数	417	100.0%	276.2%

从表2中可以看出，居民曾经参加过的活动最多的是使用中心设施（17.3%）和参与兴趣活动（17.3%），其次是参加社区活动（14.1%），个案工作、小组工作等专业性服务参与数较低，由此可见，现居民对于家庭综合服务中心的需求更多地停留在中心设施的使用上，对于专业性的服务需求还没有呈现出来。这也是家庭综合服务中心发展初期经常出现的情况，但需要政府及家庭综合服务中心给予关注，思考如何呈现家庭综合服务中心及社工的专业性服务。

(5) 中心所开展服务的成效

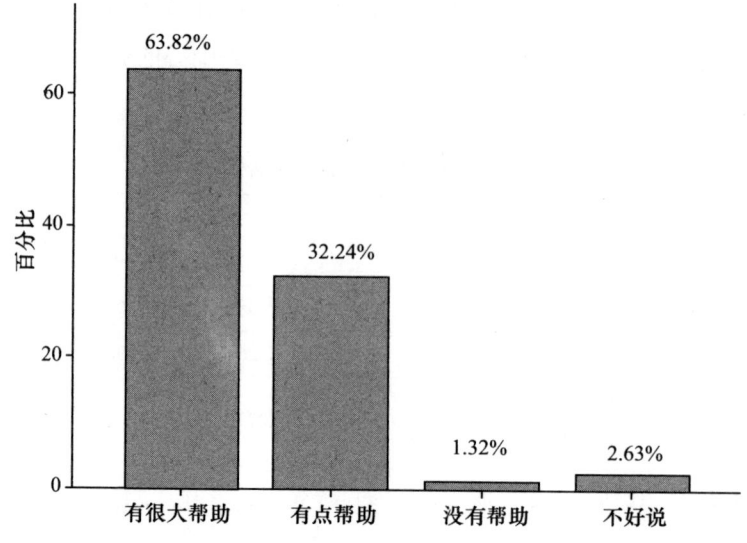

图3 中心所开展的服务有没有帮到服务对象

由图 3 可以看出，居民觉得活动有很大帮助的占到了 63.82%，有点帮助的占到 32.24%，只有 1.32% 和 2.63% 的居民觉得没有帮助或者不好说，由此可见，家庭综合服务中心所开展的工作成效性较为显著。

（6）居民将家庭综合服务中心介绍给亲朋好友的状况

表 3　居民有没有介绍亲友或邻居来参加家庭综合服务中心的活动

		频次	百分比	有效百分比	累积百分比
有效	经常	50	29.9	32.9	32.9
	有时	56	33.5	36.8	69.7
	偶尔	23	13.8	15.1	84.9
	从来没有	23	13.8	15.1	100.0
	总数	152	91.0	100.0	
缺失值		15	9.0		
总数		167	100.0		

从上述表格中可以看出，居民会将家庭综合服务中心介绍给亲朋好友的比例占到 84.9%，其中经常更亲朋好友提到家庭综合服务中心的占 32.9%，有时提到的占 36.8%，偶尔提到的占 15.1%。

（7）满意度评价

表 4 显示了居民对于家庭综合服务中心所提供服务的满意评价度，其中 10 分为评价最高，1 分为评价最低，从下表中的平均数和中位数及标准差三个数值可以看出，居民对于服务态度、服务安排、服务质量/成效等满意度都比较高，都能达到 8 分以上。

表 4　满意度评价表

评价内容	个案数		平均值	中位数	标准差
	有效回答数	缺失值			
接受社工服务，您对社工的态度评价	152	15	9.72	10	0.776
您的需求、问题、意见或建议，社工是否有给予即时回应	152	15	9.42	10	5.427

(续表)

评价内容	个案数		平均值	中位数	标准差
	有效回答数	缺失值			
社区综合服务中心服务/活动的时间安排（包括时间设定、时间长度等）	152	15	9.02	10	2.111
对于社区综合服务中心服务/活动的内容设置（如中心提供的丝网花、烹饪班、日托服务等），您是否感兴趣	152	15	8.25	10	3.19
社区综合服务中心服务/活动的形式（各类兴趣小组、社区活动的开展形式）	152	15	9.03	10	2.218
社区综合服务中心服务能切合需求的程度	152	15	8.74	10	2.41
接受中心的服务，能否使您认识更多解决日常生活问题的知识和方法	152	15	8.61	10	2.406
接受中心的服务，能否协助您解决生活存在的困难和问题	152	15	8.12	10	2.963
遇到困难的情况，您是否主动向社区综合服务中心/社工求助	151	16	8.05	10	3.046
社区综合服务中心服务能否区别于传统社区服务（传统服务包括街道、社区提供的各类文体娱乐、计生、养老、互助、慈善等服务，但不包含办事）	152	15	8.74	10	2.41

从上述问卷统计分析的资料可以看出，社区居民对于家庭综合服务中心的服务的知晓度和满意度都较高，政府购买服务取得了一定的成效。

(三) 思明区政府购买服务项目存在的问题

从各个项目试点开展的情况及街道、居委干部反映的情况来看,政府购买社会组织服务主要存在以下问题:

1. 政府购买社会组织服务的制度尚待完善

政府购买服务往往与政府职能转移、社会治理创新联系在一起,但是政府职能转移则首先要弄清哪些职能需要转移由社会组织来承接。从调研来看,试点项目购买方没有弄清政府购买服务的真正目的,以及在服务过程中没有厘清政府与社会组织的关系,没有分清楚社会组织可以做什么,街道作为购买方需要做什么。政府购买社会组织服务的制度包括政府购买社会组织服务流程、政府购买社会组织服务指导目录、政府购买社会组织服务绩效管理办法等,但是目前厦门市和思明区这方面的办法尚在出台之中,且有些制度规范操作性不强。这种制度不完善一方面促成了各试点不同的购买模式,另一个方面这些购买模式由于没有规范指引,往往面临购买目的不明确、购买内容不清楚、不知道如何评估等问题。

由于在区级层面没有形成一个标准化的可操作的制度体系,各个试点项目购买方根据自己的理解进行"大胆创新",所以导致有的家庭综合服务中心变成"党群服务活动中心",有的家庭综合服务中心变成一个"高级会所",有的试点将社工作为"物业管理员"等。

2. 街道和社区干部对社会工作服务认知不够清晰,缺乏科学有效的服务管理和评估方法

目前,街道、社区干部对为什么要购买社会服务、居委会和社区工作者与社工有什么分别等问题认识不清。具体而言,主要集中在以下几个问题上。一是哪些工作属于居委会的职责,哪些属于社工组织的职责;二是居委会工作人员的能力是什么、机构社工的能力是什么;三是到底哪些服务需要购买,哪些服务则不属于购买范畴。在调研过程中,我们发现,购买方对服务的监控主要采用"人盯人"的方法,并且集中关注服务的"人数""人气"等,购买方的监控成本非常高。同时街道办的这种服务监控方

法令社工项目团队失去开展服务的自主性和创新性,难以发展组织和机构的特色。这种双重困境源于缺乏科学有效的合同投标方法和评估考核方法,购买方不知道如何评估项目的服务成效,进而对组织如何运用资源不放心。

3. 小项目购买,难以培育社会组织和壮大专业服务力量

从调研来看,除了鹭江街道、嘉莲街道之外,其他试点主要是采用小项目购买的形式,当然这与承接主体缺乏承接大项目的能力有一定的关系,但是这种小项目购买直接影响了社会组织的发育,社工团队力量难以发挥,专业服务能力难以发挥,从而也进一步强化了政府在购买服务中的强势主导地位。社会工作者的定位及角色定位不清晰,社会工作的专业化程度有待进一步提高。厦门市政府购买服务及社会工作的专业发展仍然处于初级阶段,政府、社会组织、社区居民对于社会工作者的定位及角色并不十分清晰,导致社工似"万金油"一样哪里需要哪里使用,社会工作专业化程度较低。

4. 社会组织承接服务能力较弱,可选择的社工组织太少

由于厦门市的政府购买服务才刚刚起步,本土社工机构很少,且能力较弱。具体表现在社会组织的总体数量有限,普遍规模较小,内部专业社工人才较为匮乏,很多试点项目都的专业社工配备不足;社会组织能够链接的资源非常有限,特别是很多外地社工组织来厦承接服务;社工群体偏年轻化,其自身能力面临质疑;很多社工缺乏团队支持,且督导也很少,专业能力发挥受限制。部分承办项目的社工组织尚在发育期,由于缺乏制度指引,社工组织的内部结构、管理和职员培训制度等方面各自设计不同,组织能力和服务素质差距较大。机构与购买方之间互相不理解,社工机构未能通过服务中心的空间和服务项目设计表达出社工的专业性,而购买方也未能在服务中心找到符合治理意图的象征。

三、进一步发展的建议

(一)深化体制机制改革,理清政府职能

政府购买服务是一项系统工程,需要从体制上理清购买什么服务,以

及从机制上探索如何保障政府购买服务。从体制上理清购买什么服务，主要是明确政府的职能，分清哪些属于行政职能，哪些属于可以转移出去的服务职能。在机制上，主要是理顺财政部门、购买服务部门、组织登记培育部门的关系，从而在机制上保障政府购买服务的进行。

（二）规范试点管理，加强区级层面的统筹指导

在区级层面出台相应的政府购买服务实施办法、政府购买服务考核评估办法、政府购买服务扶持发展社会服务组织办法以及街道社会管理体制改革办法，以切实转变政府职能，培育社会建设多元主体，完善基层社会治理结构，建立社区大服务供给体系。

（三）完善资金投入机制，拓宽社会组织资源来源

政府购买服务的资金主要来源于政府财政，目前思明区政府购买主要采用小项目购买的形式，但是小项目不利于社会组织和专业服务发展。建议在政府层面扩大资金投入，同时也要通过相关制度激励公益创投、社会捐助等形式扩大社会组织的资金来源，增强社会组织整合资源的服务能力。

（四）培育评估、培训类社会组织，形成完备的组织生态

政府购买服务需要服务类的社会组织，以及支持服务类的社会组织，这样才能形成完备的组织生态。所以建议政府培育评估类、培训类社会组织，通过这些组织增强服务类社会组织的能力，同时也在这个过程中形成社会组织之间的相互监督和管理。

（五）创新社区治理体系，发挥居民自治力量

政府购买服务主要是提升基层社区治理能力，在这个过程中要理清社区居委的行政职能与服务职能，有效推动辖区内各方制度资源、人力资源和服务资源，最大限度地下沉街道社区、服务居民群众。分清居委会与社会组织的边界，发挥社会组织的自主性和创新性，培育社区居民领袖和志愿者的作用，推动社区居民自治。

(六) 社工机构和社会组织需要学习项目的系统设计和"营销"

社工机构和社会组织应该发展自己的生存能力和服务宗旨,不能仅仅以政府购买要求为组织发展依据,完全依赖政府购买的资源生存。必须认清政府购买服务的意图之一是增强社会服务的专业性。社工机构和社会组织在满足购买方要求的同时,需要对项目有整体的设想和布局,从中体现社工服务的专业理念,而且,社工机构还需要学习对外宣传和表达自己的专业理念和服务能力,增加公众和政府对社工的认识,提高认受性和参与度。